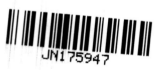

世界の中央銀行

欧州中央銀行の金融政策

㈱日本総合研究所
河村 小百合 著

一般社団法人金融財政事情研究会

■はしがき

欧州中央銀行は1999年のユーロ導入に先立つ98年の設立後、本稿執筆時点でまだ15年しか経過していない「若い」中央銀行である。同時に、世界で最も独立性の高い中央銀行の１つであることに異論はなかろう。

欧州中央銀行のこの“15年”の間には、2008年のリーマン・ショックに端を発する世界的な金融危機があり、それに欧州債務危機が追打ちをかけることになった。金融危機は、欧州中央銀行に限らず、主要な中央銀行の金融政策運営に大きな変化を迫るものとなった。そうしたなか、他の主要な中央銀行は軒並み、多額の国債等を買い入れるという「非伝統的な手段」による金融政策運営を展開し、バランスシートの規模を大きくふくらませてきた。

これに対して、欧州中央銀行はこれまで、他の中央銀行とは一線を画する政策運営を行ってきている。それはなぜか。また欧州債務危機の際には、ユーロ圏各国において、とりわけ重債務国において、国民生活に強い痛みを強いられることになりながらも、彼らが単一通貨ユーロを手放さないのはなぜか。

欧州中央銀行は折に触れ、その時々の金融政策運営上の課題や情勢判断に関する考え方を公式見解のかたちで論文等にまとめ、堂々と明らかにしている。そうした取組姿勢や各国民や市場に対する説明の充実ぶりは、主要な中央銀行のなかでもおそらく屈指のものといえるだろう。異論を排除せずに議論を尽くし、客観的に課題を分析し、それを正々堂々と各国民に説明する欧州中央銀行の姿勢は、中央銀行としての実質的な意味での独立性の高さと表裏一体のものであるとの思いを禁じえない。

彼らが何をどう考え、分析し、先行きのいかなるリスクを考慮しつつ、政策運営に臨んでいるのか——本書では、その一端にすぎないが、また拙訳を介してではあるが、ぜひとも読者の皆さまに知っていただければと考え、「コラム」等を活用し、可能な限り紹介するように努めた。彼らが抱えている金融政策運営上の課題の背後には、彼らの経済や社会が抱えているさまざまな問題がある。

たとえば、財政事情の悪化、高齢化の進展、経済成長力の低下、デフレ懸念の高まり、といった点だ。そのなかには、わたしたちの国にも共通する問題や課題が多くあり、彼らのアウトプットのなかには、彼らの手による、わたしたちの国に対するシビアな視点からの分析も含まれる。彼らの課題に対する彼らの考え方を知ることは、同時にわたしたちの国が抱えている課題や今後の政策運営を考えるうえで、きわめて示唆に富むのではないかと筆者は考える。

読者の皆さまには、機会があれば、ぜひとも原文にあたっていただき、彼らの生の考え方に触れていただきたいと思う。資料はすべて欧州中央銀行のウェブサイトに掲載されており、だれでも読むことができる。本書は、ユーロ導入までの歴史や金融危機前の金融政策運営に始まり、危機対応としての最近の政策運営までを扱うもので、今回の執筆に際しては、なるべく多くの彼らの公表文書に目を通すように努めたが、彼らのアウトプットはきわめて論理的かつ明快でわかりやすいものだ。現在18カ国（2015年1月からは19カ国）のユーロ圏、28カ国のEUという、言語も民族も価値観も文化的風土も異なる多くの国民を束ねての金融政策運営であるからこそ、さまざまな主張や異なる立場を排除することなく、議論を尽くし、全員で考え抜いたコンセンサスとしてのロジックを、域内各国の国民にわかりやすく伝えようと努めているからだろう。

マリオ・ドラギ総裁は、2014年4月24日に行われたオランダ中央銀行200周年記念のカンファレンスにおける講演において、欧州中央銀行の政策委員会における意思決定がいかなるものであるのかについて、次のように述べている。

「重要なのは立論の質であり、共通の決定に至るまでにどれだけの貢献がなされたのかということである。議論のなかでベストの決定に到達するまでには、ギブ・アンド・テイクの余地があることが必要である。それには、会議のなかで出されたすべての考察に照らして、立場を快く再考する姿勢をもつことが含まれる。これは、コンセンサスを練り上げるうえで助けとなるアプローチである」

本書を、欧州中央銀行の政策運営を知り、そしてわたしたちの国の今後の経済のあり方や政策運営を考えていくうえでの1つの手がかりとしていただくことができれば幸いである。

最後になるが、このような執筆の機会を頂戴し、筆がなかなか進まない筆者を辛抱強く励ましてくださった一般社団法人金融財政事情研究会出版部の伊藤洋悟氏に心より感謝申し上げたい。

2014年11月

河村　小百合

■著者略歴■

河村　小百合（かわむら　さゆり）

㈱日本総合研究所調査部上席主任研究員

1988年京都大学法学部卒、日本銀行入行。

1991年㈱日本総合研究所入社、2014年より現職。

専門は金融、公共政策。

〔主な公職〕

国税審議会委員、社会保障審議会委員、行政改革推進会議歳出改革ワーキンググループ構成員、参議院第二特別調査室客員調査員、㈱住宅金融支援機構事業運営審議委員会委員ほか。

〔近年の主な論文〕

「カバード・ボンド―グローバル金融市場における金融仲介機能回復に向けて―」（2009年３月号）

「経済・金融危機下の企業への国家支援と出口戦略―EUおよび加盟各国における対応とわが国への示唆―」（2010年６月号）

「欧州ソブリン危機の展開と金融システムの動向」（2011年12月号）

「わが国の国債発行と財政運営の先行きをどうみるか」（2011年12月号）

「欧州債務問題長期化のからくり」（2012年11月）

「財政再建にどう取り組むか　国内外の重債務国の歴史的経験を踏まえたわが国財政の立ち位置と今後の課題」（2013年８月）

「財政再建の選択肢」（2014年４月）

「海外主要中央銀行による非伝統的手段による金融政策運営と課題」（2014年11月）

（いずれも日本総合研究所『Business & Economic Review』もしくは『JRIレビュー』に収録。http://www.jri.co.jp/page.jsp?id=2790参照）

欧州中央銀行がこれまでに採用した オペレーション・政策プログラム索引

目　次

第3章 金融政策運営の目標

第4章　金融政策運営の実際

第Ⅱ部　「危機」と欧州中央銀行——欧州債務危機にいかに対処し、いかなる金融政策運営を講じているのか

第5章　世界的な金融危機・欧州債務危機と欧州中央銀行

第6章　非標準的手段による金融政策運営の内容

第 I 部

欧州中央銀行の歴史と金融政策運営
――「危機」前はいかなる状況にあったのか

第1章

歴史と欧州共同体における位置づけ

1 欧州経済・通貨統合の経緯

欧州中央銀行は、1999年1月の単一通貨ユーロの導入に先立ち、98年6月に設立された。本章ではまず、欧州中央銀行の設立に至るまでの欧州経済・通貨統合の経緯をみてみよう。

近年、ユーロ圏各国は欧州債務危機による厳しい試練にさらされており、欧州中央銀行もそうした荒波のなかで、未知の領域での政策対応を試されている枢要な当局の1つでもある。債務危機の一因は、単一通貨ユーロの基盤である欧州統合がなかなか完成には至らない点[1]にあると考えられるが、それでもなお、彼らが共通通貨を手放そうとしないのはなぜか。各国民の生活に身を切る痛みが伴ってもなお、統合を継続し、ユーロを維持しようとするのはなぜか。

その1つの答えは、ユーロ導入に至るまでの間、世界経済、国際金融市場に幾度となく荒波が押し寄せるなかで、彼らが積み重ねてきた経験にあるものと考えられる。

(1) 欧州通貨統合に向けての最初の歩み

欧州統合の歩みは、1952年6月、ベルギー、ドイツ、フランス、イタリア、ルクセンブルク、およびオランダの6カ国によ

1　市場統合は1993年に完成し、経済・通貨統合は99年の単一通貨ユーロ導入で一里塚を越えたものの、なお、銀行同盟のような金融統合の側面は2014年5月時点においても現在進行形で構築中の段階にある。このほか、財政統合や政治統合の完成にはいまだにメドが立たない状況にある。

図表1－1　欧州統合の歩み

年	月	主な出来事など
1952	6	ベルギー、ドイツ、フランス、イタリア、ルクセンブルク、およびオランダが欧州石炭鉄鋼共同体（ECSC：European Coal and Steel Community）を設立。
58	1	1957年3月署名の欧州共同体設立条約（Treaty establishing the European Community、通称「ローマ条約」）発効。
	2	上記6カ国が欧州経済共同体（EEC：European Economic Community）、および欧州原子力共同体（Euratom：European Atomic Energy Community）を設立。
67	7	ECSC、EEC、Euratomの理事会および執行機関の統合を定めるブリュッセル条約発効。以後、この3つの共同体は欧州共同体（EC：European Communities）と総称される。
73	1	デンマーク、アイルランド、およびイギリスが欧州共同体（EC）に加盟。
81	1	ギリシャが欧州共同体に加盟。
86	1	スペイン、ポルトガルが欧州共同体に加盟。
86	2	単一欧州法（SEA：Single European Act）採択。
93	1	欧州共同体単一市場発足。
	11	1992年2月署名の欧州連合条約（The Treaty on European Union：マーストリヒト条約）発効。①3つの欧州共同体、②共通外交・安全保障政策、③犯罪案件における法務および内務／警察、司法面での協力を3つの柱とする欧州連合（European Union）を設立。
95	1	オーストリア、フィンランド、スウェーデンが欧州連合に加盟。
99	5	1997年10月2日署名のアムステルダム条約発効。欧州共同体設立条約、および欧州連合条約の双方を修正。
2003	2	2001年署名のニース条約発効。欧州共同体設立条約と欧州連合条約はさらに修正され、欧州連合拡大への道

		が拓かれる。 欧州の将来に関する会議が、欧州の憲法を定める条約の草案を起草。
04	5	チェコ共和国、エストニア、キプロス、ラトビア、リトアニア、ハンガリー、マルタ、ポーランド、スロベニア、およびスロバキアが欧州連合に加盟し、全加盟国数は25に。
04	10	欧州憲法条約調印。
05	5	フランスの国民投票で、欧州憲法条約批准を否決。
	6	オランダの国民投票で、欧州憲法条約批准を否決。 ブリュッセル首脳会議、欧州憲法条約の取扱いについて、熟慮期間を置くことに合意。
07	1	ブルガリアとルーマニアが欧州連合に加盟し、全加盟国数は27に。
	12	欧州憲法条約にかわるリスボン条約調印。
09	12	リスボン条約発効。欧州共同体条約と欧州連合条約をさらに修正。欧州共同体条約の名称を「欧州連合の機能に関する条約」に変更。欧州連合条約の名称は維持。
13	7	クロアチアが欧州連合に加盟し、全加盟国は28に。

（資料） Hanspeter K. Scheller, *The European Central Bank History, Role and Functions Edition 2006*, European Central Bank, 2006をもとに、駐日欧州連合代表部資料を参考にしながら、筆者が一部加筆し作成。

る欧州石炭鉄鋼共同体（ECSC：European Coal and Steel Community）の設立にさかのぼる（図表１－１参照）。その後、50年代後半に至る期間は、現在のEUの基本法の１つであるローマ条約（欧州共同体設立条約）が締結された時期でもあるが、当時、欧州に共通通貨を導入しようとの発想は存在しなかった。

1958年２月に設立された欧州経済共同体（EEC：European Economic Community）は、主として関税同盟と、共通農業市場を実現することを企図していた。時を同じくして、欧州原子力共同体（Euratom：European Atomic Energy Community）も設立された。当時、欧州経済共同体に加盟する各国はブレトン・ウッズ体制のもとにあった。為替レートは調整可能な固定相場制がとられ、60年代半ばまで、欧州経済共同体の域内に限らず、グローバルな国際金融市場全体をみても比較的安定した状況にあった。

共通通貨の構想が初めて打ち出されたのは1962年、欧州委員会が行った提案（Marjolin Memorandum）においてである（図表1－2参照）。このなかで欧州委員会は、まず関税同盟を先行させたうえで、60年代末までに、加盟国の通貨間で、ひとたび決定すれば二度と再調整することはないという「遡及不可能」な固定の為替レート（irrevocably fixed exchange rates）を導入する経済同盟を構築することを提案した。しかしながら当時は、ブレトン・ウッズ体制下で国際金融情勢が比較的安定していたこともあり、加盟各国は共同体の内部で新たな取極めを結ばなくとも安定は享受できていたため、この提案をフォローアップする対応は特段行われなかった。唯一、実行に移されたのは、欧州経済共同体の加盟国の中央銀行総裁によって構成される委員会が64年に立ち上げられたことである。当初、この委員会に課せられたマンデートはごく限られたものであったが、この委員会は後に経済・通貨統合を進めていくうえで、大きな役割を果たすこととなった。

そして1960年代末～70年代にかけて、国際金融情勢は激しい変化を余儀なくされることとなった（図表1－3参照）。アメリ

図表1－2　ユーロ導入への道

年	月	主な出来事など
1962		欧州委員会、経済・通貨統合に関する最初の提案（Marjolin Memorandum）を作成。
64	5	欧州経済共同体（EEC：European Economic Community）加盟国中央銀行間の協力を組織化するため、EEC加盟国中央銀行総裁による委員会を設立。
70	10	Werner Reportが、共同体における経済・通貨同盟を1980年までに実現する計画を策定。
72	4	EEC加盟国通貨間の変動幅を漸進的に縮小するシステム（“スネーク”）を確立。
73	4	スネークの適切なオペレーションを確実なものとするため、欧州通貨協力基金（EMCF：European Monetary Cooperation Fund）を設立。
79	3	欧州通貨システム（EMS：European Monetary System）創出。
86	2	単一欧州法（SEA：Single European Act）署名。
88	6	欧州理事会、ジャック・ドロール委員長のもとの専門家による委員会（“Delors Committee”）に、欧州通貨同盟（EMU：European Monetary Union）の実現に向けての提案を行うことを命ずる。
89	5	「ドロール報告」が欧州理事会に提出される。
	6	欧州理事会が、3ステージでのEMU実現を合意。
90	7	EMUのステージ1開始。
	12	EMUのステージ2、3に備える政府間カンファレンスを立上げ。
92	2	欧州連合条約（“Maastricht Treaty”）に署名。
	6	デンマーク、欧州連合条約批准を国民投票にて否決(反対50.7%)。
	9	フランス、欧州連合条約批准を国民投票にて僅差で可決（賛成51.05%）。 第1次ERM危機発生。英ポンドERM離脱、伊リラERM介入義務放棄。

93	5	デンマーク、2度目の国民投票の結果、欧州連合条約批准を可決（賛成56.8%）。
	8	第2次ERM危機発生。ERMにおける各国通貨の変動幅を上下2.25%から同15%に拡大。
	10	フランクフルト・アム・マインが欧州通貨機構（EMI：European Monetary Institute）およびECBの所在地として選出され、EMI総裁がノミネートされる。
	11	欧州連合条約発効。
	12	1994年1月1日に設立されるEMIの総裁に、アレクサンドル・ラムファルシー氏が任命される。
94	1	EMUのステージ2が開始され、EMIが設立される。
95	12	マドリードでの欧州理事会において、単一通貨の名称が決定され、その適用および現金の交換のシナリオが打ち出される。
96	12	EMIが欧州理事会に、ユーロの紙幣を提示。
97	6	欧州理事会、安定・成長協定（Stability and Growth Act）で合意。
98	5	ベルギー、ドイツ、スペイン、フランス、アイルランド、イタリア、ルクセンブルク、オランダ、オーストリア、ポルトガル、およびフィンランドが、ユーロを単一通貨として導入するために必要な条件を充足したとみなされる。 ECBの理事会のメンバーが任命される。
	6	ECB、およびESCBが設立される。
	10	ECBは、1999年1月1日から実行する単一の金融政策の戦略およびオペレーションの枠組みを公表。
99	1	EMUのステージ3開始。ユーロがユーロ圏の単一通貨に。 コンバージョン・レートは、参加加盟国の旧各国通貨に対して、遡及不可能なかたちで固定。 ユーロ圏における単一の金融政策が実行される。
2001	1	ギリシャがユーロ圏に参加する12番目のEU加盟国に。
02	1	ユーロの現金通貨の転換。ユーロの銀行券および硬貨は2002年2月までに、ユーロ圏における単一の法貨

		（legal tender）に。
04	5	EU新加盟10カ国（チェコ共和国、エストニア、キプロス、ラトビア、リトアニア、ハンガリー、マルタ、ポーランド、スロベニア、およびスロバキア）の中央銀行がESCBに加盟。
07	1	スロベニアがユーロ圏に参加する13番目のEU加盟国に。
08	1	キプロス、マルタがユーロ圏に参加する14、15番目のEU加盟国に。
09	1	スロバキアがユーロ圏に参加する16番目のEU加盟国に。
11	1	エストニアがユーロ圏に参加する17番目のEU加盟国に。
14	1	ラトビアがユーロ圏に参加する18番目のEU加盟国に。

（資料） Hanspeter K. Scheller, *The European Central Bank History, Role and Functions Edition 2006*, European Central Bank, 2006をもとに、駐日欧州連合代表部資料を参考にしながら、筆者が一部加筆し作成。

カにおいては、ベトナム戦争等を背景に経常収支の赤字幅が拡大し、同国がドルの金本位制による兌換義務に応じることが次第に困難となり、ブレトン・ウッズ体制のゆがみは大きくなった。欧州経済共同体各国の間でも、経済政策運営上の優先順位の考え方の相違が拡大し、通貨危機や国際収支危機が度々発生するに至った。

すると、ブレトン・ウッズ体制の安定期には首尾よく機能していた関税同盟や共通農業政策[2]の維持も困難となった。そして1971年８月15日、アメリカのニクソン大統領は演説を行ってドル防衛等の緊急対策を発表し、ドルの金への兌換義務を放棄するに至り、ブレトン・ウッズ体制は崩壊した。

このように国際金融情勢が激動するなかで、欧州においては経済統合の歩みが停滞し、為替レートの安定がとりわけ強く希

図表1－3　1970年代の国際金融情勢

年	月	各国通貨政策等
1971	5	西独マルク、蘭ギルダーがフロートに移行。
	8	ニクソン米大統領がドル防衛等緊急対策発表（ドルと金の交換性の停止）。 その後、 英ポンド、伊リラ　事実上小幅フロート 西独マルク　フロート 仏フラン　二重為替市場 蘭ギルダー、ベルギー・フラン　共同フロート 日本円　フロートに移行
	12	スミソニアン合意により新平価を設定（固定相場制への復帰を企図）。
72	6	イギリスが変動相場制に移行。各国為替市場閉鎖。
73	2	アメリカがドルの対金・SDRレートを10％切下げ。日本、イタリアがフロート移行。
	3	欧州で通貨危機再燃、EEC 6カ国が共同フロートに移行。
74	6	20カ国委員会大臣会議（ワシントン）が「通貨制度改革概要」発表。
76	1	第5回暫定委員会においてIMF協定改正案の概要等につき合意（ジャマイカ合意）。
	4	IMF協定第2次改正案が総務会において承認。
78	4	IMF新協定発効。

（資料）　岡村健司編『図説　国際金融（2013―2014年版）』（財経詳報社、2013年）をもとに筆者作成。

2　共通農業政策においては、主要農産物に域内共通価格を設定することを通じ、各国農業の保護を図る価格支持政策が柱となっていた。しかしながら、為替レートの大幅な切下げが生じると、それと同幅で国内農産物価格を引き上げざるをえなくなる。フランスやドイツにおいては、こうした為替レート変動の影響を相殺するため、財政措置を講ずることを余儀なくされ、為替レートが不安定なもとでは、共通農業政策を維持することが次第に困難となっていった。

求されることとなった。1967年には欧州における３つの共同体（ECSC、EEC、およびEuratom）の執行機関が統合され、３つの共同体はEC（European Communities）と総称されるようになった。

1969年には欧州委員会が、共同体としての通貨単位を導入してはどうか、という計画（the Barre Plan）を発表し、それを受けて同年開催されたハーグ首脳会議において、西ドイツのヴィリー・ブラント首相により経済・通貨統合構想が提唱され、閣僚による協議会によって、その実現のための計画が策定されることとなったのである。これを受け、ルクセンブルクのピエール・ウェルナー首相を長とするワーキング・グループにおいて、「ウェルナー報告（Werner Report）」が策定され、70年10月に公表された。これは、80年までの10年間で、段階的に経済・通貨統合を実現しようとするものであった。

このような統合をめぐる検討の動きと並行して、1970年代の初期からは、EC内部における通貨・金融面での協力の枠組みを構築する努力も重ねられた。71年８月の「ニクソン・ショック」直後のEC理事会において、早くも、共同体内通貨間の為替相場の変動を一定の狭いバンド（中心レートの上下（＝直径の意味）１％）のなかに維持しようとする提案が、ベネルクス３国からなされた。この提案はこの時点では他のEC加盟国の賛同は得られず、とりあえずベネルクス３国のみで実行に移されたが（前掲・図表１－３参照。ルクセンブルク・フランはベルギー・フランと等価）、その後、EC全加盟国が参加して採用された「スネーク制度」の原型となった。

すなわち1972年４月には、EC中央銀行間協定（通称「バーゼル協定」）が締結され、為替相場の変動を中心レートの上下（直径）2.25％以内（ただしベネルクス３国のみは１％以内）に収めようとするシステム（「スネーク制度」）が、EC全加盟国の参加によって実施に移された。

当時はまだ「スミソニアン体制」のもとにあり、各国通貨の対米ドル変動幅は中心レートの上下（直径）4.5％とされていたため、EC諸国のこの制度は「トンネル（スミソニアン体制下での直径4.5％）のなかのヘビ（＝スネーク。直径2.25％）」と呼ばれた。1973年には欧州通貨協力基金（EMCF：European Monetary Cooperation Fund）も設立され、将来的には共同体加盟各国の中央銀行から構成される機関の核となることが期待された。

1973年３月、共同体諸国の通貨が対ドルでの変動相場制に移行してからは、「トンネル」が消滅することとなったため、「トンネルの外に出たヘビ」と呼称された。もっともこの後、同年秋には第１次石油ショックが起こったため、国際金融情勢は激動が続き、この「スネーク制度」においても、中心レートの再調整が頻発した。

また、危機への対応策の内容には国によって差もあったため、参加国としてEC全加盟国がそろったのは発足当初のみにとどまった。このシステムのなかに継続してとどまったのは、西独マルク、ベネルクス通貨（蘭ギルダーとベルギー・フラン）とデンマーク・クローネのみであった。スネークには一時期、共同体外の通貨であるスウェーデン・クローネやノルウェー・

クローネが参加していたこともあった。他方で、フランスをはじめとする各国はこの制度への離脱と参加を繰り返すなど[3]、安定したシステムとはなりえなかった。

EMCFは共同体の機関の管理下に置かれたこともあり、加盟各国と中央銀行は、EMCFに政策的な機能を委譲することに消極的であった。このため、事実上あまり機能せず、限られた「帳簿づけ」機能だけを果たす「空っぽの貝殻」のような状態に陥った（Scheller〔2006〕）。

(2) EMS（欧州通貨システム）の発足とドロール報告

このように、1970年代に細々と試みられた「スネーク制度」は結局、瓦解してしまったものの、為替レートの安定を希求するEC各国の意志は強く、70年代末には新たな域内通貨制度の構築が模索され始めた。

1978年4月にコペンハーゲンで開催されたECの首脳会議において、フランスのヴァレリー・ジスカールデスタン大統領と、西ドイツのヘルムート・シュミット首相により、EC全加盟国が参加する通貨制度の構想が提案され、79年3月の欧州通貨制度（EMS：European Monetary System）の発足に結びついた。これは、為替レートの許容変動幅こそ、前身となった「スネーク制度」より若干拡大（中心レートの上下各2.25%（直径は

3　この「スネーク」に、英ポンドとアイルランド・ポンドは1972年4月～6月まで参加した。伊リラは72年4月～73年2月まで参加した。仏フランも発足当初の72年4月に参加したが、74年2月に一度脱退した。その後、75年7月に再加入したものの、76年11月に完全に脱退した。

4.5％））されたものの、「スネーク制度」と同様、為替レート維持のために各国に市場介入等の厳しい義務を課し、そのための各国間の介入資金の相互供与システムも用意するものであった。そしてこれこそが、その後ユーロの導入を目指して試みられた欧州経済・通貨統合（EMU：Economic and Monetary Union）の端緒となったのである。

EMS発足当初の1980年代前半は、世界的な経済情勢の影響もあって、中心レートの再調整（リアラインメント）が頻繁に行われた（図表1－4参照）。特に83年までの4年間では、79年の第2次石油ショックの影響などから、加盟国間のインフレ格差が拡大したため、7回もの大規模なリアラインメントが行われた。もっとも、その後90年までの7年間では、各国の経済パフォーマンスが収斂し始めたことを映じて、リアラインメントは5回にとどまった。加えて、規模的にも、たとえば85年のリアラインメントでは、実質的に伊リラのみが切下げの対象、86年は仏フランのみが切下げの対象というように、各回とも実質的には単独通貨を対象とする小規模なものですんだのである。こうしてEC諸国の経済が安定してきたことを背景に、経済・通貨統合実現に向けての取組みは、80年代後半に急速に進展することとなった。

1985年のジャック・ドロール氏のEC委員長就任は、こうした動きに弾みをつける大きな契機となった。EC経済・通貨統合検討委員会によって89年に提出された「ECにおける経済・通貨統合に関する報告書（通称「ドロール報告」）が、単一通貨の導入に至るまでの3段階からなるアプローチを初めて提案し

図表１－４　ユーロ導入前のERMにおける各国通貨のリアラインメ

	ドイツ・マルク	フランス・フラン	イタリア・リラ	オランダ・ギルダー	ベルギー・フラン
1979年３月１日	← EMS発足（当初８通貨〈注〉）				
９月24日	＋2.0				
11月30日					
81年３月23日			▲6.0		
10月５日	＋5.5	▲3.0	▲3.0	＋5.5	
82年２月22日					▲8.5
６月14日	＋4.25	▲5.75	▲2.75	＋4.25	
83年３月21日	＋5.5	▲2.5	▲2.5	＋3.5	＋1.5
85年７月21日	＋2.0	＋2.0	▲6.0	＋2.0	＋2.0
86年４月７日	＋3.0	▲3.0		＋3.0	＋1.0
８月４日					
87年１月12日	＋3.0			＋3.0	＋2.0
89年６月19日					
90年１月８日			▲3.0		
10月８日					
92年４月３日					
９月14日	＋3.5	＋3.5	▲3.5	＋3.5	＋3.5
９月16日					
９月17日			介入義務放棄		
11月23日					
93年２月１日					
５月14日					
８月２日	←マルク／ギルダー間を除き、変動幅を上下15％に拡大				
95年１月２日					
３月６日					

（注）　ルクセンブルク・フランはベルギー・フランと等価。
（資料）　European Commission, “EMS / ERM Story” をもとに筆者作成。

た（図表１－５参照）。これがその後、マーストリヒト条約等の諸段階を経て大筋で採用され、このアプローチに沿って、実際の経済・通貨統合が進められることとなったのである（図表１－６参照）。

ント（中心レートの再調整）一覧

アイルランド・ポンド	デンマーク・クローネ	スペイン・ペセタ	イギリス・ポンド	ポルトガル・エスクード	オーストリア・シリング
→	→				
	▲3.0				
	▲5.0				
	▲3.0				
▲3.5	+2.5				
+2.0	+2.0				
	+1.0				
▲8.0					
		参加			
			参加		
				参加	
+3.5	+3.5	+3.5	+3.5	+3.5	
			離脱		
				▲5.0	
		▲6.0		▲6.0	
▲10.0					
		▲6.5		▲8.0	
→	→	→	→	→	
					参加
		▲7.0		▲3.5	

ドロール報告はまず、1989年６月のEC首脳会議において検討された。第２・第３段階のスケジュールについては、最終目標である単一通貨の導入方式について、イギリスが金融・通貨政策主権の委譲に強い難色を示したことなどから合意に至らな

図表1－5　「ドロール報告」が提案した、単一通貨導入のための3段階アプローチ

第1段階	単一市場を完成させ、さらなる金融統合に向けて制約を撤廃。
第2段階	中央銀行間の協調を強化し、欧州中央銀行制度（ESCB）創設の準備のため、欧州通貨機構（EMI）を設立。 ユーロ移行に向けた計画を策定。ユーロ圏の将来的なガバナンス（安定・成長協定）を定義づけ。 加盟国間の経済的な収斂を達成。
第3段階	最終的に為替レートを固定し、ユーロへ移行。独立した金融政策決定のため、欧州中央銀行（ECB）と欧州中央銀行制度を創設。加盟国に、予算ルールの義務づけを実施。

（資料）　European Commission資料をもとに筆者作成。

かったものの、各国間の金融政策の協調強化を主たる内容とする第1段階については90年7月にスタートするとの合意がなされ、予定どおりに開始された。この体制下で、同年10月には、EC加盟国でありながら10年以上の間参加を渋り続けていたイギリスのEMS加盟も実現した。

(3)　欧州連合条約とERMの試練

その後は、1989年のベルリンの壁崩壊を受けてのドイツ統一の動きが周辺諸国には脅威となった。すなわち、東西両ドイツは90年7月に経済統合、同10月には政治統合を達成し、周辺諸国の立場からは、その勢力を封じ込めるためにも経済・通貨統

図表１－６　欧州経済・通貨統合の３つのステージ

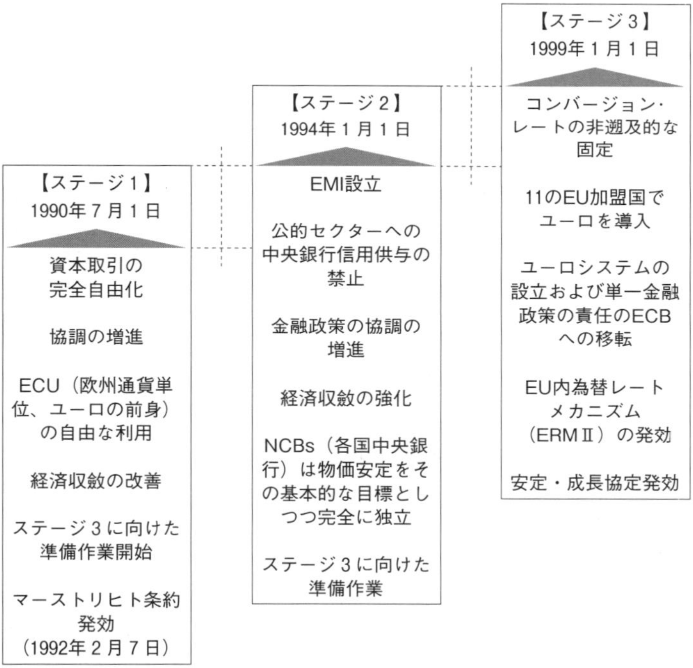

（資料）　Phillip Moutot, Alexander Jung, and Francesco Paolo Mongelli〔2008〕をもとに筆者作成。

合の実現が急がれた。

このような事情もあって、第２・第３段階の進め方に関する討議は継続された。そしてついに1991年12月には、マーストリヒトEC首脳会議において「欧州連合条約（通称「マーストリヒト条約」）に関する基本合意」に達した。これは、EMUの第２段階、すなわち各国間の金融・財政政策協調強化や欧州通貨機構（EMI：European Monetary Institute）の設立を主たる内容とするステージを94年1月に開始し、最終目標である単一通貨の導入を実現する第3段階については、参加国の判定に関し、物価、金利、財政赤字、政府債務、為替レート面での厳しい条件を課し（いわゆる「コンバージェンス・クライテリア（Convergence Criteria、収斂条件）」、図表1－7参照）、全加盟国の半数以上の国がその上限を満たした場合との条件つきで早ければ97年1月に移行、それが不可能な場合には達成した国々のみで遅くとも99年1月には移行する、とのきわめて具体的なスケジュールを決定するものであった。

もっとも、このマーストリヒト条約の批准手続は、デンマークの国民投票で一度は否決されるなど難航した。そのため、同条約が当初描いていた経済・通貨統合の進展に関する楽観的な

図表1－7　マーストリヒト条約が定めた「コンバージェンス・クライテリア（収斂条件）」の内容

①　物価：直近1年間の前年比で判定。最低3カ国の平均との乖離が1.5％以内。
②　長期金利：直近1年間の平均で判定。物価の最低3カ国の平均との乖離が2％以内。
③　財政赤字：単年度の一般政府財政収支赤字幅対名目GDP比率が3％以内。
④　政府債務：一般政府累積債務残高対名目GDP比率が60％以内。
⑤　為替相場：最低2年間切下げなしにERMノーマル・バンドを維持。

（資料）European Commission資料をもとに筆者作成。

見通しに対して懐疑的な見方が拡大した。1992～93年にかけては、国際金融市場においてそうした隙を市場参加者に突かれるかたちで「ERM危機」が断続的に発生、今日あらためて振り返れば、ユーロ導入の実現に向けて最大の試練を迎えた（後掲・コラム①「1990年代前半の２度のERM危機」参照）。市場の標的とされた国の通貨は、投機筋に売り浴びせられ、中心レートの切下げにとどまらず、ERMからの離脱（英ポンド）や介入義務放棄（伊リラ）を余儀なくされるケースも発生した。最終的には、ERMとして、変動相場制と実質的に大差のない許容変動幅の大幅拡大にまで追い込まれたのである。

しかしながらEC各国は、こうした試練にもひるむことなく、マーストリヒト条約には、デンマークとイギリスに対して経済・通貨統合の第３段階には加わらない自由を認める条項（いわゆる「オプト・アウト」条項）を加え、1993年11月にようやく発効にこぎ着けた。それと同時に、従前の「欧州共同体（European Community）」にかわり、「欧州連合（European Union）」が発足した。これに先立つ93年１月には、市場統合が完成している。そして94年１月には、予定どおり経済・通貨統合の第２段階が開始されたのである。

(4) 欧州通貨統合の実現とユーロ導入

経済・通貨統合の第２段階開始に際しては、欧州中央銀行の前身となる欧州通貨機構（EMI）がフランクフルトに設立され、単一通貨導入および欧州中央銀行制度の構築に向けて、制度的な枠組みの面、実務面でのさまざまな検討や準備作業が進められることとなった。1995年12月にマドリードで開催された欧州理事会において、単一通貨の名称は「ユーロ（Euro）」と定められた。

この時期には、「遅くとも1999年」に目標が設定された単一通貨の導入を見越して、95年1月にはオーストリア、フィンランド、スウェーデンがEUに加盟する動きがみられた。オーストリアは同月、EMSにも参加した。もっとも、EU各国はこの時期、ERM危機で表面化したマーストリヒト条約の描いた楽観的なシナリオに対する市場や世論の疑問と、正面から向き合わざるをえなくなった。

単一通貨の導入に必要な「収斂条件」（前掲・図表1－7参照）の当時の達成状況を欧州委員会の資料をもとに振り返ると、1996年9月18日の時点では5条件すべてを満たしていたのはデンマーク、アイルランド、ルクセンブルクの3カ国のみ、という厳しい状況であった。マーストリヒト条約が掲げていた「早ければ97年に単一通貨導入」という目標は早々に棚上げされたものの、目標のデッドラインであった「99年導入」は死守するかたちで、各国で政策対応等が講じられた。96年10月にはフィンランドがEMSに加盟したほか、同年11月にはイタリアも、介入義務を放棄していたERMのメカニズムに全面復帰した。この間のERMの維持に関しては、92、93年の危機の後は95年3月に一度、スペイン・ペセタとポルトガル・エスクードの2通貨の中心レートを切り下げるリアラインメントが実施されるのにとどまった。

もっとも、1997年10月10日の時点でも、5条件を満たしていたのは、96年時点の３カ国にオランダが加わった４カ国のみに限られており、イタリアに至っては物価と長期金利の２条件のみしか充足できていない、というきわめて厳しい状況であった。しかしながらイタリアでは、何としても単一通貨導入の初陣入りを果たすべく、国をあげて１年間、所得税を10％上乗せするという緊縮措置も講じられるなど、財政健全化に向けての身を切る努力が重ねられた。

こうした状況にかんがみ、1998年５月に開催されたEU理事会は、「収斂条件」のうちの財政面の条件には一部、弾力的な判断も加味することとし、ベルギー、ドイツ、スペイン、フランス、アイルランド、イタリア、ルクセンブルク、オランダ、オーストリア、ポルトガル、およびフィンランドの11カ国が、ユーロを単一通貨として導入するために必要な条件を充足した、と認定した。各国通貨を単一通貨に転換する際に用いられるコンバージョン・レートは、図表１－８のようなかたちで「非遡及的に」固定された（irrevocably fixed）。98年にはEMIを改組するかたちで、欧州中央銀行、および欧州中央銀行制度が発足した。

そして1999年１月、経済・通貨統合の第３段階が開始され、予定どおり単一通貨ユーロが導入されるとともに、欧州中央銀行によるユーロ圏として単一の金融政策運営がついに開始されたのである。ユーロの導入に際しては、99年の当初はまず預金通貨についてのみ導入され、各国通貨との併用が認められたが、2002年１月、ユーロの現金通貨（紙幣・硬貨）の流通が開始された。各国通貨との併用期間は同年２月28日までとされ、

図表1－8　ユーロ導入に際しての、各国通貨の非遡及的なコンバージョン・レート（Irrevocably fixed euro conversion rates）

1ユーロ＝	40.3399	ベルギー・フラン
	1.95583	ドイツ・マルク
	15.6466	エストニア・クローネ
	0.787564	アイルランド・ポンド
	340.750	ギリシャ・ドラクマ
	166.386	スペイン・ペセタ
	0.585274	キプロス・ポンド
	6.55957	フランス・フラン
	1936.27	イタリア・リラ
	0.702804	ラトビア・ラット
	40.3399	ルクセンブルク・フラン
	0.429300	マルタ・リラ
	2.20371	オランダ・ギルダー
	13.7603	オーストリア・シリング
	200.482	ポルトガル・エスクード
	239.640	スロベニア・トラル
	30.1260	スロバキア・コルナ
	5.94573	フィンランド・マルカ

（資料）　European Central Bank ホームページ資料をもとに筆者作成。

同年3月1日以降はユーロが、圏内各国における唯一の法定通貨として通用することとなった。

このような一連の通貨の切替え（changeover）作業は、EMIや各国中央銀行等による事前の入念な準備もあって、円滑に進められた。この間の2001年1月には、財政面での「収斂条件」の充足に至らず、1999年当初にはユーロに参加できなかったギリシャが、12番目の国としてユーロ圏に参加した。

その後、EUは2003年２月のニース条約の発効を経て、04年５月、中東欧・および地中海諸国10カ国（チェコ共和国、エストニア、キプロス、ラトビア、リトアニア、ハンガリー、マルタ、ポーランド、スロベニア、およびスロバキア）が一度に加盟するという拡大を果たした。その後も07年にブルガリアとルーマニア、13年７月にはクロアチアがEUに加盟し、14年11月現在、EUの総加盟国は28カ国に達している。そのうちユーロ圏の参加国は、07年のスロベニア、08年のキプロス・マルタ、09年のスロバキア、11年のエストニア、14年のラトビアが加わり18カ国となっている。なお、15年１月からはリトアニアが加わり、19カ国となることがすでに決定されている。

この間、2009年12月には、欧州の憲法に相当する規定を含むリスボン条約が発効する一方で、08年秋のリーマン・ショックに続き、09年秋以降は欧州債務危機が発生し、欧州各国は、1992、93年のERM危機以来ともいえる深刻な市場の混乱を経験することとなった。その際の展開や政策対応等については第５章で詳述する。

コラム① 1990年代前半の２度のERM危機

経済・通貨統合実現に向けての取組みは、1980年代後半～90年代初期にかけて大きく加速したものの、そのまま順風満帆な状態で進展したわけではなかった。

1992年６月２日、デンマークの国民投票で、マーストリヒト条約の批准が否決された（反対50.7%）。続いて同年９月20日に実施されたフランスの国民投票では、かろうじて批准は可決されたが、賛成51.05%という僅差で、文字どおり「薄氷を踏む」かたちであった。

こうした展開を受け、マーストリヒト条約が描いた「経済・通貨統合の進展」「単一通貨の導入」に向けた道筋が、現実に即したものとはなっていないのではないか、という疑念が広がった。具体的には、①国による温度差はあれ、自国の主権の委譲に疑問を感じるという各国の国民の世論を必ずしも反映していないのではないか、②単一通貨導入に向けてのスケジュールが、各国の当時の経済パフォーマンスを反映したものとはなっていないのではないか、という見方が広がったのである。

そうした状況下、ヘッジ・ファンド等の投機筋が、前述のいわゆる「デンマーク・ショック」以降、経済・通貨統合の最終段階への参加が危ういと目される通貨を標的にして、各国通貨当局を相手に、大規模な売りを仕掛けた。その対象は、独マルク、およびそれと緊密な連動関係にある蘭ギルダーを除く、他のほぼすべてのERM参加通貨に及んだ。各国通貨当局はERMの仕組み上、自国通貨の上・下限レート維持のためには無制限に介入しなければならない義務を負っており、そのためのERM加盟国相互間での資金融通システムも一応は整備されていた。

しかしながら当時の国際金融市場においては、デリバティブの発達により、これらの投機筋が相対的には少ない元本を元手にきわめて巨額の取引を瞬時に行うことがすでに可能となっていた。そこで、投機筋側がERMというシステムが想定している以上の額の売りを浴びせさえすれば、当局は、自国内の金融市場の調節上のテクニカルな制約の問題などを理由に[4]、これに抵抗することは不可能となる事態が生じていたのである。

要するに、ERMにおいて設定している自国通貨の中心レートが、市場の信認を得られないものである場合、一度市場（投機筋）からの大規模な攻撃を受けることになれば、その切下げを必然的に迫られてしまい、投機筋側は各国の介入資金（外貨準備）を相手に巨額の利益を必ず得ることができる、という「一方向の（one way）ゲーム」、帰着する結果は「投機筋側の勝利、通貨当局の敗北」という１つに限定されているゲームが成立してしまったのである[5]。

そうした結果、1992年９月のERM危機においては、イギリスがポンドをERMから離脱させたほか、イタリアも中心レートを一度大幅に切り下げたにもかかわらず、これを防衛し切れず、ERM上のリラの為替レート維持のための介入義務を放棄し、実質的にERMから離脱するという、EMS創設以来の重大な事態に至った。その後も、特定の通貨を狙い撃ちする投機

4　たとえば、仏フランが独マルクに対して売り込まれ、ERMの下限レートを割り込みそうになったとき、ERMのシステム上では、ドイツ（ドイツ連銀）からフランス（フランス銀行）に対する無制限での介入資金供与システムが整備されていた。しかしながら、巨額のフラン買い・マルク売り介入が実施された場合、ドイツの国内金融市場では、巨額のマルクの資金余剰が発生して、金利水準の急速な低下が生じてしまう。フランスでは逆の事態が発生する。こうした事態を回避するために、当局たるドイツ連銀は金融調節上、マルク資金を吸収して金利水準に影響が出ないように努めるが（いわゆる「不胎化」）、定期的な国内金融市場調節のオペレーションで動かしうるような額を大幅に超過するような為替市場介入がなされた場合、それを不胎化することは事実上、不可能となる。それゆえ結局、当局は外国為替市場における投機筋の動きに屈せざるをえず、フランスがフランの中心レートの切下げに踏み切るか、ドイツ側がマルクの切上げを余儀なくされることとなる。

ちなみに、1992年９月のERM危機時の英ポンド防衛のための介入額は１日当り400億マルク程度、93年８月の第２次ERM危機時の仏フラン防衛のための介入は１日当り700億マルク程度と推定されている。この「700億マルク」は、フランス１国の通常時の外貨準備高に相当する規模であった。

5　ジョージ・ソロス氏が率いるヘッジ・ファンドは当時、イギリスの通貨当局相手に大規模なポンド売りを仕掛け、巨額の利益を手にしたことが知られている。

筋の攻勢は収まらず、スペイン・ペセタ、ポルトガル・エスクード、およびアイルランド・ポンドは1回ないし2回、中心レートの切下げを余儀なくされた。

世界の国際金融市場プレーヤーが固唾をのんで見守るなか、その後、1993年の初夏に、当時として最も緊迫した局面が到来した。92年のERM危機以降、絶えず投機筋の売仕掛けの対象とされながらも、ECの盟主として、ドイツの全面的なバックアップを得て、かろうじて中心レートを維持してきたフランス・フランが、この両国の金融・通貨政策当局の協調の足並みの乱れを材料に、ついに投機筋による売りの集中砲火の対象とされたのである。そして同年8月、EC各国の政策当局は協議の結果、フランスの威信に傷がつくフランの中心レートの切下げではなく、ERM全体の許容変動幅をそれまでの±2.25%から±15.0%へと大幅に拡大して、投機筋の動きを抑える道を選んだ。

EMSはそもそも1979年に、域内加盟国間為替レートの変動幅を縮小することを目標に発足した。しかしながらそれから14年後の93年8月には、このようにして、実質的には変動相場制と大差ないようなシステムへの逆戻りを余儀なくされることとなったのである。

2 欧州中央銀行の欧州共同体における位置づけ

ここで、このようにして設立された欧州中央銀行が、欧州共同体において組織的にどのように位置づけられているのか、いかにして独立性が確保されているのか、などの点についてみてみよう。

欧州連合の機能に関する条約130条（旧欧州共同体条約108条）は、欧州中央銀行制度や欧州中央銀行の独立性について、次のように定めている（注：訳は筆者）。

「条約および欧州中央銀行制度、欧州中央銀行規程によって付与された権限を行使し、任務や義務を実行するのに際しては、欧州中央銀行も、各国中央銀行も、また意思決定主体のいかなるメンバーも、連合の機関、主体、局ないし庁、および加盟各国政府やその他のいかなる主体からも、指示を仰いだり受けたりすることは決してしないこととする。連合の機関、主体、局ないし庁、および加盟各国政府は、この基本原則を尊重し、欧州中央銀行および各国中央銀行の意思決定主体のメンバーに対して、その任務をいかに果たすのかに関して影響を及ぼすことを求めないこととする」

欧州中央銀行の独立性とは、物価の安定というその基本的な目標および金融政策運営をもっぱら担うことから導き出される帰結であり、ユーロ圏における金融秩序を構成する不可欠の要素ないし礎ともいうべきものである。同時に、欧州中央銀行は政策運営等に関する説明責任を負っており、EUの機関である欧州議会や欧州委員会、経済・財務理事会（Ecofin Council）等と必要な対話を行い、協調することが求められている。

欧州中央銀行の独立性の概念には、①組織としての独立性、②法的な独立性、③意思決定主体のメンバーの人的な独立性、

④機能および業務運営上の独立性、⑤財務面および機構的な独立性、という5つの側面がある。

①の組織としての独立性は前述のとおり、欧州連合の機能に関する条約130条で定められた内容がこれに相当する。②の法的な独立性は、欧州中央銀行および各国中央銀行がそれぞれ法人格を有するほか、欧州司法裁判所（European Court of Justice）に提訴等を行いうることを意味する。

③の人的な独立性は、欧州中央銀行の意思決定主体のメンバーの任期が、相対的に長く設定されていることに裏付けられている。ユーロシステムにおける理事会のメンバーは任期8年で再任は不可、各国中央銀行総裁は最低5年の任期で再任可能とされている。そして、これらのメンバーは、過去の政策運営のパフォーマンスを理由に裁量的に解任されることはない。メンバーが任期途中で退任することがありうるのは、任務を果たすための条件を満たしえなくなった場合、有罪となった場合ないし深刻な不品行があった場合に限られる。

④の機能および業務運営上の独立性は、欧州中央銀行制度規程のいくつかの規定によって定められている。欧州中央銀行は、物価の安定という基本的な目標を達成するために必要なすべての権能や権限を与えられている。また、欧州連合の機能に関する条約123条（旧欧州共同体条約101条）1項は、公共セクターへの与信禁止に関して、次のように定めており、ユーロシステムを、公共部門からの与信要求や、公共負債のプライマリー市場での買入れ（＝引受け）要求から遮断する役割を果たしている（注：訳は筆者）。

「欧州中央銀行ないしは加盟国中央銀行（以後、各国中央銀行）による、連合の機関、主体、局ないし庁、中央政府、州、市町村、もしくは他の公的当局、公法によって統治されるその他の主体、ないしは加盟国の公的企業のための当座貸越機能や、その他のいかなる類型の与信機能も禁止される。欧州中央銀行や各国中央銀行が、これらの主体から直接、負債商品を買い入れることも禁止される」

⑤の財務面および機構的な独立性は、欧州中央銀行や各国中央銀行が自前の財務資源と収入を有し、組織的な自律性を享受することを意味する。

なお、欧州中央銀行の以上のような位置づけは、基本的にはドイツ連邦銀行のスキームを土台としているが、経済・通貨統合実施前の各国における中央銀行の枠組みをみると（図表１－９参照）、中央銀行の独立性がまったく与えられていないか、与えられているとしてもかなり限定されていた国が少なくなかったなかで、ユーロ圏における中央銀行制度を新たに設計するうえで顕著な方向転換が行われたことがうかがわれよう。

図表1－9　ユーロ導入前における、現在のEU主要国の中央銀行の政策形成の決定要因および国家の影響

中央銀行名	機能上の独立性							
		設立根拠	経済・金融の目標	中銀内の政策決定機関	意思決定と権限の分配	金融政策手段の発動に関する決定の自由		
						再割引政策（公定歩合）	公開市場政策	最低準備（準備率）
ベルギー国立銀行	権限の分離の結果として、政府との協力要件の枠組みのなかでのみ確保。	私法上の法人。政府出資は50%。	法による定めなし。中央銀行の刊行物では「安定的な通貨」という目標を強調。	監理会	集権制	中央銀行	国債基金（Fonds des Rents）経由による政府	通常は中央銀行。3%の変更には政府の認可が必要。
オランダ銀行	顕著な機能上の独立性はあるが、金融政策上の行動の自由は制限。	有限責任会社。政府出資は100%。	通貨価値の規制および安定化。		集権制	財務大臣が、中央銀行理事会と協働しつつ、一般的なガイドラインを発出。		
フランス銀行	独立性なし。	100%国有化された株式会社。	通貨および信用供給のモニタリング、銀行システムのルールの監督。		集権制	通常は政府（中央銀行は諮問されるのみ）		
						中央銀行理事会	中央銀行	国家信用理事会を通じて政府
イタリア銀行	独立性なし。	公法に基づく出資会社。	（定款に特記なし）		集権制	貯蓄・信用閣僚審議会が中央銀行へガイドラインを提示。政策手段については、中央銀行が選択。		
イングランド銀行	独立性なし。	国有の公企業。	（法規定なし）		集権制	政府は必ず、中央銀行の政策を承認。		
ドイツ連邦銀行	ドイツ連邦銀行法により与えられた権限の行使に際し、連邦政府の指示を受けず（＝政府からは独立）。ただし、政府と	公法上の法人（連邦直属）。連邦政府が100%出資。	通貨価値の安定を目的として、流通中の通貨および信用供給を規制。	中央銀行理事会（Central Bank Council）	連邦制	中央銀行。連邦政府に2週間の延期要請権限（逆にドイツ連銀は、連邦政府の財政計画委員会と公共部門景気委員会に出席可能。議決権はなし）。		

	相互に情報を提供し、協議する義務を負う。					
スペイン中央銀行	独立性なし。		政府の政策目標に合致した金融政策の遂行。		集権制	財務大臣と協調。ガイドラインは財務大臣が単独で策定。

中央銀行名	財政上の独立性			
		予算の		当該年の純利益の処分
		直接的ファイナンス	間接的ファイナンス	
ベルギー国立銀行	(財政上の相互依存は、広い枠組みのなかでの直接・間接の国家への貸出を制限することによって規制)	可。ただし、上限あり。	国債基金経由で可。ただし、上限あり。	株主に6％を配当。残余の10％を積立金、8％を職員用施設に充当。残余は20％および第二配当のかたちで国へ納付。
オランダ銀行		可。ただし、上限あり。		中央銀行と財務省との合意に基づき決定。90％以上を国庫に納付し、「定期的な」歳入に。準備金の積立は少額。
フランス銀行	独立性なし。	可。上限は毎年、議会の承認を得て、中央銀行と大蔵省との間で決定。	中央銀行の裁量により、多少のTBを保有。	中央銀行理事会が決定。準備金への配分が小さいにもかかわらず、国庫が法人税および配当として約90％を受入れ。
イタリア銀行	独立性なし。	予算の14％まで中央銀行の裁量貸出可。超過令についても可。	中央銀行の裁量。	株主（銀行・国）への配当および一部の積立金を除いて、すべて国へ納付。
イングランド銀行	独立性なし。	長期の貸出可。ただし、恒常的ファイナンスは不可。	国債購入による財政赤字の穴埋めは中央銀行の義務。	通貨発行からの利益（国債保有に伴う利子収入）や外貨準備金への付利はすべて国へ納付。
ドイツ連邦銀行		上限までの短期信用（advances）の供与可。予算の執行に際して生じる短期的な資金不足のつなぎとしてのみ利用可能。	原則不可。	引当金および損失補てん後、すべて連邦政府へ納付。
スペイン中央銀行				引当金を除き、すべて国へ納付。

中央銀行名	人事の独立性				銀行監督に責任を有する当局	外貨準備の帰属
		中央銀行総裁				
		任期	任命者	罷免可能か、だれによるか		
ベルギー国立銀行	保証（政府との権限の分離のため）。	5年再任可	政府の推薦に基づき、国王。	政府と意見が相違する場合は、政府による罷免可能。ただし、後任は監理会が推薦。	銀行監督委員会および中央銀行	中央銀行
オランダ銀行		7年再任可	理事会の推薦リストに基づき、国王が任命。閣僚会議で協議。		中央銀行	中央銀行
フランス銀行	独立性なし。	無期限	政府	いつでも、政府の要望に基づいて、大統領が罷免しうる。	国家信用理事会および銀行監督委員会（委員長は中央銀行が任命）	国家。中央銀行が管理。
イタリア銀行	独立性なし。	無期限	大統領の同意を得て、首相の推薦に基づいて理事会が任命。	理事会による罷免あり。	中央銀行	国家。中央銀行およびイタリア為替局が管理。
イングランド銀行	独立性なし。	4年再任可	首相の推薦に基づいて国王が任命。	犯罪行為を行った場合を除いては不可。	中央銀行	国家。中央銀行が大蔵省の為替平衡勘定を管理。
ドイツ連邦銀行		2年以上最長8年再任可	連邦政府の推薦に基づき、中央銀行理事会に意見を聴いたうえで大統領。	人格上の理由、本人の自発的意思による場合、中央銀行理事会のイニシアティブによる場合にのみ可能。	中央銀行の協力を得て、財務省銀行監督局	連邦共和国の名のもとに中央銀行が所有。
スペイン中央銀行	独立性なし。	4年再任可	内閣の推薦に基づき、国王が任命。副総裁は内閣が単独で指名。	あり。	大蔵省と中央銀行	国家

（資料） Rolf H. Hasse, *The European Central Bank : Perspectives for a Further Development of the European Monetary System*（Strategies and Options for the Future of Europe Basic Findings 2), Bertelsmann Foundation, 1990、BIS, *Eight European Central Banks*, George Allen and Unwin Ltd, 1963、葛見雅之・石川紀（共訳）『ドイツ連邦銀行—金融政策上の課題と政策手段—』（学陽書房、1992年）をもとに筆者作成。

第2章

欧州中央銀行の組織

「欧州中央銀行」といっても、実際には、ユーロ圏ないしはEUにおける中央銀行業務や金融政策運営は、この名称の銀行１行、単一の組織によって中央集権的に担われているわけではない。ユーロ圏のみならず、非ユーロ圏をも含めたEU全体における中央銀行組織は、「欧州中央銀行制度（ESCB：European System of Central Banks）」と呼称され、欧州中央銀行、および加盟各国の中央銀行によって構成される集合体である。

なお、単一通貨ユーロが導入された1999年以降、通貨統合に参加するか否かの判断はEU加盟各国により分かれることになった。そのため、EU全体としての欧州中央銀行制度のなかには、ユーロを導入した各国の中央銀行と欧州中央銀行のみによって構成される「ユーロシステム（Eurosystem）」が置かれ、その外側に、ユーロを導入していない加盟国の中央銀行が位置するという、いわば欧州中央銀行制度内における二層構造がとられている。

ここではユーロ圏およびEUにおける中央銀行組織の構成や機能・運営についてみてみよう。なお、本章においては主に金融政策運営にかかわる、設立当初からの組織面に焦点を当てて記述するが、このほかEUにおける銀行同盟（Banking Union）構築の進展に伴い、欧州中央銀行は2014年11月４日から、欧州の主力民間銀行に関する監督当局（Single Supervisor）の役割も新たに果たしており、これに伴い、監督業務に従事し、その意思決定を行う新たな組織が追加設置されているが、これに関しては、コラム②「銀行同盟の進展と欧州中央銀行」で扱うこととする。

1　欧州中央銀行制度とユーロシステムの構造

欧州中央銀行制度はEUの基本法の１つである欧州連合の機能に関する条約（旧欧州共同体条約[1]）のもと、単一通貨ユーロの中央銀行機能を担うことを託されている。欧州中央銀行制度と欧州中央銀行は、1999年１月の単一通貨ユーロの導入に先立ち、欧州共同体条約８条[2]、および同条約に付属する欧州中央銀行制度・欧州中央銀行法に関する議定書[3]に基づき、98年６月に設立された。

欧州中央銀行制度は、欧州中央銀行とEU加盟各国の中央銀行によって構成されるものである（図表２－１参照)。欧州中央銀行はEU加盟各国中央銀行の出資によって設立されており（図表２－２参照)、法人格を有する。欧州中央銀行に出資しているのは、EU加盟各国の政府ではなく中央銀行であること、そして、ユーロ圏参加国の中央銀行のみならず、非参加のEU加盟国の中央銀行も出資元となっている点に注意する必要がある。なお、欧州中央銀行制度そのものには法人格はない。法人

1　正式名称は欧州共同体設立条約（Treaty establishing the European Community)。1957年３月25日にローマにて調印、58年１月１日発効。しばしば「ローマ条約」と呼称される。2009年12月のリスボン条約発効後は、「欧州連合の機能に関する条約」に名称が変更されている。

2　８条には「欧州中央銀行制度および欧州中央銀行は、本条約に規定された手続に従って設立される。それらは、本条約および本条約に付属する「欧州中央銀行制度・欧州中央銀行法」によって与えられた権限の範囲内でその活動を行う」（注：訳は筆者）と定められている。

3　Protocol（No.4）on the Statute of the European System of Central Banks and of the European Central Bank.

図表2－1　ESCBとユーロシステム

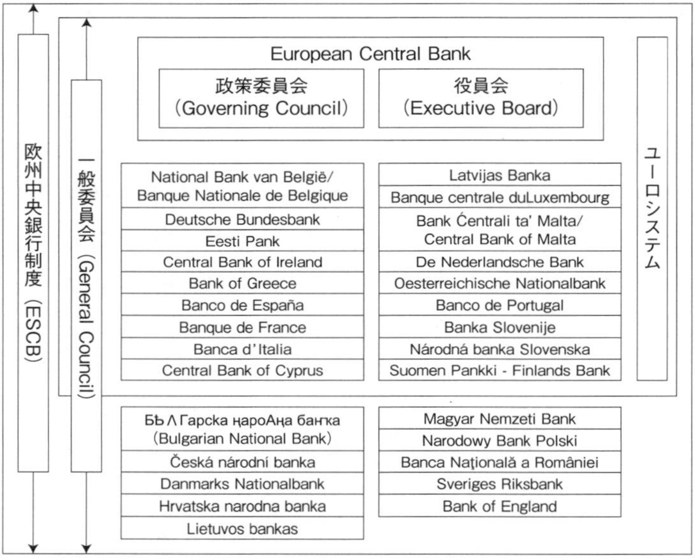

（注）2014年11月以降は、銀行同盟の一環としてECBがSSM（単一監督メカニズム）の機能も担うことに伴い、ECBに監督委員会（Supervisory Board）が設けられることになっている。

（資料）Hanspeter K. Scheller〔2006〕をもとに、筆者が一部加筆（アップデート）し作成。

格を有するのは欧州中央銀行および加盟各国の中央銀行である。

加えて、EU加盟国はユーロ導入の時点から、これに参加する国としない国とに分かれたため、欧州中央銀行の政策委員会（Governing Council）は1998年11月、欧州中央銀行制度のなかで、同行とユーロ圏に参加する各国中央銀行で構成される部分を「ユーロシステム（Eurosystem）」と呼称することを自ら決

図表２－２　EU各国中央銀行による、ECBへの出資比率（Capital Key）（2014年１月１日改定）

（%）

国　名		出資比率	国　名		出資比率
ユーロ圏各国中央銀行（18行）		69.9783	非ユーロ圏各国中央銀行（10行）		30.0217
	ベルギー	2.4778		ブルガリア	0.8590
	ドイツ	17.9973		チェコ	1.6075
	エストニア	0.1928		デンマーク	1.4873
	アイルランド	1.1607		クロアチア	0.6023
	ギリシャ	2.0332		リトアニア	0.4132
	スペイン	8.8409		ハンガリー	1.3798
	フランス	14.1792		ポーランド	5.1230
	イタリア	12.3108		ルーマニア	2.6024
	キプロス	0.1513		スウェーデン	2.2729
	ラトビア	0.2821		イギリス	13.6743
	ルクセンブルク	0.2030			
	マルタ	0.0648			
	オランダ	4.0035			
	オーストリア	1.9631			
	ポルトガル	1.7434			
	スロベニア	0.3455			
	スロバキア	0.7725			
	フィンランド	1.2564			
			合計		100.0000

（資料）　ECB資料をもとに筆者作成。

定した。単一通貨ユーロの中央銀行機能のうち核となる部分は、このユーロシステムにおいて発揮されることとなったのである。

ちなみに、ユーロ圏は1999年１月の発足当初、ベルギー、ドイツ、スペイン、フランス、アイルランド、イタリア、ルクセ

図表２－３　現在のユーロ圏加盟国（2014年１月時点）

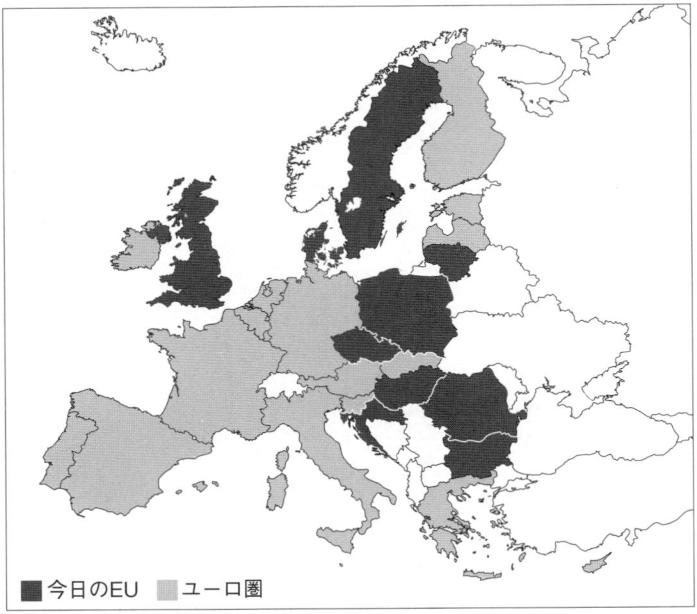

（注１）「ユーロ圏」はユーロ圏参加国で、次の18カ国。オーストリア、ベルギー、キプロス、エストニア、フィンランド、フランス、ドイツ、ギリシャ、アイルランド、イタリア、ラトビア（2014年１月新加盟）、ルクセンブルク、マルタ、オランダ、ポルトガル、スロベニア、スロバキア、スペイン。

（注２）「今日のEU」はユーロ圏不参加のEU加盟国で次の10カ国。ブルガリア、チェコ共和国、デンマーク、クロアチア、リトアニア、ハンガリー、ポーランド、ルーマニア、スウェーデン、イギリス。

（資料）European Central Bankホームページ。

ンブルク、オランダ、オーストリア、ポルトガル、フィンランドの11カ国でスタートした。その後、2001年１月にギリシャ、07年１月にスロベニア、08年１月にキプロスおよびマルタ、09

年１月にスロバキア、11年１月にエストニア、14年１月にラトビアが加わり、14年６月現在、18カ国となっている（図表２－３参照。15年１月にリトアニアが加盟予定）。

ユーロシステムにおいて、欧州中央銀行は、ユーロ圏の単一金融政策運営の意思決定を行う責任を単独で有している。これに対して、実際の金融政策運営上のオペレーションの実行や各国間の資金決済等の実務は、参加各国中銀すべてがその役割を等しく担っている。その際、ユーロ圏参加各国中銀をつなぐ即時グロス決済システム[4]がTARGET2である[5]。これは、Trans-European Automated Real-Time Gross Settlement Express Transferの略称で、ユーロシステム発足後、現在のシステムは第２世代のものである。その詳細な機能やユーロ圏内の国際金融秩序を維持するうえで担っている意味合いに関しては、欧州債務危機対応との関係で、第５章のコラム⑧「ユーロシステムのTARGET 2――問題国の「隠れた救済メカニズム」とは？」にて詳述する。

外国為替政策については、金融政策と不可分のものではあるが、欧州中央銀行はEUの経済・財務理事会（ECOFIN Council）と共同で外国為替政策運営の意思決定を行うこととなっているが、最終的な決定権は経済・財務理事会が有している[6]。

4　主要国の銀行システムの決済においては、かつては効率性を重視した「時点ネット決済システム」が主流であったが、今日では、中央銀行における大口の資金決済システムを中心に、安全性を重視した「即時グロス決済システム」が中心的位置を占めている。

5　アメリカの中央銀行である連邦準備制度においてはFedwireが、日本銀行においては日銀ネットがこれに相当する。

外国為替オペレーションは、米ドルや日本円といったEU域外国の通貨で行われることがありうるほか、共同体内部におけるERM IIの枠組みのなかで行われることがありうる。これらの外国為替オペレーションは、基本的に各国中央銀行が実施するほか、正確には、欧州中央銀行も一部、実行部隊としての役割を果たしている。これは、ユーロ圏の外貨準備が、①欧州中央銀行の保有分と、②各国中銀の保有分とに分かれていることによる。

このように、ユーロシステムの組織の態様および実際の機能や業務運営は「分散型」ないしは「分権型」とでもいうべきものとなっている。この点は、連邦制国家であるアメリカ合衆国の中央銀行である連邦準備制度においては、地区連銀が複数存在するなかで、オペレーション実施の役割をもっぱらニューヨーク連銀に担わせるなど、「集中型」ないしは「集権的」な

6　欧州連合の機能に関する条約127条2項（旧欧州共同体条約105条2項）および欧州中央銀行制度規程3条は、「ユーロシステムによる外国為替オペレーションは、条約219条（旧共同体条約では111条）の規定と首尾一貫するものでなければならない」と定めている。

欧州連合の機能に関する条約219条1項（旧欧州共同体条約111条1項）は、「EU理事会は、ユーロのEU域外通貨に対する為替レート制度に関する正式な合意を、欧州議会に協議し、3項に定める所定の手続にのっとったうえで、全会一致で行うことができる」と定めている。同条2項は、「そのような為替レートが定められていない場合、EU理事会は、欧州委員会からの勧告を受けて欧州中央銀行と協議した後、もしくは欧州中央銀行の勧告を受けて、為替レート政策に関する一般的な指針を策定することができる」と定めている。

なお、EU理事会がそのような決定を行うのに際しては、欧州連合の機能に関する条約218条8項の規定により、特定多数決によって決するものと解される。

色彩が濃いのとは対照的となっている[7]（図表2－4参照）。

ユーロ圏の中央銀行機能を、単独の中央銀行に担わせる制度設計とはせず、欧州中央銀行と加盟各国の中央銀行で構成される、いわば「システム」に担わせることとした理由として、Hanspeter K. Scheller〔2006〕は、①ユーロ圏全体の中央銀行機能を単独の中央銀行に担わせるのは、中央銀行業務が1地点のみで実施されることになる点も含めて、そもそも政治的に容認されるものではなかったこと、②「ユーロシステム」というアプローチは、各国中央銀行の経験を基盤とし、その設立根拠やインフラ、オペレーション遂行能力や専門性をそのまま維持するものであること、③ユーロ圏が地理的に広範であることから、市中金融機関が中央銀行機能にアクセスする際のポイントは、各参加国内の中央銀行に設けられることが望ましいと考えられたこと、などをあげている。

こうしてユーロシステムは、各国の既存の中央銀行構造を基盤に、ユーロ圏全体としての文化的・国民的な多様性に配慮するかたちで設立された。そもそも経済・通貨統合そのものが、各国の主権をおおいに尊重しつつ組み立てられたものである（Phillip Moutot et al.〔2008〕）。それゆえ、ユーロシステムにおいても、欧州中央銀行と各国中銀の間に組織的な上下関係ないしは主従関係は認められない。

欧州連合の機能に関する条約（旧欧州連合条約（The Treaty

7　Phillip Moutot et al.〔2008〕は、ユーロシステムにおいて各国中銀が果たす役割は、アメリカの連邦準備制度において地区連銀が果たす役割とは比較にならない（ほど重い）、としている。

図表２－４　ユーロシステムと米国連邦準備制度の中央銀行としての機能の比較

機能／中央集権化の尺度	ユーロシステム	連邦準備制度
	ユーロシステムはECBおよび18の各国中銀（NCBs）により構成	連邦準備制度は理事会および12の連邦準備銀行により構成
金融政策の定義づけ／実行	行う 集権的（定義づけ）／分権的（実行）	行う 集権的
銀行券の発行	行う 分権的	行う 分権的
外国為替操作の実行	行う 主として分権的	行う（財務省の代理として） ニューヨーク連銀が専担
外貨準備の保有と管理	行う 主として分権的	行う ニューヨーク連銀が専担
政府の財務代理人としての行動（最後の貸し手機能を含む）	一部のNCBsによる 分権的	行う ニューヨーク連銀が専担
金融システムの安定の促進	行う 主として分権的	行う 集権的
銀行監督	一部のNCBsによる 分権的	行う 主として分権的
決済システムの円滑なオペレーションの促進	行う 分権的	行う 分権的
統計情報の収集	行う 分権的	行う 集権的
国際金融機関への参加	行う 主として分権的	行う 集権的

（原資料）　P. Pollard, "A Look inside Two Central Banks: The European Central Bank and the Federal Reserve", *Review of the Federal Reserve Bank of St. Louis*, January/February 2003より抜粋。

（資料）　Phillip Moutot, Alexander Jung, and Francesco Paolo Mongelli〔2008〕をもとに、筆者が一部の項目をアップデートし作成。

on European Union)[8]）282条には、「欧州中央銀行は、その通貨がユーロである加盟各国の中央銀行とともにユーロシステムを構成し、（欧州）連合の金融政策を遂行する」（注：訳は筆者）と規定されている。また、欧州中央銀行の所在地こそドイツのフランクフルトに定められたものの、実務上の機能をだれが担うかという制度設計の面では、アメリカの連邦準備制度においてニューヨーク連銀がもっぱら果たしているような役割を、たとえばドイツ連邦銀行にもっぱら担わせる、といった選択肢がとられることは決してなかった。

ユーロ圏が年を追って拡大するなかでも、参加各国を、そして各国中央銀行を平等に扱うこのような基本的な考え方は、本章2で述べる欧州中央銀行の政策運営上の意思決定方式にも活かされている。そしてこのように、構成メンバーの多様性（ダイバーシティ）に最大限配慮したユーロシステムの制度設計は、その後の実際の政策運営の方向性にも大きな影響を及ぼしているように見受けられる。

とりわけ危機時にいかに対応するかは、中央銀行に限らず一般的に考えても、組織の真の実力が試される局面であろう。そうした意味で、第Ⅱ部で詳述するように、2008年のリーマン・ショック、およびそれに続く09年以降の欧州債務危機は、まさにユーロシステムが試された局面であったといえる。そうした局面において、実際の欧州中央銀行の政策運営が一方向に偏ることなく、また過度に短視眼的となることもなく、あくまでも

8　しばしば「マーストリヒト条約」と呼称される。

ユーロ圏各国、ひいては欧州全体にとっての中長期的な意味での持続可能性を確保し、利益を最大化することに主眼を置いた判断と政策運営を実際に行いえたことは、ユーロシステムの設計の根底にあるこのような思想の賜物でもあったように見受けられる。

2 欧州中央銀行制度およびユーロシステムにおける意思決定機関

欧州中央銀行制度とユーロシステムにおける意思決定は、主として、欧州中央銀行における①政策委員会（Governing Council[9]）、および②役員会（Executive Board）の２機関によって行われる（前掲・図表２－１）。この２機関は、(i)欧州中央銀行制度およびユーロシステムにかかる意思決定と、(ii)欧州中央銀行という組織自身にかかる意思決定、という２つの機能を担っていることになる。このほか、ユーロに参加しないEU加盟国が存在する限りにおいて、③一般委員会（General Council）が設けられている。

① 政策委員会

政策委員会は、欧州中央銀行制度の規定において、役員会の専管とされている以外のすべての決定に責任を負うこととされているほか、ユーロシステムとの関係では、ユーロ圏における

9 本邦における主要メディアの報道をみると、このGoverning Councilを「理事会」と訳して報じるのが一般的となっているようではあるが、本書では、Executive Board（役員会）と明確に区別するためにも「政策委員会」という訳語を用いることとする。

金融政策運営という特段の責任を負っている。そのメンバー構成や意思決定方式の詳細は本章3(2)で述べる。

② 役員会

役員会は、欧州中央銀行のオペレーション上の意思決定の主体であり、日々の運営に係る決定の責任を負っている。これは金融市況の日々の変化や緊急事態に機動的に対応するためで、欧州中央銀行の役員会に与えられた専権事項となっている（欧州連合の機能に関する条約の付属議定書4番、欧州中央銀行制度および欧州中央銀行規程12条）。総裁、副総裁、およびそれ以外の4名の理事で構成され、各人が金融や銀行業務に関する、卓越した専門的な経験を有することとされている。その任命は、EU理事会の推薦を受け、欧州議会および欧州中央銀行の政策委員会に協議した後、ユーロ圏各国による首脳レベルの共通合意によって行われる。

役員会の主な任務は、①政策委員会会合の準備を行うこと、②政策委員会によって定められたガイドラインや決定に沿うかたちで、ユーロ圏における金融政策運営を実行すること、およびそのなかで、ユーロ圏各国中央銀行に対して必要な指示を行うこと、③欧州中央銀行が行う業務を管理すること、④政策委員会から委任された一定の権限（規制的な性質のものや欧州中央銀行の保有する外貨準備の管理を含む）を行使すること、である。

役員会は通常、少なくとも週1回開催される。通常はメンバー1人1票の単純多数決で意思決定を行うが、同数の場合は総裁がキャスティングボートを有する。もっとも実際には、役員会は合議体として運営されており、慣行上、コンセンサス方式で意思決定がなされている。

③　一般委員会

一般委員会は、ユーロシステムとユーロ不参加国の中央銀行をつなぐ機関であり、EUの全加盟国がユーロに参加した時点で解散されることとなっている。メンバーは欧州中央銀行の総裁、副総裁およびEU全加盟国の中央銀行総裁である。欧州中央銀行の4名の理事は、一般委員会に参加することはできるが、投票権は有しない。EU理事会の議長や欧州委員会の委員が参加することもあるが、同様に投票権は有しない。また、EUの加盟予定国[10]があれば、その中央銀行総裁もオブザーバーとして出席する。一般委員会の主な任務は、ユーロシステムに参加するのに際して必要な準備にかかる助言を行うこと、非参加国が採用する為替レートメカニズムであるERM Ⅱのモニタリングを行うことなどである。

10　acceding countriesと称され、EU加盟の諸条件を充足し、近々正式に加盟することが決定している国。candidate countries（候補国）とは明確に区別される。2013年7月にクロアチアが正式にEUに加盟した後、acceding countries（加盟予定国）は現時点では存在しない。

ちなみに、駐日欧州連合代表部資料およびCouncil of the European Union資料によれば、現時点におけるcandidate countriesには、トルコ(2005年10月3日、加盟交渉を開始)、アイスランド（10年7月27日、加盟交渉を開始)、モンテネグロ（12年6月29日、加盟交渉を開始)、マケドニア旧ユーゴスラビア（05年12月、加盟候補国となる)、セルビア(12年3月、加盟候補国となる)、アルバニア（2014年6月、加盟候補国となる）がある。

コラム② 銀行同盟の進展と欧州中央銀行

(1) 単一監督メカニズム（SSM）――ユーロシステムの新たなミッション

第5章で詳しく述べるように、2009年秋以降の欧州債務危機は、当初はユーロ圏の一部の加盟国の財政運営というソブリンの問題であった。ところがその後、11年頃から、多額の各国国債を保有してきたユーロ圏内の多数の民間銀行の経営を揺るがす事態に至った。「ソブリン債務危機」と「銀行危機」とが、いわば「負の両輪」となって相互に悪影響を増幅させるという危機的な状況に陥ったのである。

本章においては、欧州中央銀行およびユーロシステムが、その発足当初から担ってきた金融政策運営というミッションを果たすうえでの組織について述べてきた。しかしながら、「ソブリン債務危機」と「銀行危機」が相互に悪影響を増幅させ、危機を深刻化させた教訓から、ユーロ圏全体として、金融市場や金融システムを統合する必要性が喫緊の課題として強く認識され、実現に向けて早速取り組まれることになった。これが「銀行同盟」（Banking Union）である。

そのうちの1つの側面である金融監督の一元化に関しては、新たに構築する単一監督メカニズム（SSM：Single Supervising Mechanism）の担い手として、債務危機というきわめて困難な局面における政策運営を経て、その手腕に対する欧州全体からの信認が一段と高まっていた欧州中央銀行に白羽の矢が立ったのである。

このようにしてユーロシステムには、ユーロ圏各国の銀行に対する金融監督という新たなミッションが2014年11月から加わることとなった。ここでは、それに向けてユーロシステムが組織面や意思決定メカニズム構築の面でいかに対応しようとしているのか、それがユーロシステムの従来からのミッションである金融政策運営にどのような影響を及ぼす可能性があるのか、を中心に述べることとする。

⑵ 「銀行同盟」への取組みの経緯

欧州中央銀行に金融監督という新たなミッションが加わるに至った経緯を、もう少し詳しくみておこう。2008年のリーマン・ショック以降の金融危機においては、少なからぬ数の欧州各国の金融機関が経営危機に陥り[11]、各国の納税者に負担のツケを回すかたちで公的資金の投入等が行われる事態となった。その反省から欧州としてその後、金融監督制度の改革が行われた。

しかしながらそれは、銀行、保険・年金、証券という3つの分野ごとに横断的な欧州レベルの機関を2011年に設立する[12]のにとどまり、実際の金融規制や監督は各国の監督当局に委ねられ、国ごとに分断された状態は放置された。それゆえに、欧州債務危機がその後、深刻化していくなかで、アイルランドやスペインといった国々の金融機関の経営悪化を早期に発見して手を打つことができなかった、という事態に再度陥ったのである。

一般論として、ある国の金融機関を当該国の金融当局が監督する場合、国内からのさまざまな政治的な圧力等によって、経営上の問題が先送りにされがちとなったり、いわゆる「ナショナル・チャンピオン」である金融機関に対する監督が甘くなりがちである、といった弊害も指摘されている。重債務国の銀行からは健全国の銀行に向けて、多額の預金流出も発生した。多

11 たとえばベルギー・フランスのデクシアや、オランダのING、ドイツのヒポ・レアル・エステート等。

12 銀行部門を監督する欧州銀行機構（EBA：European Banking Authority）、保険分野や年金分野を監督する欧州保険年金機構（EIOPA：European Insurance and Occupational Pensions Authority）、証券市場や資産運用分野を監督する欧州証券市場機構（ESMA：European Securities and Markets Authority）がそれである。

額の預金が流出した各行は流動性危機の瀬戸際の状態に陥り、後述するようなユーロシステムによるギリギリの資金供給によって、何とか「命をつなぎとめる」ような事態となった。

このように、ユーロ圏として、金融市場の統合がまったく進んでおらず、金融規制も監督も、そして預金保険制度も破綻処理メカニズムも各国でバラバラという状況のもと、欧州債務危機が深刻化するというかたちで、いわば「抜き差しならない現実」が先行してしまい、各国はいったいだれの判断および財政的な負担をもって、危機に瀕した重債務国や当該国の銀行を救済するのか、という問いを突き付けられることになった。

このような事態の経過のなかで2012年の夏前頃から出てきたのが、ユーロ圏ないしEUとして、金融市場や金融システムの統合、言い換えれば「銀行同盟（Banking Union）」を喫緊の課題として進展させる必要がある、という機運である[13、14]。銀行同盟には具体的に、①単一監督制度（SSM：Single Supervisory Mechanism）、②単一破綻処理制度（SRM：

13　欧州理事会（首脳会議）の議長でもあるヘルマン・ファンロンプイ大統領は2012年６月26日、「真の経済・通貨同盟に向けて」（“Towards a Genuine Economic and Monetary Union”）というレポートを発表した。そこではEMUを今後安定と繁栄あるものとするために不可欠な４つの礎として、①金融フレームワークの統合（an integrated financial framework）、②予算フレームワークの統合（an integrated budgetary framework）、③経済政策フレームワークの統合（an integrated economic policy framework）、④必要とされる民主的な正当性や説明責任を確実なものとすること（ensuring the necessary democratic legitimacy and accountability）があげられた。このうち、①の金融フレームワークの統合のなかでは、とりわけユーロ圏における金融の安定性を確保し、銀行の倒産が欧州の市民にもたらすコストを最小化することを目的に、(i)監督責任の欧州レベルへの引上げ、(ii)共通の破綻処理メカニズムの構築、(iii)共通の預金保険制度の構築、という３つの側面で対応すべき、とされた。これがその後の「銀行同盟」への取組みの考え方の原型となった。

Single Resolution Mechanism)、③単一預金保険制度（SDGS：Single Deposit Guarantee Scheme）という3つの側面がある。

このうち②のSRMについては、問題行の破綻処理には政治的な問題が強く絡むのが欧州各国においても常であったことから、政治的な意味でのハードルは高いものである。また③のSDGSも、拙速にこれを導入するとなれば、相対的に金融システムの安全性の低い国においてモラルハザードが発生することが予想される。また、主として金融・財政が相対的に健全な国々（ドイツやオランダ、フィンランド等）からは、SDGS発足前の段階の、過去の各国の金融監督の失敗に起因する破綻処理のコストをいったいどこの国の預金保険料拠出をもってまかなうのか、という問題（いわゆる「レガシー問題」）の存在が声高に主張されたこともあって、SRMと同様、ハードルは相当に高いものとなっている。

他方、残るSSMに関しては、欧州債務危機の展開のなかで（詳細は第5章で後述）、その確立に優先的に取り組む必要性が生じる事態となった。現実に、危機の核心たる問題の所在は当該国の財政運営というよりもむしろ民間銀行部門のほうにある、という事例（スペイン）が出てきたのである。この時点でユーロ圏は、ギリシャ等の財政危機の経験を経て、加盟国の財政運営が危機に陥った際にユーロ圏として支援を行う枠組みと

14　なお、この頃は、ギリシャが再度の総選挙を経てユーロ圏への残留を決めた時期とも重なる（詳細は第5章で後述）。EUとしては元来、まず市場統合、そして経済・通貨統合、そのうえで財政統合や政治統合を進めるというシナリオを描いていたものが、ギリシャが残留するとなれば、たとえばユーロ共同債の発行といった財政統合を進展させることは、少なくとも相当の期間にわたり、事実上困難となる可能性が高い。そのため、統合の深化へ引き続き取り組むという姿勢を明確にし、求心力を維持するためにも、銀行同盟への取組みを急いだようにも見受けられる。

して、EFSF（欧州金融安定ファシリティ、後にESM（欧州安定メカニズム）として恒久組織化）を設立し、すでにアイルランドやポルトガルの政府向けに、このスキームを用いて支援を行っていた。

ところがスペイン向けに同じスキームで支援を行えば、かえって同国の財政状況の無用の悪化を招来しかねない。かといって、EFSFないしESMからスペインの銀行部門へ直接支援を行えることとなれば、自国内の銀行に対する過去の金融監督上の失敗のツケが安易にユーロ圏全体に転嫁されてしまう前例ともなりかねない、という状況になったのである。

スペインの銀行危機は2012年の夏頃から深刻化した。そこで、ユーロ圏がEFSFないしESMを通じて、問題国の民間銀行部門向けに直接支援を行うという新たな枠組みを、最初の事例としてスペイン向けに発動するのを認める前に、ユーロ圏としての金融監督の一元化（SSM）を確立すべきであるとの機運が高まり、SSMについては銀行同盟の他の要素（SRMやSDGS）に先行して取り組むこととなった。

その担い手としては、欧州銀行機構（EBA）等も候補にあがったものの、最終的には2012年9月、欧州中央銀行が担うことが決まった。その主な理由や背景は、①債務危機に対する政策運営等を通じて欧州全体からの信認を一段と高めていたこと、②政治的な独立性を確保する意味で、EUの基本法である条約上、各国政府や欧州委員会等から独立した確固たる地位をすでに得ていたこと、③金融監督機能を担ううえでも、その根拠たりうる規定[15]がすでに条約に盛り込まれていたことの3点である。

(3) SSMの内容

SSMの機能は、2014年11月4日から開始された。このように、SSMへの取組みが決定してから比較的早期の時点で実際の稼働が可能となった背景としては、何よりも上述のように欧州中央銀行がその機能を担うことで、基本的な条約改正等の制度面での手当を最小限ですませることができたことが大きい。

欧州中央銀行が直接監督を行う対象は「重要な信用機関」（significant institutions）とされ、2014年9月4日に具体的な120機関のリストが公表されている。「重要」（significant）と判断する基準は、①総資産額（300億ユーロ以上）、②当該機関が所在する国もしくはユーロ圏全体の経済にとっての重要性（GDP比20%以上の資産規模）、③クロスボーダー活動の規模、④ESMもしくはEFSF（欧州金融安定ファシリティ。ESMの前身）に公的な金融支援の要請をしたことがあるか、もしくは実際にそうした支援を受けたことがあるか、の4点のいずれかが満たされるかどうかであり、先のリストでは各機関の13年末の決算値に基づき判定がなされている。欧州中央銀行によれば、この120機関をもって、資産額ベースでSSMの対象となる国の信用機関の約85%をカバーしていることになる。

これら以外の機関に関しては、全般的には欧州中央銀行による監督のもと、引き続き各国の金融当局によって監督が行われることとなった。ただし、欧州中央銀行は必要な場合、これら

15　欧州連合の機能に関する条約においては、第8部の第2章が金融政策に割り当てられており、その冒頭の127条1項には、欧州中央銀行制度の目標が掲げられている（第3章1で後述）。2項以下には、欧州中央銀行制度ないし欧州中央銀行の責務が明確に規定されているが、そのなかでも、6項の以下の規定（訳は筆者）が、今回、SSMの機能を担うに際しての根拠とされることとなった。

「6. 欧州理事会は、特別な立法上の手続と合致する規制のかたちで、全会一致によって、かつ欧州議会と欧州中央銀行に協議したうえで、信用機関、および保険引受を除く他の金融機関のプルーデンス面での監督に関連する政策に関して、欧州中央銀行に特別な任務を与えることができる。」

以外の機関についても、いつでも直接的な監督の対象とすることができることとなっている。
SSMの対象は基本的にユーロ圏の加盟国である。当初は18カ国でスタートしたが、2015年1月からはリトアニアがユーロ圏への加盟にあわせてSSMにも加わり、19カ国体制となることになっている。非ユーロ圏のEU加盟国に関しても、希望すれば一定の条件や制約を受ける前提のもとで、SSMに加わることが可能な仕組みとなっている。
また、SSMによる監督に際して欧州中央銀行が用いる共通のルールブックとしては、欧州銀行機構（EBA）が策定したものが用いられることとなっている。
ちなみに、銀行同盟の他の要素であるSRMやSDGSに関しては、たしかにいずれも政治的なハードルは高いものの、これらがきちんと機能しないことには、欧州中央銀行が遺憾なくSSMの機能を発揮し、経営に問題のある金融機関の早期の段階での健全化に取り組むことができないのもまた事実である。そのためSRMに関しては、単一破綻処理のための基金が今後、8年をかけて積み立てられることが2014年5月に決定された。
基金の積立が完了するまでの当面の間は、加盟国ごとの破綻処理制度を継続させるが、その破綻処理コストがユーロ圏各国の納税者に安易に転化されることがないよう、「ベイルイン」のスキームが2015年1月から導入されることとなった。これは、金融機関の資産内容の悪化等によって株主や劣後債権者による持分がすべて毀損した状況となった際に、規制当局の判断によって一般債権者の債権の一部を資本に転換する――要するに一般の債権者にも一定の負担を負わせるという制度である。
他方、SDGSに関しては、既存の各国における諸制度等をネットワーク化できれば対応可能であることもあり、制度の単一化に向けての議論は当面、棚上げされた状態となっている。

(4) SSM導入に際してのユーロシステムによる組織面等での対応

欧州においては、とりわけドイツ等を中心に、「金融政策運営の独立性を確保するためには、いわゆるプルーデンス政策（信用秩序の維持）とは責任を切り離す必要がある」との認識がユーロシステムの発足前から根強く、米英日等では中央銀行の機能として当然のごとく認められている「最後の貸し手」機能を認めることすら慎重であった。信用秩序の維持という目的があまりに優先されてしまうと、物価安定という中央銀行の本来の責務に反して安易な資金供給が行われてしまいかねない、と考えられてきたのである（詳細は第3章3を参照）。

それゆえ、今回、欧州中央銀行がSSMという新たなミッションを引き受けるのに際しても、金融政策を審議し決定する政策委員会とは別の意思決定主体として、「監督委員会（Supervisory Board）」が設けられることとなった。ただし、その発足に際しては、現行のユーロシステムの基本法である条約や規程を大きく改正することなく、短期間で実現にこぎ着けることが優先され、監督政策に関しては、具体的な意思決定は監督委員会で行いつつも、ユーロシステムとしての最終的な意思決定は政策委員会で行うかたちがとられることとなった。そのために、"Non-objection procedure"（「反対なし手続」）というユニークな意思決定メカニズムが構築されている（図表2－5参照）。

それによれば、監督委員会がまず決定の案を策定し、政策委員会に送付する。一定の期間内に政策委員会が反対しなければ、その決定は採択されたものとみなされる。政策委員会がこれに同意できなければ、監督委員会に再考を求めて決定案を差し戻すこともできるほか、政策委員会と監督委員会との間の見

図表２－５　単一監督メカニズム（SSM）における意思決定プロセス“Non-objection procedure”

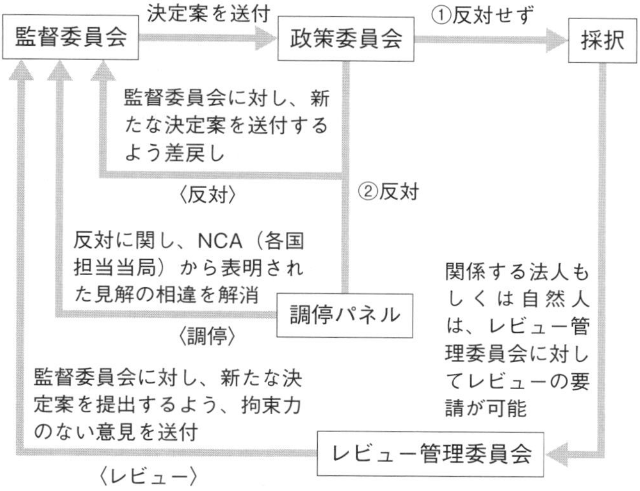

（資料）European Central Bank, “Decision-making process of the Single Supervisory Mechanism: Non-objection procedure”をもとに筆者作成。

解を調整するために「調停パネル（Mediation Panel）」が設けられることとなっている。それ以外にも「レビュー管理委員会（Administrative Board of Review）」が設けられ、決定に関係する法人ないしは自然人が決定内容に関するレビューを要請することもできる枠組みとなっている。

監督委員会の議長としては2013年12月にダニエル・ヌイ氏が選出されたほか、副議長は欧州中央銀行の役員会のメンバーが兼ねることとなり、サビーヌ・ラウテンシュレーガー専務理事が就任した。監督委員会のメンバーはこのほか、欧州中央銀行としての委員３名（副議長以外は、役員会のメンバー（専務理事）とは別）のほか、ユーロ圏各国から原則１人ずつ、当該国の金融監督当局が中央銀行でない場合[16]には、当該国の金融当局から１名と中央銀行から１名の２名ずつがメンバーに選出されている。

なお、欧州中央銀行はこのSSMの機能を新たに担うために700名規模の人員を手当し、準備作業に当たった。11月４日のSSMスタートに先立つ10月26日には、SSMの対象である「重要な信用機関」たる120機関に若干数の機関を加えた130機関を対象とする包括審査（comprehensive assessment）の結果が公表され、13年末の財務状況をもとにイタリアやギリシャ、キプロスなど南欧各国の金融機関を中心に、11カ国の25機関が合計で約250億ユーロの資本不足を指摘され、「不合格」となった。このうち12機関はこの審査結果公表の段階ですでに増資を行っており、資本不足は解消されているものの、残る13機関に対しては、欧州中央銀行が結果公表後９カ月以内に約100億ユーロの資本増強に相当する是正措置を指示することになっている。

(5)　SSMの金融政策運営への含意

欧州中央銀行が新たにSSMの機能を引き受けるのに際しては、このように金融監督の機能と金融政策運営の機能を峻別することに意が用いられているが、他方、欧州中央銀行がSSMの機能を担い、ユーロ圏全体としての金融監督の機能が向上し、銀行同盟が強化されれば、金融政策運営にとってもプラスになる面があると考えられている。

たとえば、欧州中央銀行のヴィトル・コンスタンシオ副総裁は2014年４月24日に行ったスピーチのなかで、銀行同盟の意義として、①銀行とソブリンの悪循環の輪（bank-sovereign

16　ドイツ、エストニア、ラトビア、ルクセンブルク、マルタ、オーストリア、フィンランドの各国。

feedback loop）を断ち切ることが可能になることや、②金融政策のトランスミッション・メカニズムが改善されることをあげている。また、コンスタンシオ副総裁とともにSSMの立上げ作業の責任を担ってきたイブ・メルシュECB専務理事も、13年4月5日に実施したスピーチのなかで、銀行同盟の意義として、コンスタンシオ副総裁があげた、①と②の点のほか、③金融監督における自国バイアスが排除され、ユーロ圏全体の金融システムの安定確保につながる点を指摘している。

3 欧州中央銀行における意思決定の実際

次に、ユーロシステムにおける金融政策運営の意思決定が、どのように行われているのかをみてみよう。

ユーロ圏参加各国の文化的・経済的な多様性を尊重するという基本的な考え方は、金融政策運営の意思決定におけるすべてのフェーズにおいても貫かれている。多様性を尊重する、さまざまな立場や考え方に配慮することを通じ、結果として政策運営が一方向に偏ることなく、バランスがとれるというメリットが期待できる半面、意思決定の遅れにつながりかねない側面をはらむようにも思われる。では、実際には、どのような検討段階を経て、組織としての最終的な意思決定につなげているのか。そして、その最終的な意思決定は、どのような枠組みで行われているのだろうか。

⑴ 金融政策運営の決定、実行に至るまでのプロセス

ユーロシステムにおいて、具体的な金融政策運営の方針が決定され、実行に移されるまでには、①準備ステージ、②決定ステージ、③実行ステージ、の３つの段階が存在する（図表２－６参照）。いずれのステージにおいても、欧州中央銀行の役員やスタッフのみならず、各国中央銀行の総裁およびスタッフが検討や意思決定、政策の実行に深く関与する制度設計となっている。またその際、各国中央銀行による関与の度合いも公平なものとなるよう、配慮がなされている。以下、段階ごとに詳しくみてみよう[17]。

① 準備ステージ

この準備ステージにおいては、次なるステージにおける最終的な意思決定に役立てるべく、ユーロシステムの全スタッフにより、技術的な意味での準備作業が行われる。そうした準備のための検討・作業は、欧州中央銀行の役員会がイニシアティブをとるかたちで進められる。そしてその情報は、ユーロシステムの意思決定主体である政策委員会のメンバーに判断材料として共有されることになる。

内容的には、ユーロ圏内外の金融・経済情勢の分析もあれば、金融政策の各手段の効果等の検討、さらにはオペレーションの実務上の論点等の検討等、きわめて多岐にわたる論点・課題等の分析が行われている。そのような作業や検討を行うに際しては、ユーロシステム内に設けられた「委員会」や「ワーキ

17　本節における記述は、主として、Phillip Moutot et al.〔2008〕を参考にしている。

ング・グループ」「タスク・フォース」が機能を発揮するかたちで進められている。これは、金融政策運営の意思決定に向け

図表２－６　金融政策運営の意思決定プロセス

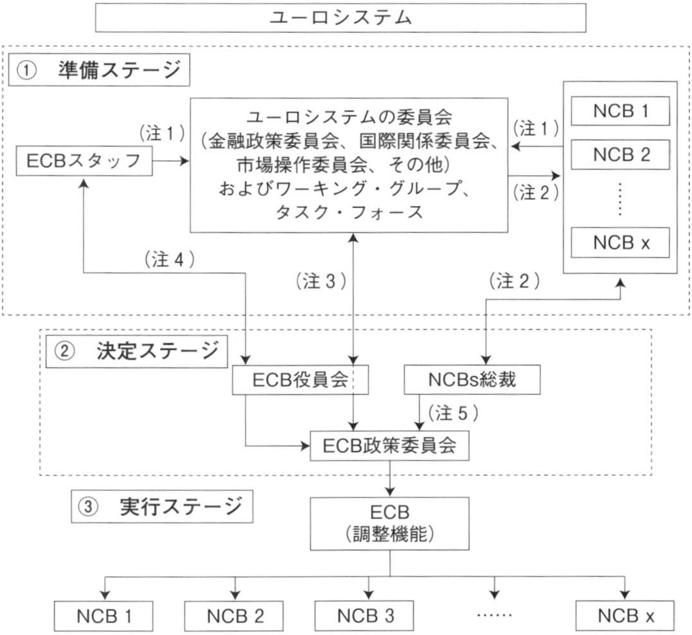

(注１)　委員会、ワーキング・グループ、もしくはタスク・フォース向けの準備作業。
(注２)　NCBメンバーはNCB総裁に報告。NCB総裁は指針を供与。
(注３)　事務局により役員会に送付された手紙や文書がNCB総裁に伝達される。役員会は指針を供与。
(注４)　ECBスタッフによって準備された政策委員会の文書は、事務局経由で役員会に伝達。役員会は準備を先導。
(注５)　ECB総裁経由で文書および報告書を伝達。
(資料)　Phillip Moutot, Alexander Jung, and Francesco Paolo Mongelli〔2008〕をもとに筆者作成。

ての準備作業のすべてを、欧州中央銀行のスタッフのみで完結させてしまうことなく、各国中央銀行からも等しく公平なかたちで、すべての論点・課題の検討への参加を得て、貢献を求める制度設計となっているためである。

その背景には、①そもそも、欧州中央銀行のスタッフの総数自体が、ユーロシステム全体のなかでは相対的に少ないこと、②ほとんどの各国中央銀行は、欧州中央銀行よりもはるかに長い歴史と経験・知見を有するため、これを尊重するとともに、各国における過去の政策との一貫性をとるうえでの検討ができるようにする必要があること、③各国中央銀行が等しく公平なかたちでさまざまな検討に参加できるようにする必要があること、④委員会方式がフォーラムの場を提供することによって、ユーロシステム内でベスト・プラクティスや専門性が共有され、スタッフのレベルとマネジメントのレベルの双方において、協調が促進されやすくなると期待されること、といった事情がある。

ユーロシステムの委員会は、役員会や政策委員会に対して、情報を収集し、技術的・専門的な助言を行うことをミッションとしている。具体的には、図表2－7に示すように、金融政策委員会（MPC：Monetary Policy Committee）、国際関係委員会（IRC：International Relations Committee）、市場操作委員会（MOC：Market Operations Committee）、統計委員会（STC：Statistics Committee）、支払・決済委員会（PSSC：Payment and Settlement Systems Committee）、金融安定委員会（FSC：Financial Stability Committee）、銀行券委員会（BANCO：

図表2－7　ユーロシステムの委員会の構成

（原資料）　ECB, *Annual Report 2006*, April 2007.
（資料）　Phillip Moutot, Alexander Jung, and Francesco Paolo Mongelli 〔2008〕をもとに、筆者が2014年時点のECB資料を参考に一部加筆・修正（アップデート）し作成。

Banknote Committee)、内部監査委員会（IAC：Internal Auditors Committee)、情報技術委員会（ITC：Information Technology Committee)、ユーロシステム／ESCBコミュニケーション委員会（ECCO：Eurosystem/ESCB Communications Committee)、法務委員会（LEGCO：Legal Committee)、会計および通貨収入委員会（AMICO：Accounting and Monetary Income Committee)、予算委員会（BUCOM：Budget Committee)、人的資源委員会（HRC：Human Resources Committee)、組織開発委員会（ODC：Organization Development Committee)、リスク管理委員会（RMC：Risk Management Committee)、ユーロシステムIT運営委員会（EISC: Eurosystem IT Steering Committee)、管理委員会（COMCO：Committee on Controlling）が置かれている。

各委員会には、各国中央銀行から１～２名の専門家が参加することとなっている。すべての各国中央銀行に、各委員会において考慮する材料となるインプットを等しく提供する機会が保障されている。委員会の議長は通常、委員会のメンバーにより決定されるが、欧州中央銀行の専門家が務めることが多いようである。各委員会の運営方法は共通であり、各委員会が政策決定のためのインプットとして、どの範囲で準備を行わなければならないかというマンデートが明確に規定されている。

使用言語は英語であり、会合は定期的に開催され、月１回というパターンが典型的な模様である。検討の土台となる文書や技術的なバック・グラウンドとなる情報は、会議のメンバーで共有されることになっている。委員会においていかなる検討がなされたのかは機密とされているが、より一般的な関心のある論点に関する報告書は、政策委員会の認可があれば公表されることもある。

なお、各委員会の守備範囲は当該分野の全般にかかわるため、特定の課題に係る検討に専念することは現実的ではない。そのため、より技術的な性質を有する任務や特定の任務に関しては、各委員会のもとに置かれる下部組織に検討が委ねられることがある。具体的には、ワーキング・グループやタスク・フォースであるが、これらの下部組織の手続や構成、いかなる任務に当たるのかというマンデートは、政策委員会が決定する。下部組織はそのような明確な授権のもとで活動し、そのアウトプットは、書簡、報告書、メモ、さまざまなタイプのプレゼン資料、といったかたちで、定期的に上部組織に伝えられることとなる。このように、ユーロシステムにおける検討は、ピラミッド型の構造のなかで行われ、その頂点に政策委員会が位置しているわけである。

下部組織の具体例として、金融政策委員会（MPC）のもとに設けられているワーキング・グループ（WG）をみると、予測WG（WGF：Working Group on Forecasting）、計量モデルWG（WGEM：Working Group on Econometric Modelling）、財政WG（WGPF：Working Group on Public Finance）がある。これらのWGも委員会と同様、年次計画を策定し、定期的な活動報告を行うことが求められている。

このほか、委員会が設置する下部組織にタスク・フォースがある。これは、「特定の目的が達成されるまで」といったかたちで一定の設置期限を区切ったうえで、特定の問題に対処し、一定の任務を遂行することをマンデートとするものである。一般的なルールとして、タスク・フォースは各国中央銀行からの限られた人数の参加者で構成されている。また、適当と考えられる場合には、下部組織の会議には外部専門家や第三者の代表が出席することもある。

このほか、近年では、特定のテーマに関するアカデミックな分析を深めるために、「ネットワーク」方式の活用も進められている。たとえば「金融トランスミッション・ネットワーク」「インフレーション持続性ネットワーク」「賃金ダイナミクス・ネットワーク」といったものが設けられている。ネットワークは、特定のテーマに関心を有し、参加する意欲がある各国中央銀行の連携のうえに成り立っている[18]。

以上のようなピラミッド型の構造で設置された組織を活用しつつ、政策委員会における議論、意思決定の準備作業が進められるが、欧州中央銀行の役員会がそうした準備作業のイニシアティブをとっている。欧州中央銀行のスタッフによる準備作業の成果が直接、政策委員会のメンバーの手許に届けられることはありえない。必ず役員会を経由し、必要であれば指導を受けたうえで回付されることになっている。その論点が、各国中央銀行の専門家の観点からの検討も必要であると役員会に判断されれば、いずれかの委員会に回付され、すべての各国中央銀行の見解を集約したうえで、報告書がまとめられ、役員会経由で政策委員会に届けられることになる。このような役員会の認可を受けた資料や報告書等の受渡しは、欧州中央銀行の事務局がその役割を担っている。

ユーロシステムにおいては、このように政策委員会で議論を行う前の準備ステージにおいても、特定の見解や立場、特定国の中央銀行、もしくは欧州中央銀行自身のスタッフの見解のみ

18　たとえば、このネットワークによる活動の一環である「競争力リサーチ・ネットワーク（Competitiveness Research Network）」による研究成果の１つとして、2014年５月には、欧州中央銀行のエコノミストとローザンヌ大学（スイス）の研究者との共著によるワーキングペーパー（Filippo di Mauro and Francesco Pappadà, "Euro Area External Imbalances and the Burden of Adjustment", Working Paper Series, European Central Bank, No 1681, May 2014）が公表されている。それによれば、同ネットワークは、ユーロシステムに参加する中央銀行のみならず、欧州中央銀行制度に加盟する28の各国中央銀行と欧州中央銀行、世界銀行・OECD・欧州委員会といった国際機関、大学およびシンクタンク関係者に加え、アルゼンチン中央銀行およびペルー中央銀行といった欧州以外の中央銀行および機関（アメリカのITC（国際貿易委員会））によって構成されていることが明らかにされている。

また2014年６月には、同様のネットワークによる活動である「マクロ―プルーデンシャル・リサーチ・ネットワーク」の報告書（ESCB Heads of Research, "Report on the Macro-prudential Research Network（MARS）", June 20, 2014）も公表されている。それによれば、本ネットワーク（MARS）は10年春に設置が決定され、次の３つのWS（work stream：分科会）に分かれて活動を行っている。すなわち「WS1：金融の安定性と経済のパフォーマンスをリンクしたマクロ金融モデル」「WS2：早期警戒システムとシステミックリスク指標」「WS3：伝染（contagion）リスクの評価」である。MARSは緩いマネジメント構造のもとに運営されており、欧州中央銀行の代表のほか、ユーロ圏および非ユーロ圏の各国中央銀行が参加している。各WSでは、議長と２人のコーディネーターが置かれているほか、外部の大学教授各１名が、アカデミックな助言役、相談役として活動している。活動成果としては、これまですでに３回の公開のカンファレンス（11年10月、12年10月および14年６月）を開催しているほか、3WS合計で161本のリサーチペーパーがまとめられており、そのうち72本は欧州中央銀行のWorking Paper Seriesとしてすでに公表されているか、もしくは以後公表される予定となっている。

が反映されたり、参考とされたりしてしまうことのないよう、厳格な手続やスキームが定められている。

② 決定ステージ

ユーロシステムにおいて、ユーロ圏における金融政策運営の意思決定を行うのは、欧州中央銀行のなかに置かれた政策委員会および役員会である。役員会は政策委員会の準備を行う役割を担っており、具体的には、アジェンダの設定や検討資料の準備、決定に付される提案の策定などが含まれる。役員会には実際（正式なかたちではないが)、政策委員会における意思決定のイニシアティブをとる権利が与えられている（Hanspeter K. Scheller〔2006〕)。

政策委員会における金融政策運営の決定はコンセンサス方式で行われている。ただし、「コンセンサス方式」が運用上、何を意味するのかについては、政策委員会が自ら明らかにしているわけではない。なお、議事録の公表は本稿執筆時点（2014年11月）ではまだ行われていないが、ドイツ連邦銀行のイェンス・ワイトマン総裁、フィンランド銀行のエルッキ・リッカネン総裁などから、議事録を公表すべき、との提言が行われてきた[19]。欧州中央銀行のマリオ・ドラギ総裁は、2014年３月３日の欧州議会における証言において、議事録公表の議論を開始した旨を明らかにした[20]。さらに同年４月24日、アムステルダムにおけるオランダ中央銀行の設立200周年記念カンファレンスにおいて行った講演で、議事録の公表について、さまざまな条件付きながら、前向きに支持する姿勢を示している（後掲・コラム③「欧州中央銀行の議事録公開――いかに説明責任を果たすべきか、何を守るべきか」参照)。

そして同年7月3日の政策委員会において、欧州中央銀行は2015年1月から、政策委員会の議事録を、次回の金融政策を議論する政策委員会までに公表することを決定した。それにあわせ、金融政策を議論する政策委員会の頻度を、現行の月1回から6週間に1回に変更することとし、準備預金の積立もこれにあわせた6週間サイクルに変更することが決定されている(後掲・図表4－4参照)。

政策委員会は現行では毎月2回、ドイツのフランクフルトで開催される。ただし2000年以降は、年に2回の会合はユーロ圏加盟国において開催され、当該国の中央銀行が主催することになっている。毎月2回の政策委員会会合のうち、最初の回においては経済・金融情勢の分析が行われ、当該月の金融政策運営

---

19 ドイツ連邦銀行のワイトマン総裁は、2013年11月21日の南ドイツ新聞カンファレンスにおける講演(題は「金融政策にできることは何か」)において、「欧州中央銀行は理事会の議事録を、その次の理事会前までにすみやかに公表すべきである」「ECBは理事会で、危機克服のための正しい手法について激しい議論(intense debate)を行っている。そうした議論が行われていることは、理事会の弱みではなく強みであるとみなされるべきである」「他の中央銀行も同様に正しい行動の方向性をつかもうと努力している。そして、議事録を時間を置かずに公表することを通じて、一般大衆をこうした議論にユーロ圏においてよりももっと深く巻き込んでいる」「議論がどのように進められているのかが明確にわかる議事録の公表は、欧州中央銀行の金融政策がどのように決定されているかについての大衆の理解を深める」(注:訳は筆者)などと述べている。

20 なお、同日付の時事通信によれば、ドラギ総裁は議事録公表に関して、「多くの側面を考慮しなければならず、複雑な議論だ。豊富な内容で、透明性があると同時に、理事会メンバーの独立性も守る必要がある」として、公表決定には時間がかかるとの見方を示した、と報じられている。

が決定されることになっている。終了後には、総裁会見が副総裁同席のもとで行われ、この会見の場において政策運営の決定内容が詳細に説明されることになっている。毎月の２回目の会合においては、欧州中央銀行やユーロシステムの、主に金融政策以外の任務や責任に関係する事項について議論されることになっている。15年以降は、金融政策を議論する政策委員会は６週間に１回のサイクルで開催されることとなる一方、金融政策以外を議論する政策委員会は最低でも月に１回開催されることとなっている。

③　実行ステージ

政策の実行段階においては、各国中央銀行が緊密にかかわっている。たとえば政策金利、といったなんらかの政策運営の決定がなされると、ユーロシステムの委員会の１つもしくはECBサービスが、ユーロ圏のすべての参加国中央銀行のアクションを調整し、そのうえで、各国中銀が分権的なかたちで、政策委員会の示したガイドラインを守りつつ、政策を実行に移すことになる。

なお、金融政策の実行に至るまでのプロセスには、すでにあげた３つのステージ（準備・決定・実行。前掲・図表２－６参照）とは別の次元として、「金融政策運営に関する決定のコミュニケーション」というプロセスも存在する。欧州中央銀行としては元来、このコミュニケーションを各国民や市場との間でとる手段として、記者会見やプレスリリース、introductory statement（導入としての表明）、月報に掲載する論説や政策委員会メンバーのスピーチ等を用いている。そして2015年１月からは、これらの手段に議事録の公開を付け加えることが決定された。

そして欧州中央銀行は従来、たとえばスウェーデンのリクスバンクやノルウェー中央銀行のようにインフレ・ターゲティング方式をとる中央銀行がかねてより行ってきたこととは対照的に、先行きの望ましい金利パスをアナウンスすることを通じて「フォワードガイダンス」を市場に対して示すことは行ってこなかった。先行きの金利パスをあらかじめアナウンスしてしまうことは避け、また、特定の１つの指標に市場が機械的に反応してしまうのを避けることが重要である、というのが欧州中央銀行の考え方である。金融政策運営の決定内容に関して、前述のような記者会見、プレスリリース等の手段を通じて得られる情報すべてを、市場がいかに評価しこなしていくかという能力に依存しつつ、コミュニケーションを確保する、という戦略をとってきたわけである。

ただし、この点に関しては近年、欧州中央銀行のスタンスにやや変化もみられており、2013年夏には、他の主要国の中央銀行とはやや異なるかたちながら、「フォワードガイダンス」的なアプローチを導入している。この点に関しては、第Ⅱ部の第６章のコラム⑨「欧州中央銀行のフォワードガイダンス」で後述する。

コラム③　欧州中央銀行の議事録公開
――いかに説明責任を果たすべきか、何を守るべきか

欧州中央銀行のマリオ・ドラギ総裁は、2014年４月24日にアムステルダムで行われた、オランダ中央銀行200周年記念のカンファレンスにおける講演（「激動の時代における金融政策のコミュニケーション（Monetary policy communication in turbulent times）」）の最後に、欧州中央銀行の意思決定に係る議事録公表に関する議論について詳細に言及した（Opening up the ECB's decision-makingの部分）。そこでは同行の議事録公開に係る重要な論点――いかに説明責任を果たすべきか、現行の枠組みにおいて確保されているどのような点を守るべきか――が提示されている。

以下はその抄訳である（注：訳は筆者）。

> （略）しかしながら、判断することは常に、トレード・オフ（の要素）を内包している。それは、大衆にとっては理解することが重要なものであり、政策当局者にとっては説明することが重要なものである。（中略）
>
> われわれの政策に関する熟考の議事録は、政策委員会の意思決定の背後にある理由づけについて、より詳細に説明するところとなり、さまざまな見解を交えた議論（discussion）や筋道立った主な立論（arguments）に意味を与えることとなろう。それによって大衆や市場が、政策委員会が反応して行動する機能についてよりよく理解すること、さまざまに条件が変化するなかでわれわれが経済やわれわれの政策対応をどのように評価しているのかについて、よりよく理解することが可能となろ

う。こうした理由から、私は議事録の公開は有用である（useful）と確信している。しかしながら、われわれはまた慎重である必要もある。われわれは、ユーロ圏が組織的に特別に設定されていることや、複数国の通貨同盟においては、コミュニケーション上の独特の課題があることを適切に考慮する必要がある。

その意味は、第一には、われわれが金融政策にかかる熟考について報告する際に、いかなる改良を加えるにせよ、政策委員会のメンバーの独立性をリスクにさらしたり、疑念を抱かせたりするようなことがあっては決してならない。メンバーは、出身国の代表というよりはむしろ、ユーロ圏の利益の見地から個人的な資格で行動している。このことから私は、政策委員会の個々のメンバーになんらかの立場が当てはめられることは防止しなければならないと考える。そうなれば、あまりにもたやすく、国家的な視点から意味を取り違えられたり誤って解釈されたりすることがありうることになってしまいかねず、メンバーが外部からの圧力に、認識ベースにせよ、現実のものにせよ、さらされてしまうことがありうることになってしまう。(中略)

第二には、われわれは、過程をいかに説明することによっても、政策委員会の熟考が合議によるものであること（collegiality）を尊重することを確実にする必要がある。欧州中央銀行制度・欧州中央銀行法に関する議定書（Statute）の10.4条は、政策委員会会合の議事は機密とする、他方、委員会は熟考の結果を公にすることを決定することができる、と規定している。これは、委員会のメンバーの独立性を守るのみならず、政策委員会において、オープンで率直な意見交換が可能となることをも確保している。それは、われわれの合議制の（collegiate）意思決定の実効性を確保するうえで欠かすことのできないものなのである。(中略)

われわれの金融政策の熟考における主な立論について、より完全なかたちで説明するものを、発言者が特定されない形態で（in a non-attributed form）リリースすることが、結局は、政策委員会の合議制の（collegiate）意思決定やコミュニケーションを強化することに資するのではないかというのが私の見解である。そのようなかたちでリリースを行うことは、記者会見で伝えられるリアルタイムのメッセージを、おのずと補完するものとなるに違いない。それは、短期的な市場のノイズを引き起こすことを避けるよう注意を払う一方で、中期的な視野を尊重しつつ、われわれが反応して行動する機能についての理解をよりよいものとするうえでの追加的な情報を提供することになろう。

(2) 政策委員会の構成と意思決定方式

ここで、欧州中央銀行の金融政策運営の意思決定の要となる政策委員会が、ユーロ圏への参加国が年を追うごとに拡大するなかで、いかに構成され、また、各国の経済規模等に差があるなかで、フェアでバランスのとれた意思決定を行うために、いかなる方式がとられているのかをみてみよう[21]。

21　本項における記述は、主としてHanspeter K. Scheller〔2006〕、およびEuropean Central Bank〔2009〕を参考にしている。

① 議決方式

欧州中央銀行の政策委員会は、役員会のメンバーとユーロ圏に参加する各国中央銀行の総裁によって構成され、合議体（collegiate）として行動する。議決はメンバー１人１票方式で行われ、メンバーが所属する中央銀行を擁する国の経済規模の大小にはいっさい関係はなく、１票は１票で、その重みにウェイトづけがなされることはない。

ただし、ユーロ圏への参加国が年々拡大するなかで、後述するように、政策委員会における投票権の配分のローテーションに関するルールが設けられており、そこでは経済規模が一定程度、勘案される仕組みとなっている。メンバーは個人の資格で選出され、出身国ないしは出身中央銀行の代表として行動するのではなく、ユーロ圏全体の利益に即して行動しなければならないこととされている。

政策委員会の定足数はメンバーの３分の２以上が出席することである。議決は通常、単純多数決によって行われる。同数の場合は、欧州中央銀行の総裁がキャスティングボートを有することとなっている。なお、役員会のメンバーは、役員のメンバーの任期や雇用条件に関する決定を行う議決には参画できないこととなっている。

なお、３分の２以上という絶対多数決で決定されることとなっているのは、①各国中央銀行が行う非ユーロシステムの機能が、ユーロシステムの個々の目的や任務を妨げていると政策委員会がみなす場合、および、②欧州中央銀行制度・欧州中央銀行に関する議定書のなかで特定されている以外の、通貨コントロールのオペレーション上の手法を用いることを政策委員会として決定する場合、の2つの場合である。

このほか、欧州中央銀行制度・欧州中央銀行に関する議定書の改正に係る勧告を、40条で規定されている単純改正手続に沿って行う場合には、全会一致によって議決することが求められている。

② 構成――投票権配分のローテーション・ルール

当初、11カ国の参加でスタートしたユーロ圏もその後、年を追うごとに参加国が増え、本稿執筆時点（2014年11月）では18カ国に達している。政策委員会は、欧州中央銀行の役員会メンバーのほか、各国中銀の総裁によって構成されるが、そうしたなかで、政策委員会において効率的で機動的な意思決定を行いうるようにするために、2004年1月に、各国中央銀行総裁の投票権の配分のローテーションに関する次のようなルールが決定された。

これは、ユーロ圏参加国が増加しても、政策委員会において議決に参画する各国中央銀行総裁の人数を最大15にとどめようとするものであるが、参加国が18カ国を超えた時点から適用されることになっている。

ローテーションのルールを細かくみると、まず役員会のメンバー（総裁、副総裁およびそれ以外の理事4名）は、政策委員会において恒常的に投票権を有する。

ユーロ圏参加各国の中央銀行の総裁は、自国の経済規模に応じたランクにより、2グループ（第1ステージ。現行（ユーロ圏への参加国は18））、ないしは3グループ（第2ステージ。ユーロ圏への参加国が22カ国以上となった場合）に分けられ、経済規模の大きい国の中央銀行の総裁ほど、投票権を得る頻度が高くなるという枠組みとなっている。

各国の経済規模に応じたランクは、２つの要素を組み合わせた複合指標に基づいて決められる。１つ目は市場価格ベースのGDPで各国が占めるシェア（GDP）、２つ目は通貨金融機関について集約されたバランス・シートの総資産（total assets of the aggregated balance sheet of monetary financial institutions）において各国が占めるシェア（TABS-MFI）である。この２つの指標のウェイトは、GDP：TABS-MFIが５：１である。

ユーロ圏への参加国数が21カ国までは第１ステージとし、各国の中央銀行総裁は２つのグループに分けられる（図表２－８参照）。第１グループ５カ国に対し、それ以外の国々は第２グループに含まれる。参加国数が22カ国以上になると第２ステージに入り、３つのグループに分けられる（図表２－９参照）。それぞれのステージにおいて、第１グループに属する国の中央銀行総裁のほうが第２グループよりも、また第２グループのほうが第３グループよりも、それぞれ投票権を得る頻度が高くなるようにローテーションのルールが設計されている。

第１ステージにおいては原則として、第１グル—プの総裁５名には４投票権が割り当てられ、第２グループに属するそれ以外の総裁には11投票権が割り当てられることとなっている。ただし、ユーロ圏への参加国が16～18カ国の段階でそのように割り当てると、第１グループに属する総裁が投票権を得る頻度（80％）を、第２グループに属する総裁が投票権を得る頻度

図表2－8　ECB政策委員会の2グループ・ローテーション制度

		政策委員会における		
		16	17	18
第1グループ	投票権の数／総裁の人数	5/5	5/5	5/5
	投票の頻度	100%	100%	100%
第2グループ	投票権の数／総裁の人数	10/11	10/12	10/13
	投票の頻度	91%	83%	77%
各国中銀総裁の投票権合計		15	15	15

（注1）　政策委員会における各国中央銀行総裁の人数が16人を超えた場
が、ユーロ圏に16番目の参加国としてスロバキアが加わる（2009年
投票方式を継続し、ローテーション方式は、各国中央銀行総裁の人
された。そして14年7月に、リトアニアが15年1月からユーロ圏
ローテーション制度が機能することになっている。
（注2）　破線部分はルールは決めたものの実際には活用されずに終わった
（資料）　Hanspeter K. Scheller〔2006〕をもとに、筆者が一部加筆し作成。

（ユーロ圏参加国数16カ国の場合は100%～18カ国の場合は85%）が上回ってしまうため、参加国数18カ国の段階までは、第1グループに属する総裁5人には5つの投票権が割り当てられ、第2グループに属する総裁には10の投票権が与えられる、という制度設計となっている。

ただし、ユーロ圏にスロバキアが16番目の参加国として加わる（2009年1月）直前――2008年12月18日の政策委員会において、当面はそれまでの投票方式（メンバー1人1票方式）を継続し、ローテーション方式は、各国中央銀行総裁の人数が18名を超えた（＝19名以上となった）時点から開始することが決定

（第１ステージ）

総裁の人数			
19	20	21	22以上
4/5	4/5	4/5	第２ステージ ローテーション 制度 （３グループ）
80%	80%	80%	
11/14	11/15	11/16	
79%	73%	69%	
15	15	15	15

合、制度上はこのようなローテーション・システムが策定されている
１月）直前の2008年12月18日の政策委員会において、当面はそれまでの
数が18名を超えた（＝19名以上となった）時点から開始することが決定
に参加することが決定されたため、参加国が19となる15年１月からこの

部分。

された。そして14年７月、リトアニアのユーロ圏参加が正式に決定された。参加国が19カ国となる15年１月から、このローテーション制度は機能することとなっている。

第２ステージにおいては、第１グループに属する総裁５人には４つの投票権が、第２グループに属する総裁11～14人には８つの投票権が、第３グループに属する総裁６～８人には３つの投票権が、それぞれ割り当てられることとなっている。そして、ユーロ圏への参加国が27カ国に到達した最終段階では、図表２－10のようなかたちで政策委員会の意思決定が行われることになる。

図表２－９　ECB政策委員会の３グループ・ローテーション制度

		政策委員会における	
		16～21	22
第１グループ	投票権の数／総裁の人数	第１ステージローテーション制度（２グループ）	4/5
	投票の頻度		80%
第２グループ	投票権の数／総裁の人数		8/11
	投票の頻度		73%
第３グループ	投票権の数／総裁の人数		3/6
	投票の頻度		50%
各国中銀総裁の投票権合計		15	15

（注）　2013年７月のクロアチアのEU加盟により、EUの総加盟国数は28
裁の人数の最大数は28名となる。
（資料）　Hanspeter K. Scheller〔2006〕をもとに筆者作成。

2009年３月19日の政策委員会においては、このローテーション制度をどのように運営するのかに関する細則が決定されている。それによれば、政策委員会には、当日の投票権の有無にかかわらず全メンバーが参加するものとし、発言権は全メンバーに与えられる。

各国のランクを決定するうえでの２指標のうち、GDPは欧州中央銀行への各国中央銀行の出資比率を調整するごとにアップデートを行う。すなわち５年ごと、もしくはEU加盟国が拡大するたびにアップデートが行われることになる。TABS-

(第2ステージ)

総裁の人数				
23	24	25	26	27
4/5	4/5	4/5	4/5	4/5
80%	80%	80%	80%	80%
8/12	8/12	8/13	8/13	8/14
67%	67%	62%	62%	57%
3/6	3/7	3/7	3/8	3/8
50%	43%	43%	38%	38%
15	15	15	15	15

カ国となっているため、現時点では、政策委員会における各国中央銀行総

MFIについても、GDPと同じ頻度で改訂され(5年ごと、もしくはEU加盟国が拡大するたび)、異常値や季節性の要因を排除するため、月次データの年平均値を用いることとする。

ローテーションを回す単位となる期間は1カ月とし、カレンダー・ベースの月初から月末までとする。政策委員会は通常、月2回開催され、当月1回目の会合で金融政策運営について、2回目の会合でそれ以外の事項について審議・決定が行われるが、当該月に投票権を有するメンバーは、この2回の会合の双方において投票権を行使することができる。

図表２－10　ユーロ圏参加国が27カ国に到達した時点におけるECB政策委員会の３グループ・ローテーション制度

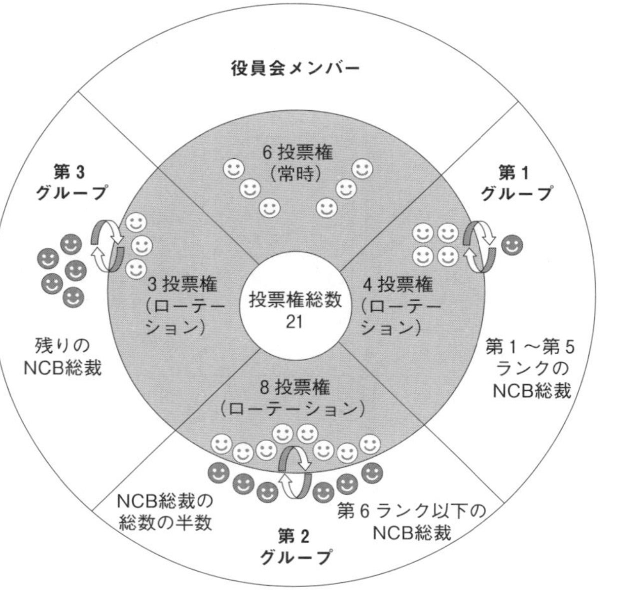

（注）　2013年７月のクロアチアのEU加盟により、EUの総加盟国数は28カ国となっているため、現時点では、政策委員会における各国中央銀行（NCB）総裁の人数の最大数は28名となる。
（資料）　Hanspeter K. Scheller〔2006〕をもとに筆者作成。

各グループにおいて、メンバーを出身国ごとに、EUにおける加盟国のリストアップ順の慣習[22]に従って並べたうえで、投票権を有するメンバーを毎月１人ずつずらしていくかたちで

22　EUにおいては慣習上、加盟国はアルファベット表記順でリストアップされる。その際の各国名の表記には、ラテン文字のアルファベットを用いた自国語の表記が用いられる。

ローテーションを行う。ローテーションの適用開始の時点で、各グループにおいて「投票権なし」をどのメンバーに割り当てて始めるかに関しては、ランダムに決定するとされている。このローテーション・システムの開始後は、ユーロ圏参加各国が前述の複合指標に基づき、どのランクに位置し、政策委員会における投票権の配分上どのグループに属するのか、また各月の政策委員会において、どのメンバーが投票権を有し、どのメンバーが有しないのかについて、欧州中央銀行のWEBサイトで公表し、定期的にアップデートされることとされている。

③ 評　価

Phillip Moutot et al.〔2008〕は、政策委員会のこのようなローテーション制度は、アメリカの連邦準備制度のFOMC（連邦公開市場委員会）における投票権のローテーション制度のアイデアを借用したものである、としている。もっとも連邦準備制度においては、連邦準備制度理事会（FRB）の7名のメンバーのほか、金融政策運営のオペレーション等をもっぱら担うニューヨーク連邦準備銀行の総裁は必ずFOMCにおいて投票権を有することとされており、それ以外の11の地区連邦銀行総裁のメンバーには、1年交代のローテーション方式で常時4人に投票権が与えられることとなっている。

これに対して欧州中央銀行の場合は、加盟各国の経済力等はある程度は考慮するものの、政策委員会における発言権は各国中央銀行間で、可能な限り対等になるよう、工夫が凝らされている点が興味深い。たとえば、今後、ローテーション制度が開始されれば、EUの事実上の盟主であり最大の経済力を誇るド

図表2－11　ローテーション制度開始に伴う2015・16年中の、各
ループ・ローテーション制度）

（各国中央銀行総裁は19名）

［グループ1：ドイツ、スペイン、フランス、イタリア、オランダ

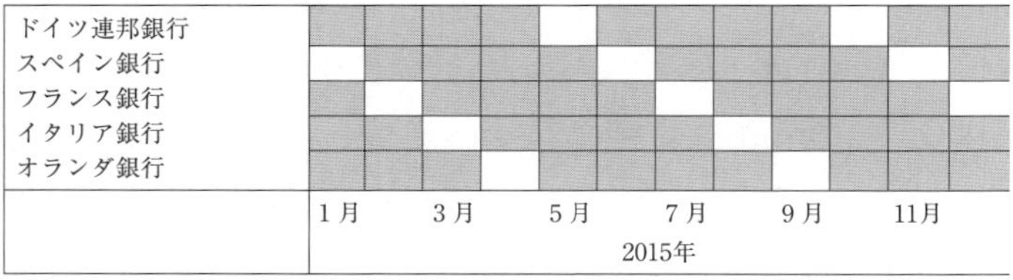

［グループ2：グループ1以外の14カ国の総裁14名に11投票権］

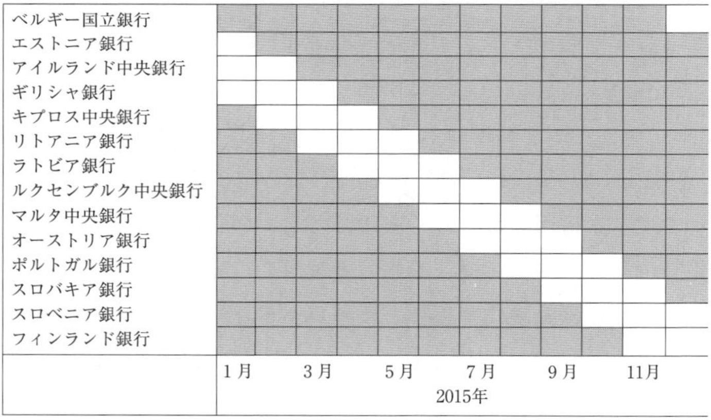

（注）　枠内網掛けの部分は当該総裁が投票権を有する月、白地の部分は投

（資料）　European Central Bank, "ECB announces first list of governors of voting rights in the Governing Council"（同行ホームページ掲

イツのドイツ連邦銀行総裁ですら、一定の頻度で――実際には５カ月のうち１カ月の割合ということになろうが――、政策委員会において投票権を与えられない期間が生じることになる。ニューヨーク連銀総裁には常時、投票権が与えられるルールと

国中央銀行総裁への月ごとの投票権の割当て（第1ステージ、2グ

の5カ国の中央銀行総裁5名に4投票権]

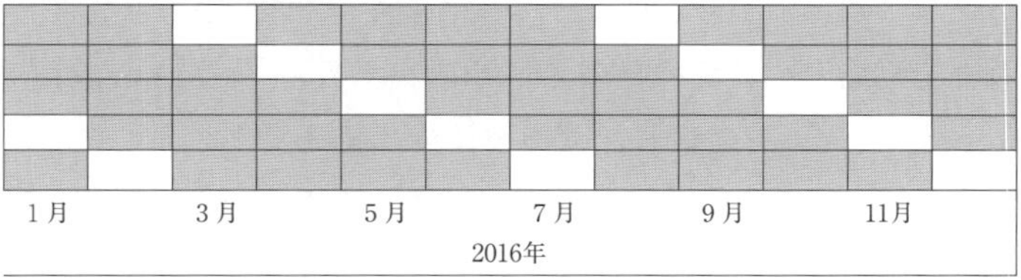

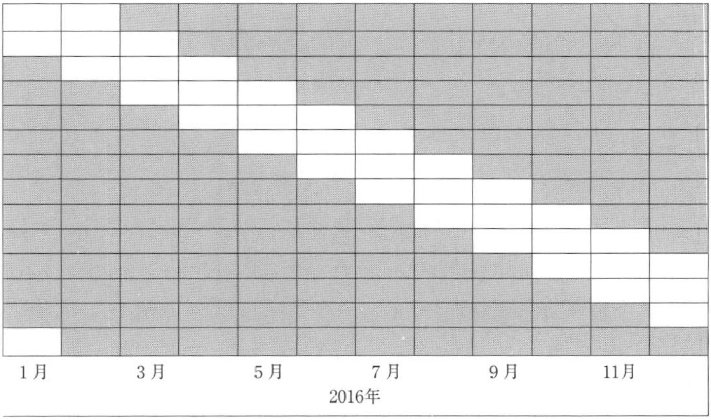

票権を有しない月を示す。
subject to voting rotation", press release, 18 September 2014, "Rotation
載資料）をもとに筆者作成。

なっている連邦準備制度との違いは大きいといえよう。

そして、2004年5月の欧州連合拡大の際にエストニア、ラトビアとともに加盟し、15年のユーロ導入を目指して準備を進めてきたリトアニアについて、14年6月4日、欧州委員会は

“2014 Convergence Report” を発表し、リトアニアが「収斂条件（Convergence Criteria）」（前掲・図表１－７参照）を充足したことを明らかにするとともに、EU首脳会議に対して、リトアニアが15年１月１日からユーロを導入できるよう決定することを勧告した。また同日、欧州中央銀行も “Convergence Report 2014” を発表し、欧州委員会と同様、リトアニアが５つの「収斂条件」を充足したと認めた。そして14年７月EU首脳会議は、リトアニアが15年１月からユーロ圏に参加することを正式に決定した。

エストニアは2011年１月、ラトビアは14年１月にそれぞれユーロを導入しており、リトアニアもこれに続くこととなったため、バルト３国はすべてユーロ圏入りを果たすことになった。そして政策委員会における投票権のローテーション制度も、リトアニアのユーロ圏への参加と同時――15年１月――に運用が開始されることになったのである。

そして欧州中央銀行は、上述のようなルールに基づき決定した、2015、16年における実際のローテーションを公表している(図表２－11参照)。なお、15年１月からは、金融政策を議論する政策委員会の議事録が公表されることに伴い、政策委員会の開催の間隔が従来の月１回から６週間に１回に変更される。しかしながらローテーションのサイクルは当初の予定どおり、月単位で運営されることが明らかになっている。

欧州中央銀行の政策委員会におけるこのようなローテーションの枠組みは、多様な見方を平等・公平なかたちで取り入れつつ意思決定するにはどのようにしたらよいか、という問いに対する欧州の1つの答えを示しているものであるとも考えられ、興味深い。こうした枠組みこそが、ドイツ自身も自らの意思で参加を選択した欧州統合の現実なのである[23]。そしてこのような意思決定の枠組みは――欧州中央銀行やユーロシステムに限らず、EU全体としてもいえることであるが――、後述するように、実際の政策運営の判断を迫られるさまざまな場面で、危機対応といった緊迫した判断を迫られる場面をも含めて、さまざまなリスク・ファクターをいかに考慮してバランスをとりつつ、最終的な判断につなげるか、という意味で活かされていると考えられる。

23　ちなみに、2014年6月17日付の時事通信の報道によれば、「ドイツ財務省は（6月）16日、リトアニアが来年ユーロを導入する際に欧州中央銀行（ECB）で効力を発する新たな投票制について、変更する理由は見当たらないとの見解を示した。新たな投票制では、ドイツ連邦銀行（中央銀行）の影響力が低下する可能性もある」「独連銀も5カ月に1度、投票から外れることになる。ドイツはECB資本金の4分の1を拠出しており、国内の保守派からは恒久的な投票権を確保するべきだとの批判も出ている。ただ、独政府側は、こうした考えを支持していない」「財務省のマリアン・ケーテ報道官は「現時点で、なんらかの変更を加える理由は見当たらない」と強調。投票権を保有しない中銀総裁も討議には参加できるうえ、発言権もあるため、「常に議論には参加できる。ECBは欧州の機関であり、配慮するのは欧州の利益で国家の利益ではない」と指摘した」などと報じられている。
　また、同年6月26日付の時事通信の報道によれば、ドイツ連邦銀行のクラウディア・ブーフ副総裁は、ドイツの週刊紙Die Zeitに掲載されるインタビュー記事において、「独連銀総裁が5カ月に1度の割合で投票できなくなっても、独連銀はECB理事会において影響力を維持するだろうと指摘」「「連銀総裁は引き続き、ECB理事会のすべての議論に参加することになる」としたうえで、「実際のところ、議論のほうが総じて投票よりも決定力がある」と強調した」と報じられている。

(3) 国際比較

ここで、主要国の中央銀行における金融政策委員会の制度設計と比較を通じて、欧州中央銀行における政策委員会の機能に、いかなる特徴があるのかをみてみよう（図表2－12参照）。

近年の主要国における制度設計の潮流としては、委員会方式で金融政策運営の意思決定を行う国が多くなっている。ただし、ニュージーランドのみは例外[24]である。委員会の規模（メンバーの人数）は大きくなる傾向にあるが、そうしたなかでも、ユーロシステムにおける政策委員会の規模は突出して大きいことがみてとれる。たしかに、中央銀行の金融政策委員会の最適な規模とは、必ずしも一義的に決められるものではなく、通貨圏の規模や経済的にみてどの程度安定しているかにも依存すると考えられる。

ユーロ圏の場合は、その成立ちの経緯や通貨圏の大きさからすれば、金融政策委員会の規模が大きくなることにはやむをえない面もあるが、他方、規模が大きくなればなるほど、情報を集約し整理して意思決定するコストが大きくならざるをえないのも事実である。そのためユーロシステムとして、政策委員会における投票権の規模を一定数に抑制すべく、各国中央銀行総裁への投票権の配分に関して、前述のようなローテーション制度を導入しようとしているわけである。

それ以外に、ユーロシステムにおける政策委員会の制度設計

24　ニュージーランド準備銀行においても、委員会は設けられているが、あくまで助言的な機能を担うにとどまり、金融政策運営に関しては、総裁が1人で決定することとなっている。

上の特徴をみると、まず、メンバーの任期が、他の主要国中央銀行との比較上、相対的に長いことがあげられる。ユーロシステムにおける理事会のメンバーは任期8年で再任は不可、各国中央銀行総裁は最低5年の任期で再任可能とされている。これは、主要国のなかでは、アメリカの連邦準備制度理事会メンバーの任期14年というケース[25]に次いで長い部類に属する。その背景には、ユーロシステムとして、政策委員会という意思決定主体における個人的な独立性を強化しようとの意図がある（Phillip Moutot et al.〔2008〕）。

また、金融政策委員会における金融政策運営方針の決定内容を対外的にいかに説明して各国民や市場に伝えるのか、という点も、各国中央銀行にとっては重要な課題である。ユーロシステムは、プレスリリースや総裁による記者会見を用いているものの、議事録や投票記録の公表は現時点まで行ってこなかった、という特徴がある。もっとも議事録等の公開について、各国中央銀行の対応は分かれており、アメリカの連邦準備制度や日本銀行、イングランド銀行が議事録等を公表しているのに対して、ノルウェー銀行やスイス国民銀行は公表していない。

この点に関して、イッシング元欧州中央銀行理事は、「毎月、幅広いかたちで記者会見を行い、Introductory Statementを公表するという慣行は、欧州中央銀行における意思決定プロ

25　FRBのホームページにおいては、「理事はいったん任命されれば、その政策上の見解を理由に退任させられることはない。任期が長く、理事の任命が互い違いのかたちで行われることは、理事会、そして連邦準備制度全体が、さもなくば日々、政治的な圧力にさらされかねないため、そうした圧力から絶縁させることを企図している」と述べられている。

図表２－12　中央銀行の金融政策委員会の国際比較（2008年時点）

中央銀行名		Eurosystem ユーロシステム	Norges Bank ノルウェー銀行	Sveriges Riksbank スウェーデン中央銀行	Swiss National Bank スイス国民銀行
金融政策委員会の名称		Governing Council 政策委員会	Executive Board 理事会	Executive Board 理事会	Governing Board 政策委員会
委員会の規模					
	投票権を有する委員	21 （注）	7	6	3
	その他の委員	0	5 外部委員	0	0
委員の任命					
	任命権者	国もしくは政府の長（議会による公聴会）	国王	総務会	連邦委員会
	任期	理事会メンバーは８年、再任不可 NCB総裁は最低５年、再任可	フルタイム委員は６年 その他の委員は４年、再任可	６年 再任不可	６年 再任可
投票ルール					
	決定ルール	コンセンサス	コンセンサス	多数決 キャスティングボートは総裁	コンセンサス
	連帯責任	あり	あり	あり	あり
決定の公表					
	プレスリリース	あり	あり	あり	あり
	議事録は公表されるか	なし	なし	あり	なし
	投票記録は公表されるか	なし	なし	あり	なし
委員会のサブ構造					
	決定主体に直接報告する委員会（数）	あり (15)	あり （1）	あり （1）	あり （4）

（注１）　本表はユーロ圏参加国が15カ国であった2008年時点のもの。ユー
いるが、08年12月の政策委員会における決定により、政策委員会に
ユーロ圏参加国が18カ国を超えた場合に開始することとされている
および各国中央銀行総裁18名）が１人１票を有するかたちで運営さ
（注２）　欧州中央銀行においては、2015年１月より議事録が公表されるこ
（資料）　Phillip Moutot, Alexander Jung, and Francesco Paolo Mongelli

Bank of England イングランド銀行	Reserve Bank of Australia オーストラリア準備銀行	Bank of Canada カナダ銀行	Bank of Japan 日本銀行	Reserve Bank of New Zealand ニュージーランド準備銀行	Federal Reserve System 連邦準備制度
Monetary Policy Committee（MPC） 金融政策委員会	Reserve Bank Board 準備銀行委員会	Governing Council 政策委員会	Policy Board 政策委員会	Governor 総裁	Federal Open Market Committee（FOMC） 連邦公開市場委員会
9	9	6	9	1	12
4 外部委員	6 外部委員	0	0	0	7 投票権無の総裁
首相	財務大臣	財務大臣	内閣	財務大臣	大統領 （上院による承認）
5年までの固定期間再任可	フルタイム委員は7年 その他の委員は5年、再任可	7年 再任可	5年 再任可	政策目標合意の期間に応じて固定、再任可	14年、再任不可 もしくは 14年までの期間で再任可
多数決	多数決	コンセンサス	多数決 キャスティングボートは総裁	総裁が決定	多数決 キャスティングボートは議長
なし	あり	あり	あり	なし	あり
あり	あり	あり	あり	あり	あり
あり	あり	なし	あり	なし	あり
あり	なし	なし	あり	あり （暗黙的）	あり
なし	あり （3）	あり （6）	あり （2）	あり （5）	あり （3）

ロシステムにおいてはその後、参加国が増加し、足許では18カ国に達して
おける各国中央銀行総裁への投票権の配分に係るローテーション制度は、
ため、足許では政策委員会を構成するメンバー24名（役員会メンバー6名
れている。
とになっている。
〔2008〕をもとに筆者作成。

セスの合議的な性質や超国家的な銀行としての組織の設計に適したものである」、「合議的に熟考し、議論した結果としての決定は、単なる意見の交換に帰しえないものである」の見解を明らかにしている[26]。

ただし、欧州中央銀行は2015年１月より議事録の公表を開始することを決定している。参加国数の増加による意思決定方式へのローテーション制度の導入とも相まって、同行が諸情勢の変化にあわせ改革を試みようとしているようすもうかがわれる。

このほか、政策委員会を支えるサブ組織の数が、ユーロシステムの場合は15委員会と多いことも特徴的である。ただしユーロシステムの場合は、15の委員会すべてが金融政策運営の決定の支援をしているわけではなく、どちらかといえばより実務的な面（監査や銀行監督等）で政策委員会の支援をしている側面が強い。

なお、金融政策委員会が経済の先行き見通しの策定にどこまでかかわるかも、中央銀行により違いがある。この点で、イングランド銀行の場合は、金融政策委員会（MPC）が直接、見通しの策定にかかわることが特徴的である（Phillip Moutot et al.〔2008〕）。日本銀行の政策委員会の場合も同様であろう。

これに対してユーロシステムの場合は、先行きの見通しは政策委員会の下部組織において、政策委員会の議論に先立ち、あ

26　Issing, O., “Communication, Transparency, Accountability: Monetary Policy in the 21st Century”, Federal Reserve Bank of St. Louis Review, March / April 2005, pp.65-84.

らかじめ策定されているという特徴がある。要するに、見通しに関する議論が政策運営への影響に関する議論に先立つかたちであらかじめ行われているため、政策委員会における議論全体が「結論に基づいて（conclusion-based）」、というよりはむしろ、「前提に基づいて（premise-based）」行われるようになる、との見方もある[27]。

27 Claussen, C.Ã. and Ã˜instein R Ã, island, "Uncertainty and Judgment Aggregation in Monetary Policy Committees", Computing in Economics and Finance, 353, 2006.

第3章

金融政策運営の目標

本章では、欧州中央銀行の金融政策運営の基本的な目標や、実際にとられている戦略について述べる。

1 欧州中央銀行の金融政策運営の基本的な目標——物価の安定

(1) 基本条約における規定

EUの基本条約の1つである「欧州連合の機能に関する条約」(以下、TFEU[1])においては、第8部(経済・金融政策)の第2章が金融政策に割り当てられている。その冒頭の127条(旧欧州共同体条約105条)1項では、次のように定められている(注:訳および**太字**は筆者)。

> 「欧州中央銀行制度(以下、ESCB)の主たる目標は、**物価の安定**を維持することである。物価安定という目標を損なうことなく、ESCBは、欧州連合条約3条に定められた連合の目的の達成に寄与するとの見地のもと、連合の一般的な経済政策を支援する。ESCBは、自由競争のもとでの開放市場経済原則に従い、資源の効率的な配分を支持しつつ、119条に定められた原則[2]を遵守しつつ行動する」

ちなみに、もう1つの基本条約である「欧州連合条約」(以

1 Treaty on the Functioning of the European Union
2 欧州連合の機能に関する条約119条3項には、「加盟国および連合のこれらの活動は、次の指導原則を遵守するものとする:安定的な物価、健全な財政と金融環境、および持続可能な国際収支」(注:訳は筆者)と定められている。

下、TEU[3]）の3条3項は、次のように定めている（注：訳および**太字**は筆者）。

> 「連合は域内市場を確立する。連合は、経済成長と**物価安定**のバランスがとれ、競争の盛んな社会市場経済のもとで、完全雇用と社会的な進歩、環境の質の高度な保護と改善を目標に、欧州の持続可能な発展のために機能する」

このように、物価の安定は、欧州中央銀行の主要な目標であるのにとどまらず、EU全体の目標でもある。そしてEUの基本条約は、①金融政策運営、言い換えれば欧州中央銀行制度やユーロシステムの主たる目標は物価安定であること、他方、②「高い水準の雇用を達成すること」「持続可能でインフレ的ではない成長を達成すること」「高い度合いの競争力を備えるようにすること」および「経済パフォーマンスの収斂を図ること」は共同体の任務であること、③欧州中央銀行制度ないしはユーロシステムは、物価安定という主たる目標を損なうことがない限りにおいて、これらの一般的な経済政策運営を支援すること、を明確に定めている。

要するに、前述の2条約は、ユーロシステムの目標として、「物価安定」こそ最も高い優先度を有する、という明確な段階づけ（hierarchy）を打ち出している。望ましい経済環境と高水準の雇用を達成するうえで、中央銀行がなしうる最も重要な

3　Treaty on European Union.

貢献は、物価の安定である、というスタンスを明らかにしているのである。

なお、ユーロの対外的な為替レートに関しては、変動相場制が採用されている。為替レートは金融政策運営と切り離すことができないものではあるが、欧州中央銀行は為替レートについて、一般的な経済状況や物価安定の見通しに影響を与える限りにおいて考慮することとなっている。

(2) 「物価の安定」を追求できる環境を、EU全体としていかに確保するか

欧州中央銀行が、その基本的な目標である「物価の安定」を効率的かつ効果的に追求できるようにするためには、EU全体としてその環境を整えることも必要になる。具体的には、欧州中央銀行のEU内における組織上の立ち位置（独立性）や、各国政府による財政政策運営との兼ね合いが問題となる。

① 中央銀行の独立性の確保

まず何よりも、欧州中央銀行が、政治的な影響から完全に独立して金融政策運営を行いうるようにすることが必要である。この点は、これまでの多くの理論的な分析や実証研究結果からも示されており、中央銀行の独立性を確保することが、物価の安定を促すことになる。EUにおいては、TFEU130条等において、①組織としての独立性、②法的な独立性、③意思決定主体のメンバーの人的な独立性、④機能および業務運営上の独立性、⑤財務面および機構的な独立性という5つの側面における独立性が確保されている（第1章[2]を参照）。

②　財政政策運営との兼ね合い

EUの設計上、金融政策以外の経済政策は、各国政府がEU加盟国として協調しつつも、各国政府の責任で行うことになっている。財政政策や構造政策がこれに該当するが、そのなかでもとりわけ財政政策は、経済成長、マクロ経済の安定性や物価動向に大きな影響を及ぼすことになる。

そこで、物価安定へのリスクを限定的なものとするためにも、健全な財政運営が確実に行われるようにすべく、EUレベルにおいて基本条約上、①中央銀行による財政ファイナンスの禁止、②金融機関が公共セクターに対して、特恵条件を提示することの禁止、③救済禁止条項（no-bail-out clause）、④過剰な財政赤字の禁止、⑤安定・成長協定（The Stability and Growth Pact）という5つの原則が定められている。

TFEU各条文の具体的な書きぶりは次のとおりである（注：訳は筆者）。

(i)　中央銀行による財政ファイナンスの禁止

123条（旧共同体条約101条）

1. 欧州中央銀行もしくは加盟国の中央銀行（以下、各国中央銀行）による、連合の機関、主体、局もしくは庁、中央政府、州政府、市町村、ないしその他の公的当局、公法で規律される他の主体、ないしは加盟国の公的企業のための当座貸越機能や、その他のいかなる類型の与信機能も禁止される。欧州中央銀行や各国中央銀行が、これらの主体から直接、負債商品を買い入れることも禁止される。

2．1項は、中央銀行による準備の供給（supply of reserves）の文脈において、各国中央銀行や欧州中央銀行によって民間金融機関と同様の取扱いを受ける、公的所有の金融機関には適用されない。

(ii) 金融機関が公共セクターに対して、特恵条件を提示することの禁止

124条（旧共同体条約102条）

連合の機関、主体、局もしくは庁、中央政府、州政府、市町村、ないしその他の公的当局、公法で規律される他の主体、ないしは加盟国の公的企業が、金融機関に対して特権的にアクセスすることができるようにする方策は、プルーデントな考慮に基づくものでなければ、いかなるものも禁止される。

(iii) 救済禁止条項（no-bail-out clause）

125条（旧共同体条約103条）

1．連合は、中央政府、州政府、市町村、ないしその他の公的当局、公法で規律される他の主体、ないしは加盟国の公的企業のコミットメントに対して、特定のプロジェクトの共同執行のための相互の金融保証を害することがない限り、その責めを負ったり引き受けたりすることはない。加盟国は、中央政府、州政府、市町村、ないしその他の公的当局、公法で規律される他の主体、ないしは他の加盟国の公的企業のコミットメントに対して、特定のプロジェクトの共同執行のための相互の金融保証を害することがない限り、その責めを負ったり引き受けたりすることはない。

2．欧州理事会は、欧州委員会の提案を受け、また欧州議会と

協議したうえで、必要であれば、本条約123条、124条、および本条において言及されている禁止を適用するうえでの定義を特定するものとする。

(iv) 過剰な財政赤字の禁止

126条（旧共同体条約104条）

1．加盟国は、過剰な財政赤字を回避する。

(v) 安定・成長協定（The Stability and Growth Pact）

次の２条を基盤に定められている。

126条（旧共同体条約104条）

2．欧州委員会は、加盟国の予算の状況や政府債務のストックの進展を、グロスの過誤を特定するという見地からモニターする。とりわけ、以下の２つの規準（criteria）に基づき、財政規律が遵守されているかどうかを吟味する。

(a) 以下の場合を除き、財政赤字の計画値もしくは実績値の対GDP比率が、参照値を超過していないかどうか。

・比率が相当に、かつ継続的に下落しており、参照値に近い水準に到達している場合

・もしくは、参照値の超過幅が例外的・一時的なものにすぎず、比率が参照値に近い水準を維持している場合

(b) 政府債務の対GDP比率が、参照値を超過していないかどうか。ただし、比率が十分な低下傾向をたどっており、参照値に満足できるペースで近づいている場合を除く。参照値は、本条約に付属する、過剰な赤字に関する議定書において特定される。

（３項以下は省略）

121条（旧共同体条約99条）

1．加盟各国はその経済政策を、共通の関心事項とみなし、欧州理事会において、120条の条項に即し、それらを協調させるものとする。

2．欧州理事会は、欧州委員会の勧告を受けて、加盟各国および連合の経済政策の広範な指針の案を策定し、その結果を欧州首脳会議（European Council）に報告するものとする。

（３項以下は略）

このように、EUにおいては、その基本条約のなかにおいて、相当に厳格なレベルで各国政府に健全な財政運営を促す規定が盛り込まれていることがみてとれよう。その程度は、たとえばわが国における憲法や財政法の規定と比較してみれば、それらよりもはるかに幅を広げ、かつ踏み込むかたちとなっている。これはもちろん、EU全体として持続可能な発展を達成できるようにするため、という目標があってのことであるが、欧州中央銀行がその金融政策運営を通じて物価安定という主たる目標をより効率的かつ効果的に追求できるようにするうえでも、必要な環境が整備されていると考えられる。

(3) 「物価安定」を基本目標とする背景にある考え方

次に、欧州中央銀行において、物価の安定を主たる目標に据えるうえでとられている基本的な考え方を確認しよう[4]。

4　本項における記述は、主として、European Central Bank〔2011〕を参考にしている。

中央銀行は、銀行券と銀行の準備預金、換言すればマネタリー・ベースの独占的な供給主体である。それゆえに、マネー・マーケットの条件に影響を及ぼし、短期金利を操作することができる。それがさまざまな伝播のメカニズムを通じて価格動向に影響を及ぼすことになる。図表3－1は、政策金利の変更という伝統的な手段による金融政策運営の伝播のメカニズムに関する欧州中央銀行の考え方を図示したものである[5]。伝播の経路には期待経路、市場金利経路、為替相場経路等さまざまなものがあるが、なお、不確実な部分も残されている。

図表3－1　伝統的な手段による金融政策運営による波及経路の考え方

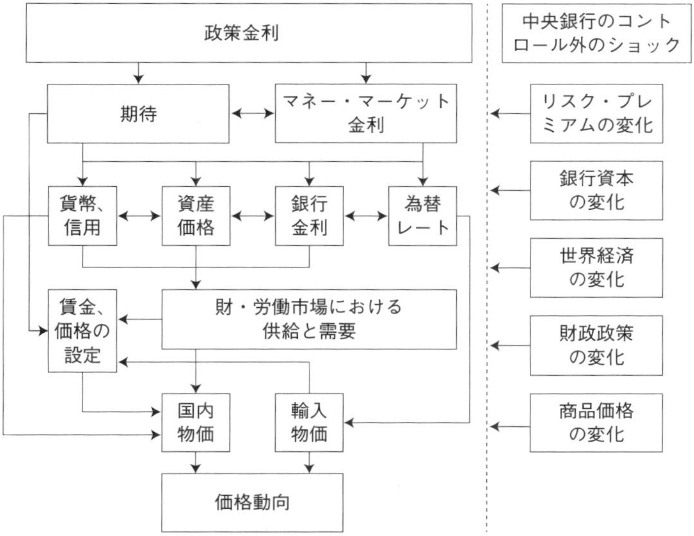

（資料）　European Central Bank〔2011〕をもとに筆者作成。

ただし、マネーサプライの変化について長い眼でみれば、一般的な物価水準には影響を及ぼすが、生産や雇用といった実体経済面の実質的な変数に影響を及ぼすことはない。中央銀行は長期的にみれば、マネーサプライを変化させることによって経済成長に影響を及ぼすことはできないと考えられている。

もっとも、インフレーションやデフレーションが経済活動に与えるコストは相当に大きいものであり、物価の安定こそが経済的な厚生を増加させ、経済の潜在的な成長力を高めるうえで有効に作用することが広く知られている。物価安定の恩恵として、具体的には次のような点があげられる。

すなわち、①個々の財やサービスの相対的な価格の変化が認識しやすくなること、②市場金利が形成される際、インフレ・リスク・プレミアムが上乗せされにくくなること、③家計・企業ともインフレをヘッジするための行動をとらずにすむようになること、④税や社会保障システムを通じた再分配が、ゆがみにくくなること（インフレやデフレによって再分配のゆがみが増幅されやすい)、⑤現金を保有する利益が増すこと（インフレは現金を保有する際に課税と同等に作用)、⑥富や所得の恣意的な再分配が行われにくくなること、⑦名目金融資産の実質的な価値が安定的に保たれることを通じて、銀行部門の健全性が保たれ、ひいては家計や企業の富が安定的に保持されることが金融

5　もっとも、今日では、政策金利を引き下げる余地がほとんどなくなるなかで、主要国の中央銀行は、量的緩和等の非伝統的な手段による金融政策運営に乗り出している。欧州中央銀行の非伝統的手段に関する考え方については、第6章参照。

の安定を維持するうえできわめて有用であること、などである。

2 欧州中央銀行の金融政策運営戦略

次に、欧州中央銀行が、主たる目標である物価安定を追求するうえで、いかなる金融政策運営戦略をとっているのかをみてみよう。

(1) 戦略の第一の要素――「物価の安定」をいかに定義するか

金融政策運営戦略の第一の要素は、主たる目標である「物価の安定」が具体的にどの程度の物価上昇率を意味するのか、いかに定量的に定義するか、という部分である。ちなみに欧州中央銀行は、他の中央銀行にも共通する金融政策運営上の「手段の独立性」のみならず、「目標設定の独立性」をもEUの基本条約によって与えられている点が特徴的であり[6]（Phillip Moutot et al.〔2008〕)、「物価の安定」の具体的な含意について自らその定義を明らかにしている。

同行の政策委員会は1998年、「物価安定とは、ユーロ圏の統一消費者物価指数（Harmonized Index of Consumer Prices）の前年比上昇率が２％未満にとどまること、そして、そのような物価の安定が中期的に維持されることである」という量的な定

6　インフレ・ターゲティング方式をとる国の中央銀行には、多くの場合、この「目標設定の独立性」は与えられていないことになる。

義を示している。その際に考慮されているのは、前年比2％を超えるようなインフレーションは許容できない、という点のみならず、デフレーション（＝幅広い物価指数が自律的に低下していくこと）もまた、物価安定と相いれるものではないため（後掲コラム④「デフレーションはなぜ好ましくないのか――欧州中央銀行の考え方」参照）、デフレのリスクを回避するうえで十分なマージンを確保する、という点も含まれている。

加えてユーロ圏の場合、物価上昇率にも国ごとに差がある。これは、通貨統合を行った国ごとの経済の発展段階に差があるゆえに、経済が「キャッチアップ」の過程にある国のインフレ率は、ユーロ圏の平均値よりは高くならざるをえない側面があることを反映している。また、ある国の経済が構造的に非効率的であるがゆえに、もしくは国ごとの政策運営に問題があるゆえに、その結果として物価上昇率に国ごとの格差が生じてしまうこともある。

欧州中央銀行としては、こうした実情をふまえつつ、ユーロ圏全体としての物価上昇率の目標を「前年比2％未満だが2％に近い水準に維持する」ことを通じて、国ごとの物価上昇率の格差を一定程度までは容認し、構造的にユーロ圏の平均値よりも低い物価上昇率となってしまう国においても、デフレのリスクを回避するうえでの十分なマージンを確保できるようにしているのである。

コラム④　デフレーションはなぜ好ましくないのか
――欧州中央銀行の考え方

欧州中央銀行は、「物価安定」の定義を示す際に、デフレーションがなぜ、経済にとっても好ましくないのかについても明らかにしている。“The Monetary Policy of the ECB 2011”の第３章「欧州中央銀行の金融政策戦略」には、以下の記述がみられる（56ページおよび66ページ。注：訳は筆者）。

> インフレーションとデフレーションの対価（コスト）は相当に大きいことが、実証的な調査と理論的な調査の双方によって示されている。しかしながら、物価安定が達成されているレジームにおいては、これらのコストはごく小さく、実証的に認識することはよりむずかしい。ゆえに、今日においては、物価安定が経済厚生を増加させ、経済の潜在的な成長を高めることに資することが広く知られているのである。（中略）
>
> デフレーションは経済に対して、インフレーションと同様のコストをもたらすものである。デフレーションは、それがいったん発生してしまうと、名目金利がゼロにきわめて近い水準に下落してしまった際には金融政策は限界に直面するということで身動きがとれなくなってしまうため、デフレーションを回避することが重要なのである。
>
> デフレ的な環境下において、インフレ期待が錨を失い、物価水準が下落していく自律的な過程が予測され始めるようになってしまうと、金融政策は、金利の手段を用いることによって、経済に対して十分な度合いの支援を与えることができなくなってしまうであろう。大衆

が、お金を貸すよりも現金を保有することを選好し、マイナス金利でも預金を保有することを選好するようになってしまえば、名目金利がゼロを下回るように誘導しようといかに試みようとも、失敗することになろう。名目金利がゼロであるとしても、（経済に）刺激を与えるさまざまな金融政策の手段をとりうるが、こうした代替手段、非伝統的な政策は、きわめて高い対価を伴うこととなりうる。それゆえ、金融政策にとっては、インフレーションと闘うよりもデフレーションと闘うほうがより困難なのである。

(2) 戦略の第二の要素――何に着目して物価安定に対するリスクの分析を行うか

金融政策運営戦略の第二の要素は、経済のいかなる側面、いかなる指標に着目して物価安定に対するリスクの分析を行うのか、という部分である。欧州中央銀行はこの点に関して、2003年5月の政策委員会において「安定志向の2本柱アプローチ（stability-oriented two-pillar approach）」（図表3－2参照）を採用することを決定し、その実践を続け、今日に至っている。

具体的には、経済分析と金融分析を2つの柱として物価安定に対するリスクの分析を行うというもので、実際には、第2章で述べたような、政策委員会のもとにある各委員会が中心となって詳細な分析を行っている。そして政策委員会においては、この2つの柱による分析のクロス・チェックもあわせて行われている。

なお、欧州中央銀行は、この2本柱アプローチを金融政策運

図表3－2　欧州中央銀行の金融政策の運営戦略

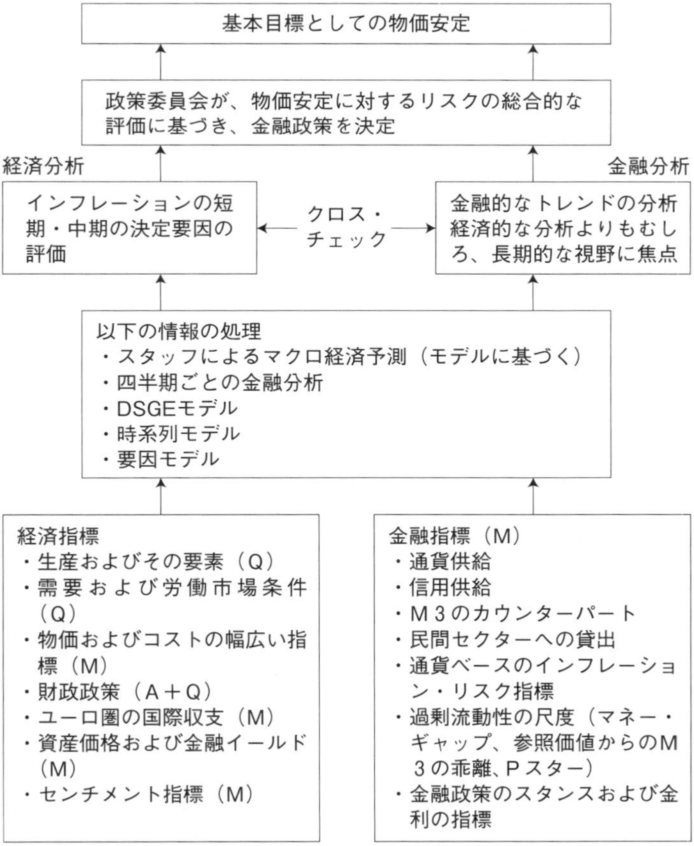

（注）指標のアベイラビリティのうち、Aは年次、Qは四半期次、Mは月次を示す。

（資料）Phillip Moutot, Alexander Jung, and Francesco Paolo Mongelli〔2008〕をもとに、筆者作成。

営の戦略として採用する前の段階で、他の戦略（マネタリー・ターゲティング、直接的なインフレーション・ターゲティング、為替レート・ターゲティング）も選択肢として検討した旨を、なぜそれらの戦略を採用しなかったのか、という理由とともに明らかにしている（後掲コラム⑤「金融政策運営戦略の他の選択肢」参照）。

そこからは逆に、なぜ欧州中央銀行が、他の戦略ではなく、この２本柱アプローチを戦略として採用するに至ったのかを読み取ることができ、現在のわが国をはじめ、他の主要国における金融政策運営戦略と比較して理解するうえでも示唆に富んでいると考えられる。とりわけ「直接的なインフレーション・ターゲティング」戦略は、わが国をはじめ、現在、少なからぬ数の国々において採用されているものであるが、欧州中央銀行としてはこの戦略を、次の理由から採用しなかった旨を明確にしているのである。

すなわち、①物価安定に対する脅威の性質を特定するうえでは、直接的なインフレーションの見通しによってとらえることができるものよりももっと深い、背後にある経済情勢や行動の分析が必要であること、②インフレーション・ターゲティングに用いられる２年といった見通しの期間は、多くの場合、任意のもので、最適な期間設定であるとは見受けられず、そうした期間を超えてインフレーションに影響を与えるであろう資産価格の不均衡といった要因を考慮に入れられなくなりかねないこと、③インフレーションの見通しとは伝統的なマクロ経済見通しに基づくものであり、マネー総量のなかに含まれる情報をインフレーション見通しのなかに統合することは困難であること、④ユーロ圏経済の構造に関して相当な不確実性があることからすれば、単一の見通しのみに依拠することは適当ではないこと、という4点である。

欧州中央銀行としては、これらの理由から「直接的なインフレーション・ターゲティング」戦略は採用せず、物価安定に対するリスクを、経済と金融の2つの側面から分析する「2本柱アプローチ」を採用するに至ったのである。

そして実際の政策委員会の場においても、この「2本柱アプローチ」による検討が行われ、最終的な決定が行われている。毎回の政策委員会後に行われた記者会見の冒頭におけるIntroductory Statement（導入としての声明）においてもこの「2本柱アプローチ」に基づく説明が行われている。具体的には、最初に金融政策運営方針に関する決定内容が説明される。次に、そうした決定に至った背景として、まず経済分析、次に金融分析に基づいて、政策委員会がユーロ圏経済の現状をどのように評価し、また先行きに関していかなる見通しをもっているのかが説明され、この2つの分析をクロス・チェックした結果が示される。そのうえで、ユーロ圏各国の財政運営および構造改革に関する評価があわせて必ず示されている。

Introductory Statementにおけるこのような説明ぶりや構成は、この日の政策委員会の分に限らず、金融政策運営の方針について議論が行われる、毎月2回のうちの最初の回の政策委員会後に公表される毎回のIntroductory Statementに共通するものとなっている。これを、たとえば「直接的なインフレーション・ターゲティング」戦略を現在採用している日本銀行が毎回の金融政策決定会合後に公表している「当面の金融政策運営について」や「総裁記者会見要旨」と比較すると、欧州中央銀行による対外的な説明のほうが、よりきめ細かく、丁寧に、かつより幅広い観点に関して、政策運営の判断の背後にある政策委員会としての現状認識や先行き見通しの内容を説明しているように見受けられる。

両行間のこのような違いは、政策委員会ないしは金融政策決定会合後の公表資料や総裁による記者会見を、対外的な説明責任（accountability）を果たすうえで、いかなる位置づけのものとして行うのか[7]に起因する側面もあろう。しかしながら、それよりもむしろ、そもそも政策委員会もしくは金融政策決定会合において、何を検討し、何を議論しているのか、言い換えれば、現状認識や先行き見通しに関する評価やリスク分析をいかなる観点に基づいて行い、メンバー間で議論を行っているのか、という点が、「２本柱アプローチ」に依拠している欧州中央銀行と、「直接的なインフレーション・ターゲティング」方式を採用している日本銀行との間では異なっていることが、かなり作用しているようにも見受けられる。

7　日本銀行の場合は、金融政策決定会合の開催の約１カ月後に議事要旨を、10年経過後には議事録を公表することを通じても、対外的な説明責任を果たしている。これに対して、欧州中央銀行の場合は、従来、議事要旨や議事録の公表は行われておらず、同行としての説明責任はもっぱら、政策委員会後の公表資料や総裁・副総裁による記者会見によって果たされている、という違いがある。ただし、2015年１月からは、同行も金融政策に関する政策委員会の議事録を公表することが決定されている。

コラム⑤　金融政策運営戦略の他の選択肢

欧州中央銀行の "The Monetary Policy of the ECB 2011" の第３章「欧州中央銀行の金融政策戦略」には、欧州中央銀行およびその前身の欧州通貨機構において、検討はしつつも採用に至らなかった金融政策運営戦略上の他の選択肢について、なぜそれを採用するに至らなかったのかという理由も含め、述べられている。以下はその抄訳である（注：訳は筆者、**太字**は原文どおり）。

Box3.　3 Alternative monetary policy strategies

他のいくつもの金融政策運営戦略が、他の中央銀行によって追求されているほか、これまでも追求されてきた。そのうちのいくつかに関しては、欧州通貨機構および欧州中央銀行においても、安定志向の２本柱戦略を採用すると決定する前の段階で検討した。

その１つが**マネタリー・ターゲティング**である。実際にこれは、中央銀行がマネーの成長率を、特定の、あらかじめ公表した率に向けて加速させたり減速させたりすべく、政策金利を変更することを意味する。このターゲットとなる率は、物価安定と整合的になるように導き出される。この戦略は次の２つの前提に依拠している。１つ目は、マネーと物価水準との間に、中期的にみて安定的な関係（たとえば貨幣需要関数のかたち）が存在する、という点である。もしそうであれば、物価安定と首尾一貫するマネー・ストックの道筋が導き出されることになる。２つ目は、マネー・ストックは金融政策によってコントロールすることができる、という点である。あわせて考えれば、これらの前提条件は、中央銀行が政策金利の変更を用いて、マネー・ストックを処方したとおりの道筋に保つことができ、それによって――マネーと物価が安定的な関係にあることにより――間接的に物価安定を維持することができる。

このアプローチに関する中央銀行の経験は、欧州中央銀行の戦略に影響を与えてはいるが、欧州中央銀行はマネタリー・ターゲティングを採用しないことを決定した。この決定は、マネー以外のマクロ経済の変数のなかに、物価安定を目標とする金融政策運営の決定にとって重要な情報が存在することを認めたものである。加えて、通貨同盟への移行に関連する組織的なもしくは行動上の変化によって、そして――より一般的には――、特別の要因によってマネーの動向が一時的にゆがめられかねない可能性があることによって、ユーロ圏においてはマネーの実証的な特性に、いくらかの不確実性がつくりだされている。それゆえに、もっぱらマネーの分析のみによることは賢明とはいえないのである。

もう１つの戦略は、**直接的なインフレーション・ターゲティング**である。金融政策の決定を導くうえでマネーを用いるよりはむしろ、このアプローチは、公表されたインフレーション・ターゲットとの関連での、インフレーションそのものの展開に焦点を当てる。実際には、インフレーション・ターゲティングには異なる形態が存在する。それらすべてに共通するのは、定量的なインフレーション・ターゲットが公表されることと、政策運営の区切りとなる時点（horizon）があらかじめ定義づけられることである。

このアプローチを用いる中央銀行は、金融政策運営上の決定を、特定のインフレーション指標の見通しの、特定の区切りとなる時点（horizon）におけるインフレーション・ターゲットとの乖離に対する機械的な反応（mechanical reaction）によって、多かれ少なかれ伝えることになる。それゆえ、中央銀行によるインフレーションの見通しが、中央銀行内および公衆への説明の両方において、政策分析や議論の中心に据えられることになる。

欧州中央銀行の戦略と他の中央銀行の戦略との間には、多くの類似点が存在するものの、欧州中央銀行は、前述の意味での直接的なインフレーション・ターゲティングを、いくつもの理由から追求しないことを決定した。第一に、インフレーション計数の見通しに完全に焦点を絞ってしまうことは、物価安定に対する脅威の性質を特定するうえで、包括的かつ信頼に足る枠組みとはならない。金融政策運営上の適切な対応とは、一般的に物価安定に対するリスクの源がどこにあるかによって決まる。最低限、インフレーションの見通しそのものによってとらえられる場合よりもより深い、背後にある経済情勢や行動の分析が必要になる。第二に、教科書にあるインフレーション・ターゲティングのさまざまな観点——たとえば、金融政策決定がフィードバックされる、見通しの区切りとなる時点（例：２年間）——は、ある程度任意のもの（somewhat arbitrary）であり、多くの場合において最適であるようには見受けられない。選ばれた区切りとなる時点を越えてインフレーションに影響を与える要因、たとえば資産価格の不均衡といったものを、現在の金融政策運営の決定を行う際に考慮に入れる必要があるかもしれない。この点は、最近の金融危機においてとりわけ明白なものとなり、インフレーション・ターゲティングを採用するいくつかの中央銀行においては、政策の区切りとなる時点に関して、より柔軟なスタンスをとることとなった。第三に、それでもなお、マネーの総量のなかに含まれる情報をインフレーション見通し——これは伝統的なマクロ経済モデルに基づくものであるが——のなかに統合することは困難である。そして最後に、欧州中央銀行としては、ユーロ圏経済の構造に関連するかなりの不確実性にかんがみれば、１つの見通しのみに依拠することは適切ではない、という見解をとっている。さまざまな分析上の手法に基づく、経済データ分析の多様化したアプローチを採用するほうが望ましいと考えられているのである。

第三の戦略が**為替レート・ターゲティング**であり、これは、通貨統合の前の段階において、欧州通貨制度の為替レートメカニズムの文脈において、いくつかの欧州の国によって追求されたものである。国際的に取引される財の生産や消費が経済の大部分を占めるという小規模な開放経済にとって、為替レートの推移は、輸入物価への影響を通じ、物価水準に相当なインパクトをもたらしうる。ユーロ圏にとっては、大規模で、相対的には閉鎖経済であり、為替レートの展開の物価動向へのインパクトはより控えめなものであるため、為替レート・ターゲティング戦略は適当であるとは考えられない。

3 「最後の貸し手」機能の考え方

以上みてきたように、欧州中央銀行は、「物価の安定」を主たる目標に据え、金融政策運営を行っている。そして、この「物価の安定」という目標の優先度の高さは、中央銀行のもう１つの機能ともいえる「最後の貸し手」機能をいかに扱うのか、という点にも影響を及ぼしている。本節ではこの点をやや詳しくみてみよう。

(1) ドイツにおける「最後の貸し手」機能に対する考え方[8]

欧州中央銀行は主にドイツ連邦銀行の流れを汲んでいる[9]が、そのドイツにおいては、中央銀行に対して「物価の安定」という目標のみならず、「金融システムの安定」という目標の達成までをミッションとして担わせると、後者が前者と両立せず、相反する事態ともなりかねない、との考え方がかねてから根強い状況にあった。

アメリカ、イギリスといったアングロ・サクソン諸国の中央

8 本項の記述は、主として山村・三田村〔2007〕を参考にしている。
9 欧州中央銀行が、ドイツ連邦銀行の金融政策のスタイルを引き継ぐこととなった背景として、白川〔2008〕は、次のように述べている。「欧州中央銀行はブンデスバンクの金融政策のスタイルを引き継いでいる。これにはブンデスバンクの金融政策のスタイルがユーロエリア全域にも適しているという判断もあったかもしれないが、それと同時に、ブンデスバンクに対する信認を引き継ぐという効果も狙っていたと推測される」(332ページ)。

図表３－３　主要国中央銀行の役割

	日本銀行	連邦 準備制度	欧州 中央銀行	イングランド 銀行
金融政策	○	○	○	○
決済システム	○	○	○	○
金融機関の規制・監督	（金融機関考査を実施）	○ （他の監督当局も存在）	（注１）	（注２）
「最後の貸し手」	○	○	（注３）	○
政府の銀行	○	○		△ （政府のDebt Management Officeの役割が大きい）

（注１）　1999年の発足以降、14年あまりの間は監督権限はなし。ただし、EUの「銀行同盟」の一環として、2014年11月からEU加盟国の大規模な金融機関の監督の役割を担うことになった。

（注２）　1999年に独立性を獲得して以降、12年あまりの間は監督権限はなし。2012年のFSA（金融サービス庁）解体に伴い、BOE内の組織としてPRA（Prudential Regulation Authority：信用規制庁）が設立され、政府から独立した規制機関であるFCA（Financial Conduct Authority：金融行動庁）とともに、二頭体制で金融監督業務を担うことになった。

（注３）　ドイツ連銀以来の考え方もあり、1999年の発足の時点では、この機能をECBが発揮することは積極的には予定されてはいなかった。もっとも2009年に発生した欧州債務危機が深刻化した局面において、欧州中央銀行は、財政危機に陥った複数の重債務国の民間金融機関向けに、ELA（Emergency Liquidity Assistance：緊急流動性支援）の発動、すなわち「最後の貸し手」機能の発揮を余儀なくされることになった。

（資料）　白川〔2008〕をもとに、各国中央銀行資料を参考にしながら、筆者が一部加筆して作成。

銀行や日本銀行に関しては、中央銀行の機能の１つとして、「最後の貸し手」機能がすでに長きにわたり当然のものとして容認されてきているが（図表３－３参照）、ドイツにおける考え方はこれとは異なっていた。万が一、金融危機が発生して、中央銀行が「最後の貸し手」機能の発揮を余儀なくされ、特定の金融機関を救済するため、もしくはシステミック・リスクの顕現化を回避するために、大規模な資金供給を行わざるをえなくなると、本来のミッションであるはずの「物価の安定」の達成が危うくなりかねない、加えて民間銀行に対してモラル・ハザードを引き起こす制度ともなりかねない、と考えられていたのである。ドイツにおいては、それほどまでに、「物価の安定」という中央銀行の目標の優先度が他の目標に比して高かった、とみることもできよう。

ドイツにおけるこのような考え方は、1974年に発生したヘルシュタット危機において、初めて鮮明なものとなった。これは、主要国の通貨が変動相場制に移行して、換言すれば、国際間の資本移動の自由化の進展が始まってから最初に発生した、国際的な金融機関の破綻事例ともみることができる。ドイツの中堅銀行であったヘルシュタット銀行（Bankhaus Herstatt）は、外為ディーリングの失敗により多額の損失を被った。このため、ドイツの監督当局は同年６月26日の午後３時30分（フランクフルト時間）に同行の営業免許を取り消し、清算を命じた。その際、ドイツ連邦銀行は同行に対して緊急融資を行うことはせず、換言すれば、「最後の貸し手」機能を発揮することはなく、――同行は破綻した[10]。

これに対して同じ1974年のほぼ同時期、アメリカでフランクリン・ナショナル銀行が流動性危機を経て破綻に至った際には、ニューヨーク連邦準備銀行が同行に対して多額の貸付を行って、換言すれば「最後の貸し手」機能を発揮して、流動性を供給し、破綻原因となった外国為替取引勘定を継承した。

このヘルシュタット危機の後にも、ドイツにおいては、中央銀行に「最後の貸し手」機能を認める制度改正が行われることはなかった。ドイツ連邦銀行法にも、日本銀行法37条（金融機関等に対する一時貸付）や38条（信用秩序の維持に資するための業務）に相当する規定は存在しない。

かわりにドイツにおいては、金融危機の際に「最後の貸し手」機能を発揮するものとして、ドイツ連邦銀行も一部、出資するなど関与しつつも、ドイツの銀行業界を構成する３本柱である、①民間商業銀行グループ、②組合銀行グループ、③貯蓄銀行グループ等がその主な設立主体となるかたちで、流動性コンソーシャル銀行有限会社（Liko-Bank: Liquiditäts Konsortialbank GmbH、英文表記ではLiquidity Consortial Bank）が設立されてい

10　中島真志・宿輪純一『決済システムのすべて（第３版）』（東洋経済新報社、2013年）では、このヘルシュタット危機について、次のように述べられている。「同行（筆者注：ヘルシュタット銀行）は外為ディーリングを活発に行っていたため、たとえば、同行に対して独マルクを売り、米ドルを受け取る外為取引を行っていた銀行は、独マルクをドイツの決済システムによって支払った後で同行が閉鎖されたため、ニューヨークの決済システムで米ドルを受け取ることができなかった。こうした決済不履行は総額２億ドルにのぼったものとみられ、多数の銀行が損失を被り、国際金融市場に大きな混乱が生じた。本件を契機に、外為取引における時差に伴う決済リスクは「ヘルシュタット・リスク」と呼ばれるようになった」（29ページ）。

る。金融危機の際の「最後の貸し手」機能は、中央銀行ではなく、主として民間金融機関の自己責任・自己負担で行うべく、３本柱のグループそれぞれに設けられている預金保険制度とも連動させるかたちで、この機能を発揮させる仕組みが整えられている。それを通じて、各民間金融機関側にモラル・ハザードが発生することを回避し、かつ、中央銀行による資金供給がいたずらに大きくなって、物価の安定のリスクとなるような事態も回避することが企図されたわけである。

(2) 欧州中央銀行における「最後の貸し手」機能の当初の扱い

主としてドイツ連邦銀行の流れを汲むかたちで設立された欧州中央銀行におけるこの「最後の貸し手」機能の扱いをみると、ドイツ以外の国における考え方やそれまでの取扱いにも配慮し、当初から「最後の貸し手」機能に相当する制度は設けられていたものの、欧州中央銀行として少なくとも発足当初の数年間は、これを積極的に活用することはあまり想定されてはいなかったように見受けられる。

欧州中央銀行の「最後の貸し手」機能に相当するのは、「緊急流動性支援（ELA：Emergency Liquidity Assistance）」という制度である。しかしながら、同行が1998年に発足し、99年に業務を開始してから数年間は、このELAという制度に関する記述は、同行の公表資料にはごく限られた数しか見当たらない。その時期に、このELAについて触れている数少ない公表資料に、同行の1999年版のAnnual Reportがある。そこには、以下のような記述がみられる（注：訳は筆者）が、これは発足当初の時点における、同行の「最後の貸し手」機能に対する考え方をよく映し出しているように見受けられる。

ECB Annual Report 1999
Chapter Ⅵ　Financial stability and prudential supervision
1　The institutional framework for financial stability
の第4パラグラフ部分（98ページ）

ユーロシステム内では、主として協調のメカニズムが要求される。これは緊急流動性支援（ELA）のケースであり、それには例外的な環境下において、流動性が不足する機関や市場に対して、ケース・バイ・ケースで、一時的に中央銀行が支援を与えることが含まれる。

最初に、ELAの重要性が過度に強調されることがあってはならない、ということを強調する必要がある。中央銀行による支援は、金融の安定を確保するうえでの主要な手段である、とみなされることがあってはならない。なぜなら、それにはモラル・ハザードのリスクがあるからである。金融機関の側で、健全なリスク・マネジメントの実践を促すことを目的とした予防策や、この目的を達成するための実効性のある信用秩序維持の規制や監督こそが、過度なリスクテイク行動や金融的な苦痛を防ぐための第一線（筆者注：たるべき対応）である。

加えて、先進国において過去数十年間、ELAの供給と

いうのはきわめてまれな事態であり、その間、危機管理において、セーフティ・ネットの他の要素が重要性を増してきた。しかしながら、金融危機に対処する必要な（筆者注：中央銀行による）メカニズムが、もし適切であればその限りにおいて、設けられることになる。その主要な原則は、その能力を有する各国中央銀行が、その管轄内で業務を行っている機関に対するELAの供給に関しては意思決定を行う、ということである。これは、問題となっている各国中央銀行の責任とコスト負担のもとで行われるのである。

いかなる潜在的な流動性のインパクトが発生しようとも、単一金融政策の適切なスタンスを維持することと首尾一貫するかたちでそれがマネージされるよう、情報が適切に伝えられることを確実にするためのメカニズムが設けられている。

ELAの取極めは、ユーロシステムにとって内部的なものであり、それゆえに、各国レベルにおける中央銀行と金融監督当局との間の既存の取極めや、監督当局間の2極間、もしくは多極間の取極めや、多極間の当局とユーロシステムとの間における取極めに対して影響を及ぼすことはない。しかしながら、それらがスムーズに機能することは、金融危機がもたらす国境を越えたインプリケーションに対処し、伝染を回避することを目的とする協調のメカニズムを、機動的かつ効果的に実行する能力があることを前提としている。

(3) 欧州債務危機における対応

ユーロシステムの発足後、約10年あまりの間は、以上のような考え方に基づき、やや消極的なかたちで枠組みの準備が整えられていたELAであったが、実際に発動されることはなかったように見受けられる。

ところが、2009年に発生し、その後、年を追うごとに事態が深刻化していった欧州債務危機において、このELAを取り巻く事態は大きく変化することになった。11年、12年と債務危機が深刻化していくなかで、ユーロ圏各国、とりわけ問題となったギリシャ、アイルランド、ポルトガルといった国々の国債の格下げが相次ぎ、ついには、ユーロシステムから民間銀行が資金供給を受ける際に差し入れる適格担保の基準を下回るようになったのである。

当該重債務国の民間金融機関は軒並み、適格担保から外れた自国の国債を大量に保有しており、金融危機で市況が悪化するなかで、これらの銀行はユーロシステムから資金供給を受けたくとも、差し入れる担保が用意できない事態に陥った。その際、このELAが、問題となった国の中央銀行から、当該国の民間銀行に対して、相当な規模で実行されることになったのである（詳細は第５章で後述）。その際のELAは、無担保ながら、当該国政府からの保証を取り付け、その信用補完を基礎に、無担保の流動性供給を行うというかたちがとられた。これは、ユーロシステムとして好むと好まざるとにかかわらず、相当な規模で「最後の貸し手」機能を発揮せざるをえない事態に追い込まれたことを意味する。

その後、2013年10月17日には、“ELA Procedures”（緊急流動性支援の手続）が公表されている。その冒頭部分では、ELAについて、以下のように記述されている（注：訳は筆者）。

ユーロ圏の信用機関は、中央銀行信用を、金融政策オペレーションを通じてのみならず、例外的に緊急流動性支援（ELA）を通じても受けることができる。ELAとは、ユーロシステムの各国中央銀行（以下、NCB）による
(a)　中央銀行マネーおよび／もしくは
(b)　中央銀行マネーの増加につながる他の支援を、
支払能力のある金融機関もしくは支払能力のある金融機関のグループで一時的な流動性の問題に直面している先に対して、単一の金融政策の一部としてのオペレーションではなく、供給することを意味する。ELAの供給の責任は、関係するNCB(s)それ自身にある。これは、ELAの供給に起因するいかなるコストやいかなるリスクも、関係するNCBが負担することを意味する。

しかしながら、欧州中央銀行制度および欧州中央銀行規程の14.4条は、ECBの政策委員会に対して、もし、これらのオペレーションがユーロシステムの目的と任務に相反するとみなす際には、ELAのオペレーションを制限する責任を負わせている。そのような意思決定は、政策委員会の投票数の3分の2の多数をもって決定される。そのような相反状態が生じているかを政策委員会が適切に評価できるようにするために、そうしたオペレーションの情報は政

策委員会に機動的に伝えられなければならない。この目的のための手続は1999年から存在し、それ以降も定期的に改定が行われてきた。その鍵となる手続は以下のとおりである。（以下、略）

加えて、欧州中央銀行は欧州債務危機を経て、いわゆる銀行同盟（Banking Union）を強化しようとする動きのなかで、ユーロ圏およびEU各国の民間金融機関を一元的に監督するSSM（単一監督メカニズム）においても中心的な役割を果たすことになった。その際、欧州中央銀行として、金融政策運営を決定する従来の政策委員会とは別に、このSSM機能を果たす意思決定は、欧州中央銀行内における別の組織（監督委員会）に担わせることになった（第2章コラム②「銀行同盟の進展と欧州中央銀行」参照）。

欧州中央銀行のこのような対応からも、金融政策運営を通じての「物価の安定」という目標の達成と、金融の安定や信用秩序の維持を目的とする業務は、二律背反となりかねない、という考え方が、現在も引き続き維持されていることがうかがわれよう。これは、裏を返せば、それだけの対応を講じることによって、「物価の安定」というミッションの達成を、いつの時代においても確実にしようとする姿勢が貫かれているものとも評価できよう。

第 4 章

金融政策運営の実際

本章では、欧州中央銀行の金融政策がユーロシステムのどのようなオペレーションによって実際に運営されているのか、について述べる。主として、欧州中央銀行が近年の通常時においてとってきた運営上の考え方（適格なカウンターパーティや適格担保の基準）や、ユーロシステムによるオペレーションの具体的な手段について取り上げる。

なお、2008年のリーマン・ショックに端を発する世界的な金融危機、その後の欧州債務危機に見舞われるなかで、とりわけ市場の緊張が高まった局面における危機対応として、特別な方式（固定金利・全額割当〔＝無制限供給〕方式）でのオペレーションによる資金供給や、与信基準の異例の取扱い（適格担保基準等）に基づく政策運営が行われた。そのほか、14年６月には、ユーロ圏経済の低インフレ化／デフレ化への対応として、異例の新たなオペレーション手段等も導入された。これらについての詳細は第５章、第６章でそれぞれ取り扱うこととする。

1 金融政策オペレーションの枠組み

通常の金融環境のもとにおいては、金融政策運営が市場を通じて伝わっていくうえで、短期金融市場金利がきわめて重要な役割を果たす[1]。

1　なお、2008年の世界的な金融危機（リーマン・ショックが発端）以降の金融情勢をみると、欧州に限らず、日・米・英等をも含め、各国の短期金利がゼロパーセント近傍に接近し、政策金利のさらなる引下げ余地がほぼなくなるなかで、非伝統的な手段を用いていかに金融政策運営を行うのかが課題となっている。この点については第６章で扱う。

ちなみに、前章で扱った金融政策運営の「戦略」とは、この短期金融市場金利が中期的な物価安定を確保するうえでどの程度の水準であることが望ましいのか、を決定するものである。それに対して、本節で扱う金融政策運営の「オペレーションの枠組み」とは、そうした短期金融市場の金利水準を達成するうえで、金融政策運営の手段と手続を、いかに設定し、また運用するのか、に関するものであるといえる。

(1) 基本原則

「オペレーションの枠組み」の基本原則は、欧州連合の機能に関する条約の127条（旧欧州共同体条約105条）1項の以下のような規定にかんがみれば、「自由競争のもとでの開放市場経済原則」や、「資源の効率的な配分」であることがわかる（注：「　」内の訳および**太字**は筆者）。

欧州連合の機能に関する条約の127条1項

「欧州中央銀行制度（以下、ESCB）の主たる目標は、物価の安定を維持することである。物価安定という目標を損なうことなく、ESCBは、欧州連合条約3条に定められた連合の目的の達成に寄与するとの見地のもと、連合の一般的な経済政策を支援する。ESCBは、**自由競争のもとでの開放市場経済原則**に従い、**資源の効率的な配分**を支持しつつ、119条に定められた原則を遵守しつつ行動する」

ちなみに、欧州連合の機能に関する条約119条3項には、次のように定められており（注：「　」内の訳および**太字**は筆者）、ESCBがその活動に際して遵守しなければならない原則とは、「安定的な物価」「健全な財政と金融環境」「持続可能な国際収支」であることがわかる。

「加盟国および連合のこれらの活動は、次の指導原則を遵守するものとする：**安定的な物価、健全な財政と金融環境**、および**持続可能な国際収支**」

なお、ユーロシステムの金融政策運営上は、「オペレーションの効率性」が最も重視されている（European Central Bank〔2011①〕）。この「効率性」とは、金融政策オペレーションの枠組みが金融政策運営上の決定を、いかに正確に、またいかに速く、短期金融市場金利に伝えることができるか、という、いわば枠組みの能力として定義される。

また、ユーロシステムの金融政策運営は第２章でも述べたように、加盟各国の中央銀行が等しくその実務を担うという、いわば「分散型」で運営されている点が特徴となっている。基本条約において、中央銀行が従うべき基本原則が上述のように規定されていることにもかんがみ、「ユーロ圏全域の金融機関を平等に取り扱い、また規則と手続を調和させること」も、オペレーションの枠組み上の重要な原則となっている。

さらに、オペレーションの枠組みが具備すべき諸原則としては、「簡潔性」および「透明性」（いずれも金融政策の意図が正しく理解されるようにするため）、「継続性」（政策手段や手続の大幅な変更を避け、それにより中央銀行が金融政策オペレーションを実行し、民間銀行がこれに参加する際、経験に頼れるようにするため)、「安全性」(ユーロシステムの財務上、運営上のリスクを最小限に抑制するため)、「コスト効率性」(ユーロシステムと民間銀行双方にとって、オペレーションのフレームワーク上生じる運営コストを低く抑制するため)があげられる。

(2) 適格なカウンターパーティ

ユーロシステムが金融政策運営のオペレーションを実施するのに際しては、いかなるカウンターパーティ(取引の相手方)を対象とするのかが問題となる。欧州中央銀行としては、相手方の信用力、財務上の健全性に配慮しつつも、幅広いカウンターパーティからの参加が確実に得られるように、オペレーションの枠組みを組み立てている。カウンターパーティの適格基準はユーロ圏全体として統一されており、これをクリアするには、オペレーション遂行能力の側面および信用力の側面において、一定の基準を満たす必要がある。他方、金融機関側としては、その基準を満たすのであれば、欧州中央銀行のユーロ圏内を通じて、等しく平等・公平に扱われることになる。

適格なカウンターパーティとなるためには、金融機関は、①ユーロシステムの最低準備制度の対象先となっている必要があるほか、②EUもしくはEEA(European Economic Area:欧州経済圏)内で統一された金融監督に、少なくともこのうちの1カ国の金融当局のもとで服している必要がある。財務的に健全な金融機関であって、EU/EEAの統一基準に比肩する基準のもとで、各国金融当局の監督に服している機関も適格なカウンターパーティたりうる。たとえば、EEA域外で組織されている金融機関のユーロ圏内における支店がこれに該当する。

加えて、適格なカウンターパーティとなるためには、③金融機関は自国の中央銀行もしくは欧州中央銀行がオペレーションの効率的な遂行のために定めている基準を満たす必要がある。なお、金融機関がユーロ圏内の複数国に拠点（本店ないし支店）を有している場合には、加盟国ごとに当該国の中央銀行経由でオペに参加することができるが、入札は1カ国当り1拠点のみとすることとなっている。

このような適格要件を満たしている金融機関の実数をオペレーションの手段（次節で詳述）別にみてみよう。2011年1月時点において、ユーロ圏内に存在する信用機関（credit institutions：EUの共同体法上の用語[2]で、わが国でいえば「預金取扱金融機関」に電子マネーの発行体を加えたものにほぼ相当する）は6,334先であるのに対して、公開市場操作（open market operation）に参加するオペレーション上の基準を満たしているのは2,267先、限界貸付ファシリティ（marginal lending facility）に参加する同様の基準を満たしているのは2,395先、預金ファシリティ（deposit facility）への参加基準を満たしているのは2,789先にとどまっている。

2　European Central Bank〔2011①〕によれば、①預金もしくはその他の払戻し可能な資金を公衆から受け入れ、自己勘定で信用を供与する企業、もしくは②上記①以外で、電子マネーの形態の決済手段を発行する企業もしくはその他の法的主体、とされる。

なお、実際に公開市場操作に参加しているカウンターパーティの数はこれらの適格先の数を大きく下回る結果となっている。2010年下半期時点で、メイン・リファイナンシング・オペ（MRO：Main refinancing operations）に参加しているのは平均で145先、長期リファイナンシング・オペ（LTRO：Longer-term refinancing operations）に参加しているのは94先となっている。微調整オペ（FTO：Fine-tuning operations）に関しては、ユーロシステムが、さらに限られた数のカウンターパーティを選定したうえで、オペへの参加を得ている。金融政策運営目的で外国為替スワップを実施する場合には、ユーロ圏内で設立された金融機関で、外国為替市場において活発なプレイヤーとなっている先を取引相手として、オペレーションが行われている（以上、次項(3)参照）。

ユーロシステムのオペレーションは、分権的な方式で実施されている。ユーロシステムの発足後今日に至るまで、オペレーションが効率的かつ円滑に運営されてきていることには、各国中央銀行がこれまで数十年にわたり、地元の金融機関と緊密な関係を保ってきたことに負っている部分が大きい（European Central Bank〔2011①〕）。

(3) 適格担保

中央銀行が資金を民間金融機関に供給する際のやり方としては、大きく分けて、①公債や民間債等のなんらかの金融資産を買い入れ、その対価として資金を供給する方法と、②信用を供与する（＝「お金を貸す」）方法の２つがある。このうち、中央銀行が民間金融機関に信用を供与する際には、ユーロシステムに限らず、各国の中央銀行に共通であるが、有担保方式で行うのが原則である。中央銀行が民間金融機関向けに、当事者による担保の差入れ以外の方法による信用補完を得て信用供与を行ったり[3]、無担保で信用供与を行ったりするのは、金融危機等の例外的かつきわめてまれな局面において「最後の貸し手」機能を発揮するケースに限られる[4]。

欧州中央銀行制度規程の18条1項は、欧州中央銀行および各国中央銀行が、金融市場において、原資産（underlying assets）[5]をアウトライト方式（「買切り」もしくは「売切り」）で売買したり、レポ方式（買戻し条件付き）で売却したりすることを認めている（前記①に相当）ほか、ユーロシステムによるすべての信用供与のオペレーションは、適切な担保が差し入れられているもとで行われなければならない（前記②に相当）旨を定めている。

要するに、ユーロシステムによる流動性供給のオペレーショ

3　次の注4および第5章で述べるように、欧州債務危機が深刻化するなかで、2011年以降にユーロシステムに加盟する一部の各国中央銀行が、自国の民間金融機関向けに緊急流動性支援（ELA）を実施するのに際しては、無担保とするかわりに、当該国の政府から保証を取り付ける方式がとられた。

4　欧州債務危機が深刻化するなかで、2011年以降にユーロシステムが重債務国の民間金融機関向けに実施した緊急流動性支援（ELA）や、わが国の日本銀行が不良債権問題の深刻化を受けて1990年代後半以降に実施した「特融」などがこれに該当する。

5　証券化等の金融技術によって「加工」されていない、おおもとの金融資産の意味。デリバティブ契約の基礎となるもの、と言い換えることもできる。

ンも、資産の所有権を移転させる形態か、もしくは有担保方式の信用供与のかたちで行うことが可能な制度設計となっている。ただし、実際には、資産の買入れ方式はあまり行われておらず[6]、有担保方式の信用供与オペが金融政策運営上の資金供給オペの主力となっている。これには、加盟各国の歴史的な経緯等を反映したユーロ圏における金融仲介の実態が、アメリカのような直接金融ではなく、間接金融が中心となっていることも１つの背景になっていると考えられる。

ユーロシステムが金融政策オペレーションを通じて損失を被ることがないようにするため、またオペレーションの効率性と透明性を高めるため、かつ、オペの対象先であるカウンターパーティを公平に扱うことを確実にするために、金融政策オペレーションで用いられる原資産は、図表４－１で示すような適格基準を充足しなければならない。ちなみに、ユーロ導入後当初の数年間は、この基準は２本建て（two-tier）で運営され、ユーロ圏統一の基準としての「ティア１」と、各国の金融構造等に照らして各国中央銀行がユーロ圏としての最低基準をクリアしたものについて独自に定める「ティア２」が存在してい

6　その例は欧州債務危機下で実施された証券市場プログラム（SMP：Securities Markets Programs）や、カバード・ボンド買入れプログラム（CBPP１および２：Covered Bonds Purchase Program）にとどまる。2011年９月に枠組みは設けられたアウトライト金融取引（短・中期国債買切りオペ。OMT：Outright Monetary Transactions）は、これまでのところ、実際に発動された例はない。ただし14年10月からは、質の高いABSとカバード・ボンドを対象にABSPP（Asset-Backed Securities Purchase Programme）とCBPP３を実施することになっている。詳細は第６章参照。

図表4－1　ユーロシステムの金融政策オペレーションの適格資産

適格基準	市場性資産	非市場性資産	
利用可能なオペ	・アウトライト（買切り）オペの対象として：○ ・信用供与オペの担保として：○	・アウトライト（買切り）オペの対象として：× ・信用供与オペの担保として：○	
資産のタイプ	・ECBの債務証書 ・その他の市場性債務商品	信用債権 （credit claims）	小口モーゲージ裏付負債 （RMBDs：retail mortgage-backed debt instruments）
信用基準	・資産は高い信用基準を要充足 ・高い信用基準としては、市場性資産向けのECAFルールを用いて評価	・債務者／保証者は、高い信用基準を要充足 ・その信用力は信用債権向けのECAFルールを用いて評価	・資産は高い信用基準を要充足 ・高い信用基準としては、RMBDs向けのECAFルールを用いて評価
発行地	欧州経済圏（EEA）	非適用	非適用
決済／取扱手続	決済地：ユーロ圏 商品は帳簿方式で中央銀行、もしくはECBの最低基準を充足する証券決済システムに集中的に預託されていなければならない	ユーロシステムの手続	ユーロシステムの手続
発行主体／債務者／保証者のタイプ	・中央銀行 ・公共セクター ・民間セクター ・国際および超国家機関	・公共セクター ・非金融法人 ・国際および超国家機関	信用機関
発行主体、債務者および保証者の設立地	・発行主体：EEAもしくは非EEAのG10諸国 ・債務者：EEA ・保証者：EEA	ユーロ圏	ユーロ圏

受入市場	・規制市場 ・ECBが許可する非規制市場	非適用	非適用
通　貨	ユーロ	ユーロ	ユーロ
最低規模	非適用	最低規模の基準は、信用債権の差入れ時点次第 【2007年1月1日～2011年12月31日の間】 ・国内利用：各国中銀の選択による ・クロスボーダー利用：共通の最低基準：50万ユーロ 【2012年1月1日以降】 共通の基準として、ユーロ圏を通じ、50万ユーロが最低基準	非適用
準拠法	・資産担保証券に関しては、原資産の取得はEU加盟国の法に要準拠 ・原信用債権はEEA諸国の法に要準拠	【信用債権の約定および移転の準拠法】 加盟国の法 ①カウンターパーティ、②債権者、③債務者、④保証者（関係すれば）、⑤信用債権の約定、⑥移転の約定について、適用される法の数は2を超えないこと	非適用
クロスボーダー利用	可能	可能	可能

（注） ECAFは、Eurosystem credit assessment framework（ユーロシステム信用評価フレームワーク）の略。
（資料） European Central Bank〔2011②〕をもとに、同〔2011①〕を参考に筆者作成。

た。しかしながら、2007年1月にこれらの基準は一本化され、この基準は現在、「単一リスト（Single List）」と呼称され、ユーロ圏全体で共通のものとなっている。

適格基準は「市場性資産」と「非市場性資産」に大別されているが、このうち、ユーロシステムがアウトライト（買切り）方式のオペで対象とすることができるのは「市場性資産」に限られる。これに対して、信用供与方式でのオペの際に必要な適格担保は「市場性資産」および「非市場性資産」のいずれでもよいとされている。また、中央銀行の当座預金決済においても、「即時グロス決済（RTGS：Real Time Gross Settlements）」方式の決済[7]が広く行われるようになってきたことにより、民間銀行が中央銀行から「日中流動性（intraday liquidity）」の供給を受けることが一般化しているが、ユーロシステムにおいて「日中流動性」の供給を受ける場合には、この「市場性資産」と「非市場性資産」のいずれを信用供与の担保にしてもよいとされている。

なお、資産の適格性の要件のうち、信用力の評価に関しては、「ユーロシステム信用評価フレームワーク（ECAF：Eurosystem credit assessment framework。信用力判定に用いる手

7　主要国の銀行システムの決済においては、かつては、決済の効率性を重視した「時点ネット決済」方式（各行からの支払指図を、あらかじめ決められた日中の一時点到来まで順次蓄積していき、当該行の「受け」額と「払い」額を差し引き相殺した額をまとめて決済する方式）が主流であった。これに対して、今日においては、中央銀行における大口の資金決済システムを中心に、決済の安全性を重視した「即時グロス決済」方式（各行の支払指図を、一本一本そのつど決済する方式）が中心的位置を占めている。

図表４－２　ユーロシステムの担保資産のリスク管理

	項　目	説　明
〈基本的なリスク管理〉		
①	担保価値の掛け目の設定 Valuation haircuts	担保資産の価値は、その時価に、信用リスク・流動性リスク等に応じた一定の掛け目（たとえば90%、80%等）を掛けることによって算出される。
②	時価ベースでの担保価値の変動幅の許容範囲 Variation margins (marking to market)	担保価値は、与信期間中を通じて時価ベースで維持される必要があるが、期中にその変動幅の許容範囲を下回った場合は、追加担保の差入れが必要になる。
③	無担保負債商品の使用の上限 Limits in relation to the use of unsecured debt instruments	
〈追加的なリスク管理〉		
④	イニシャル・マージン Initial margins	流動性供給のリバース・オペの際に必要とされる。オペのカウンターパーティは、流動性供給を受ける金額にこのイニシャル・マージンの額を上乗せした分の担保をあらかじめ差し入れなければならない。
⑤	担保資産の発行主体／債務者、保証者に係るエクスポージャーの上限 Limits in relation to issuers/debters or guarantors	
⑥	担保価値の追加的な掛け目の設定 Application of supplementary haircuts	

⑦	担保価値に対する追加的な掛け目の設定 Additional guarantees	
⑧	除外 Exclusion	ユーロシステムは、一定の資産や特定のカウンターパーティを適格な対象から除外することができる。とりわけ、特定のカウンターパーティの信用力が、自ら差し入れた担保の信用力と高い相関を示すような場合である。

（資料） European Central Bank〔2011②〕をもとに筆者作成。

続、ルール、テクニックを包含するもの)」が用いられている。そこでは、信用力の評価に際して、次の4つの情報源のうちの1つの信用力評価情報を考慮することとなっている。すなわち、①外部信用評価機関（金融市場におけるいわゆる「格付会社」)、②各国中央銀行の信用評価システム、③カウンターパーティの内部の格付ベースシステム、④第三者による格付ツール(監査された勘定のその他の情報に基づき、計量モデルを用いて信用力を判定するもので、一般公開を前提としていないもの)、という4つの情報源である。ユーロシステムとしての「高い信用力」の最低基準のベンチマークは「シングルA格」、もしくはユーロシステムとしてそれと同等と判断している「向こう1年間のデフォルト確率0.10%」となっている。

さらに、ユーロシステムのオペのカウンターパーティがデフォルトし、担保権の実行を余儀なくされた場合におけるユーロシステム側の損失を最小限にとどめるため、図表4－2のような項目の設定を加減することによるリスク管理が、基本的なレベルと追加的なレベルに分けて行われている。なお、2009年秋からの欧州債務危機への対応、およびそれ以降の金融政策運営においては、この担保資産のリスク管理方針の緩和が、欧州中央銀行の「非標準的手段による金融政策運営」の１つの柱となった（第５章・第６章で後述）。

2 金融調節のメカニズムと手段

では次に、前節でみたような基本的な考え方と枠組みに基づき、金融政策が実際にはいかなるメカニズムで、また、いかなる手段を用いて運営されているのかをみてみよう。

(1) 市場金利の誘導目標としての「政策金利」

中央銀行は、それぞれの金融政策運営戦略を基盤とし、その時々の判断に基づいて政策の運営方針を決定する。欧州中央銀行に限らず、各国の中央銀行において、通常、その方針は主として政策金利の水準をいかに設定するかによって表現されてきた。その意味で、政策金利の操作は金融政策運営の「伝統的な手段」といえる。

そして、各国の中央銀行は実際に、さまざまな手段を駆使して目標とする政策金利の水準に市場金利を誘導してきた。欧州中央銀行の場合、この政策金利としては、図表４－３に示す「限界貸付ファシリティ金利」「メイン・リファイナンシング・オペ金利」「預金ファシリティ金利」の３本がある。このうち、市場金利の実際の誘導目標となるのは「メイン・リファイ

図表4－3　欧州中央銀行の3本の政策金利とそれぞれに対応するユーロシステムのオペレーション（中央銀行当座預金の需要と供給の関係）

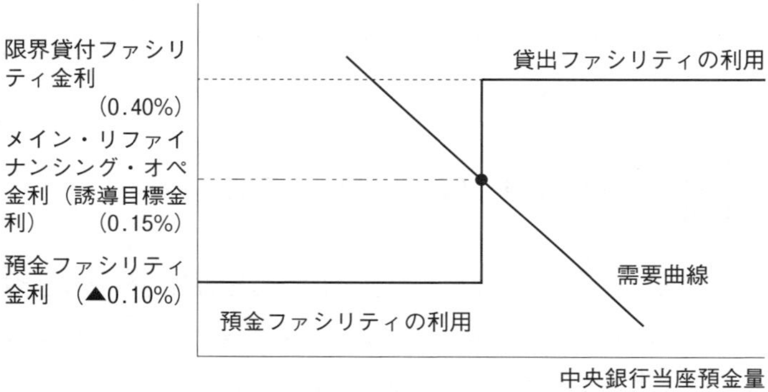

（注）　縦軸の（　）内は、2014年6月5日の欧州中央銀行の政策委員会で決定された、同年6月11日以降の各政策金利の水準。その後、同年9月4日の政策委員会で、いずれの政策金利も再度、引き下げられている。

（資料）　白川〔2008〕162ページの図表（預金・貸出ファシリティーが存在する下でのオーバーナイト金利の決定）を参考に筆者作成。

ナンシング・オペ金利」である。

このメイン・リファイナンシング・オペ金利と、市場金利の上限の目安を示す「限界貸付ファシリティ金利」、および下限の目安を示す「預金ファシリティ金利」との間には一定のスプレッドが開くこととなるが、その幅は常に一定であるわけではなく、その時々の政策決定の内容に応じて伸縮している。

たとえば2014年6月5日の政策委員会においては、限界貸付ファシリティ金利を0.75→0.40%に、メイン・リファイナンシング・オペ金利を0.25→0.15%に、預金ファシリティ金利を0

→▲0.10％に、それぞれ引き下げることが決定された。その結果、誘導目標金利と下限金利との間のスプレッドは25bpのままで維持されたが、上限金利と誘導目標金利との間のスプレッドは50bp→25bpに縮小されることとなった。このように、ユーロシステムは、メイン・リファイナンシング・オペ金利を市場金利の誘導目標に、実際には限界貸付ファシリティ金利と預金ファシリティ金利という２本の政策金利（上限と下限）にはさまれた範囲（コリドー）内に市場金利が収まるように、金融調節を行っている。

ただし、2008年９月のリーマン・ショックに端を発する金融危機の後は、ユーロ圏を除く主要国において、軒並み政策金利がゼロ％近傍に張り付くことになった。そのため、これらの国々においては、政策金利が金融政策運営のシグナルとしての役割を果たしえなくなったため、アメリカの連邦準備制度やイングランド銀行、日本銀行は、政策金利という伝統的な手段の「代替的な手段」として、「大規模な資産買入れ（LSAP：Large Scale Assets Purchases）」により資金供給を行うという、「非伝統的な手段」による金融政策運営に踏み切り、今日に至っている。

これに対してユーロシステム（欧州中央銀行）は、米英日の中央銀行とは異なる考え方に基づき、従来のオペの方式にさまざまな工夫を加えて部分的に変更して実施するというアプローチでのいわゆる「非伝統的な手段」による金融政策運営を行っている（欧州中央銀行自身による呼称は「非標準的な手段」、第５章・第６章で詳述）。加えて、欧州中央銀行においては、2014年

９月に至るまで、政策金利が金融政策運営のシグナリング手段として引き続き用いられており、「非伝統的手段」による量的な資金供給はあくまでも政策金利という手段の「補完的な手段」との位置づけであることを明確にしている。そうした意味では、目標とする政策金利水準に市場金利を誘導するという金融調節が、ユーロシステムにおいては現時点においてもなお行われている側面があるということをふまえておく必要があろう。

⑵　最低準備（準備預金）制度と金融調節のメカニズム

中央銀行とは、民間銀行が資金の過不足を調整する取引を行う短期金融市場において、全体の資金量を意図して増減させることができる、という意味において、流動性の独占的な供給主体である。単純化して考えれば、ある時点の市場金利は、この短期金融市場における当該時点の資金需要に対して、どれだけの資金が中央銀行から供給されるのか、という需要と供給のバランスによって決定される。ただし、短期金融市場に参加する民間金融機関同士の間で、資金余剰先から不足先に対して円滑な資金融通の取引が行われていることが前提である。

短期金融市場の資金需要は主として、①銀行券要因と、②財政要因によって決定される。

①銀行券要因とは、家計や企業がどれほどの現金を手元に置こうとするのかによって決まるもので、たとえば連休等で金融機関が長期間休業する際には、多くの家計や企業がこの間の生活や営業のため、通常よりも多額の現金を引き出して手元に置いておこうとする。季節的に消費活動が活発化する時期も同様

である。民間銀行からは家計や企業によって預金が引き出されることになり、それにつれて民間銀行は中央銀行当座預金を取り崩して、銀行券を追加的に手当せざるをえない。そして、この銀行券要因による資金需要が強まって、短期金融市場では資金が不足がちとなる。これを中央銀行がそのまま放置すれば、市場金利が跳ね上がることになる。

②財政要因とは、どの国においても中央銀行は「政府の銀行」でもあるため、当該国の政府部門は中央銀行に国庫預金をもっていることによる。日々の財政運営による資金の受払いに応じて、この国庫預金から民間銀行に対して、財政支出によって多額の資金が放出されたり（資金余剰要因)、逆に納税によって市場の資金が国庫預金に吸い上げられたり（資金不足要因）することを通じ、短期金融市場における資金需要に大きな影響が及ぶのである。

①銀行券要因、②財政要因という資金需給に影響を与える要因は、中央銀行の政策意図とは無関係に決定されるという意味で、資金需給に関する「自動的要因」と呼ばれる[8]。中央銀行は実際に、資金需要を①銀行券要因と②財政要因に分けて、キメ細かく予測しつつ、実際の金融調節を行っている。ただし、中央銀行がこれらの「自動的な要因」にただ単純に対応しているだけでは、中央銀行として市場の金利形成に影響力を行使す

8　なお、ユーロシステムの場合には、加盟各国の外貨準備を中央銀行のバランス・シート上で保有しているため、資産勘定に占める対外資産の割合が相対的に大きい。この、ネット・ベースでの対外純資産の変動も、ユーロ圏内の短期金融市場の資金需給に影響を与えるもう１つの自動的要因といえる。

ることはできない。

中央銀行が機動的に、必要とあらば日々、市場金利を意図する水準にコントロールできるようにするためには、民間銀行側にも日々、中央銀行のオペに応じる動機やインセンティブが存在しなければならない。また、銀行券要因や財政要因による資金需要は、中央銀行にとって、事前に完全に正確に予測できるような性質のものではない。事前の予測と実績値との間には、結果として一定の差が生じるのが通常である。このため、実際に市場で形成される金利の水準が大きく変動して、中央銀行が調節しようとしている水準とは大きく乖離して着地するような事態もありうる。これらの点を背景に、ユーロシステムを含む多くの国の中央銀行では、最低準備（準備預金）制度が設けられている。

図表4－4　ユーロシステムの2015年の最低準備制度の積立期間

政策委員会の金融政策会合	該当する政策委員会の会合日	積立期間の開始日	積立期間の終了日
1回目	2015年1月22日	2015年1月28日	2015年3月10日
2回目	2015年3月5日	2015年3月11日	2015年4月21日
3回目	2015年4月15日	2015年4月22日	2015年6月9日
4回目	2015年6月3日	2015年6月10日	2015年7月21日
5回目	2015年7月16日	2015年7月22日	2015年9月8日
6回目	2015年9月3日	2015年9月9日	2015年10月27日
7回目	2015年10月22日	2015年10月28日	2015年12月8日
8回目	2015年12月3日	2015年12月9日	2016年1月26日

（資料） European Central Bank, "Press Release 17 July 2014――ECB serve maintenance periods in 2015" をもとに筆者作成。

ユーロシステムの場合は2004年以降現在に至るまで、毎月の月初めに開催され、金融政策運営について議論する政策委員会のインターバルにあわせた１カ月単位で、この最低準備制度を運営してきた。具体的には、最低準備の積立期間は当該政策委員会の開催後、最初に実施されるメイン・リファイナンシング・オペ（公開市場操作）の決済日からスタートし、翌月の対応する決済日の前日に終了する。民間金融機関は、この期間中の平均残高ベースで所要準備の積立てを達成しなければならないことになっている。政策委員会において金融政策運営が変更された場合には、それをふまえたうえで、民間金融機関は新たな最低準備の積立期間に入ることができるようになっている。

ちなみに2015年１月からは、政策委員会の議事録の公開が開始されることに伴い、金融政策運営に関する政策委員会の開催

月次報告信用機関の準備ベースのデータの時点	四半期次報告信用機関の準備ベースのデータの時点	積立期間の長さ（日数）
2014年11月	2014年９月	42
2015年１月	2014年12月	42
2015年２月	2014年12月	49
2015年４月	2015年３月	42
2015年５月	2015年３月	49
2015年７月	2015年６月	49
2015年８月	2015年６月	42
2015年10月	2015年９月	49

publishes indicative calender for Governing Council Meetings and re-

図表４－５　ユーロシステムの所要準備システムの仕組み

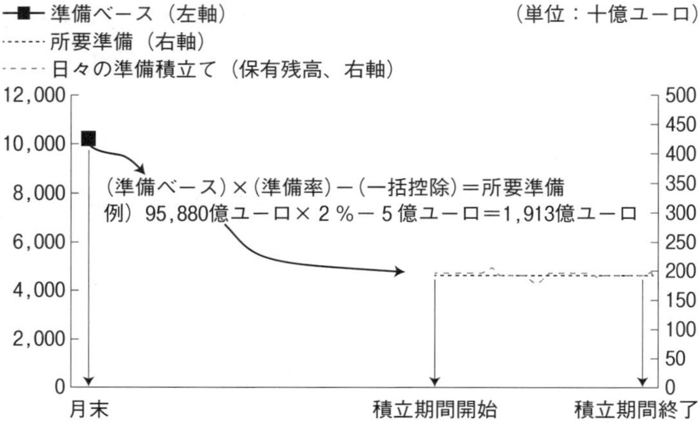

（原資料注）　本グラフの計数は、2007年８月に市場の緊張が勃発する直前の積立期間（07年７月11日～８月７日）のもの。金融市場が緊張している間は、所要準備を前倒しで積み立てたいとの欲求が働き、市場参加者の行動は変化した。

（資料）　European Central Bank〔2011①〕（p.104 Chart 4.3 The functioning of the Eurosystem's reserve requirement system）をもとに筆者作成。

が、現行の月１回（１カ月に２回開催される政策委員会のうちの最初の回が該当）から、６週間に１回に変更されることとなっており、これにあわせて、ユーロシステムの準備預金の積立サイクルも、政策委員会の開催にあわせた約６週間に変更されることが決定されている（図表４－４参照）。

民間銀行は、前月末の自行のバランス・シート上の負債の実績値に応じて定められる所要準備の積立目標を、当該積立期間中の平均残高として達成できるよう、日々、ユーロシステムの当座預金口座に準備預金を保有しなければならない（図表４－

図表４－６　準備ベースに含まれる信用機関の負債（2011年１月末時点の残高）

（単位：十億ユーロ）

①　２％の準備率が適用される負債	
預金（オーバーナイト預金、満期２年以内の預金、通知期間２年以内の通知預金を含む）	9,840.2
満期２年以内の債券（マネー・マーケット・ペーパーを含む）	651.6
小　計①′	10,491.8
②　０％の準備率が適用される負債	
預金（満期２年超の預金、通知期間２年超の通知預金）	2,780.6
満期２年超の債券	4,356.0
レポ取引（repurchase agreements）	1,395.8
小　計②′	8,532.4
準備ベース合計①′＋②′	19,024.1

（資料）　European Central Bank〔2011①〕をもとに筆者作成。

５参照)。民間銀行の負債には、所定の準備率が課されるものと、そうでないものとがある（図表４－６参照。ただしこれは2011年１月末時点のもので、当時の準備率は２％)。前月末の負債残高からこれらを計算して合計したものが「準備ベース」であり、ここから一括控除額を差し引いたものが当月の所要準備となる（前掲・図表４－５参照)。

ユーロシステムとして、この準備預金制度を設けているねらいは、①短期金融市場金利を安定させること（準備預金制度の「平準化機能｣)、および②銀行部門の構造的な流動性不足額（流動性需要）を拡大させることである（European Central Bank〔2011①〕）[9]。

上述のように日々の市場においては、突発的な事態が発生したり、中央銀行の側でも、銀行券要因や財政要因による資金過不足を事前に正確に読みきれず、結果として特定の営業日における資金不足幅が拡大したりすることがありうる[10]。そのようなケースにおいても、並行して準備預金制度が機能していれば、その日が「積立期間の最終日」でない限り、民間銀行側が当日、準備預金として積む額を当初の予定よりも減額して資金繰りに充当する、といった対応が可能となり、ひいては日々の市場金利が安定的に形成されるようになるのである。また民間銀行側に、銀行券要因と財政要因という自動的要因以外にも、準備預金制度によって恒常的な資金需要の要因を与えることに

9　なお、白川〔2008〕は、「マクロ経済学や金融論の教科書では、現在でも準備率の変更が金融政策手段として記述されることが多いが、日本も含め金融市場の発達した主要国では準備預金制度は金融政策の手段としてはもはや使われていない。準備預金制度は安定的で予測可能な当座預金需要を作り出すことによって、オーバーナイト金利の誘導を行いやすくするための枠組みとして理解されるべきである」と述べている（146ページ）。

European Central Bank〔2011①〕においても、準備預金制度を、金融政策の手段として扱うような記述はみられない。

ただし、ユーロシステム発足後、初めての事例として、発足来２％であった預金準備率は、2011年12月８日の政策委員会における決定を受け、12年１月18日に開始された積立期間から１％に引き下げられた。

10　ただし、近年のように、LSAP等による非伝統的な金融政策運営によって、短期金融市場に多額の資金が供給されるようになってからは、金融調節を実施する当局による資金需給の「読み」が市場における金利形成に影響するような局面は、あまり見受けられなくなっているようである。

図表4－7　中央銀行のバランス・シート構造

<table>
<tr><th colspan="2">中央銀行の標準的なバランス・シート</th></tr>
<tr><th>資　産</th><th>負　債</th></tr>
<tr><td>信用機関に対するリファイナンシング
限界貸付ファシリティ
対外純資産</td><td>信用機関が保有する当座勘定（準備預金）
預金ファシリティ
流通銀行券
政府預金
その他要因（ネット）</td></tr>
<tr><td colspan="2">これを再構成すれば：
金融政策運営を通じての流動性供給
（信用機関に対するリファイナンシング）＋（限界貸付ファシリティ）－（預金ファシリティ）
‖
自動的要因
流通銀行券＋政府預金－対外純資産＋その他要因（ネット）
＋
準備預金
信用機関の当座勘定保有</td></tr>
</table>

（資料）　European Central Bank〔2011①〕をもとに筆者作成。

よって、ユーロシステムが機動的に実施する資金供給オペレーションに対して、常に応じる動機やインセンティブを与えているのである（図表4－7参照）。

(3)　公開市場操作と常設ファシリティ

ユーロシステムは実際に、どのような手段を用いて、短期金融市場に資金を供給しているのかをみてみよう。その手段は大別して、中央銀行（ユーロシステム）側の起動による「公開市場操作（Open Market Operations）」と、民間銀行側の起動による「常設ファシリティ」とが存在する（図表4－8参照）。

図表4－8　ユーロシステムの金融政策オペレーション

オペレーションの名称	取引のタイプ		満　期	頻　度
	流動性供給	流動性吸収		
〈公開市場操作〉				
①メイン・リファイナンシング・オペ	現先（買戻し条件付き）取引	—	1週間（注）	週次
②長期リファイナンシング・オペ	現先（買戻し条件付き）取引	—	3カ月	月次
③微調整オペ	現先（買戻し条件付き）取引 外国為替スワップ	現先（売戻し条件付き）取引 固定満期預金の受入れ 外国為替スワップ	非標準化	不定期
④構造オペ	現先（買戻し条件付き）取引 買切り	ECB債務証書の発行 売切り	標準化／非標準化	定期および不定期 不定期
〈常設ファシリティ〉				
⑤限界貸付ファシリティ	現先（買戻し条件付き）取引	—	オーバーナイト	アクセスは取引先の裁量による
⑤預金ファシリティ	—	預金	オーバーナイト	アクセスは取引先の裁量による

（注）　2004年3月10日以降、1週間満期に。それ以前は2週間満期。
（資料）　European Central Bank〔2011①〕をもとに筆者作成。

このうち、公開市場操作は、その目的や頻度等によって、図表4－8に示す4種類に分けられる。

① メイン・リファイナンシング・オペ（MRO）

メイン・リファイナンシング・オペ（MRO：Main refinancing operation）は従来、ユーロシステムによるオペのなかで最も重要なもの、規模的にも主力のオペとして実施されてきたものである。このオペの金利は、政策金利のなかでも最も重要な市場金利の誘導目安となっているほか、市場の流動性を調整する主力の手段として用いられてきた。週に1度の頻度で実施され、取引は現先（買戻し条件付き）取引の形態がとられる。満期は、ユーロシステム発足当初は2週間であったが、2004年3月以降は1週間満期に変更されている。

入札は、固定金利方式もしくは変動金利入札方式で行われる。前者の場合、金利は政策委員会によって事前に設定される。後者の場合、政策委員会は最低入札金利を設定することを通じて、金融政策スタンスのシグナルを市場に発信する。両方式ともに、供給する流動性の額はユーロシステムが設定する。固定金利入札の場合は、通常、入札された総額と、ユーロシステムが設定した供給額との比率で、個々の入札金融機関に落札額を比例配分する。変動金利方式での入札の場合は、ユーロシステム側にとって最も有利となるように、金利水準の高い順に落札が決定される。入札側は、異なる金利水準で複数の入札を行うこともできる。なお、リーマン・ショック直後の2008年10月15日決済分以降、メイン・リファイナンシング・オペは、危機対応の一環として、「固定金利・全額割当て（＝無制限供給）」

方式で実施されている（第5章、第6章で後述）。

② 長期リファイナンシング・オペ（LTRO）

長期リファイナンシング・オペ（LTRO：Longer- term refinancing operations）は従来、月に1度、満期3カ月を基本に実施されてきたものである。民間銀行部門が毎週、流動性をロールオーバー（繰り返して調達）しなくてもすむよう、より長期の流動性を供給することを目的に実施されてきた。なお、市場金利水準の誘導目安の役割は、メイン・リファイナンシング・オペの金利に担わせることとしているため、その役割が不透明なものとならないよう、この長期リファイナンシング・オペは元来、変動金利方式で入札が行われてきた。取引の形態はメイン・リファイナンシング・オペと同様、現先（買戻し条件付き）取引方式で行われている。

なお、2008年のリーマン・ショック以降は、危機対応として、この長期リファイナンシング・オペについて、12カ月満期で実施されるようになった。加えて、欧州債務危機において緊張が高まった11年12月と12年2月には、3年満期・全額割当て（無制限供給）方式での長期リファイナンシング・オペが実施された。金利は、メイン・リファイナンシング・オペ金利に一定のスプレッドを上乗せする変動金利方式である。

さらに、最近では2014年6月、ユーロ圏経済における低インフレ状態の長期化を回避することを企図して、対象を、住宅ローンを除く家計・民間企業向け貸出のリファイナンス目的に限ったうえで、18年9月までの4年満期・全額割当方式で実施する「ターゲット長期リファイナンシング・オペ（TLTROs：

Targeted longer-term refinancing operations)」も導入されるに至っている（第6章で後述）。

このように、危機対応目的等での異例の形態の長期リファイナンシング・オペが実施されていることから、ユーロシステムの近年のオペ等の手段別での資金供給残高の推移をみると（図表4－9参照）、危機発生前の2007年時点においては、メイン・リファイナンシング・オペの残高が大宗を占めていたものの、08年以降は長期リファイナンシング・オペによる残高がこれを上回り、近年では資金供給の大部分を担うかたちとなっていることに注意する必要がある。

③　微調整オペ（FTO）

微調整オペ（FTO：Fine-tuning operations）は、ユーロシステムが金融市場のその時々の流動性を状況に応じて調節し、市場金利を誘導するために、必要に応じて、つど、実施するオペである。流動性の供給と吸収の双方向のオペがありうる。頻度や満期はあらかじめ定められてはおらず、オペの取引形態も現先（買戻しもしくは売戻し条件付き）取引や外国為替スワップ、定期預金の受入れ等がある。このオペに参加する民間金融機関の数は、メイン・リファイナンシング・オペや長期リファイナンシング・オペよりはかなり限られている。

④　構造オペ

このほか、構造オペ（Structural operations）によって、ユーロシステムは、民間銀行部門との間の構造的な流動性ポジションを調整することができる。流動性供給と吸収の双方向のオペがありうるほか、取引の形態としては、現先（買戻し条件付き

図表4－9　ユーロシステムの主な資金供給手段による供給残高の

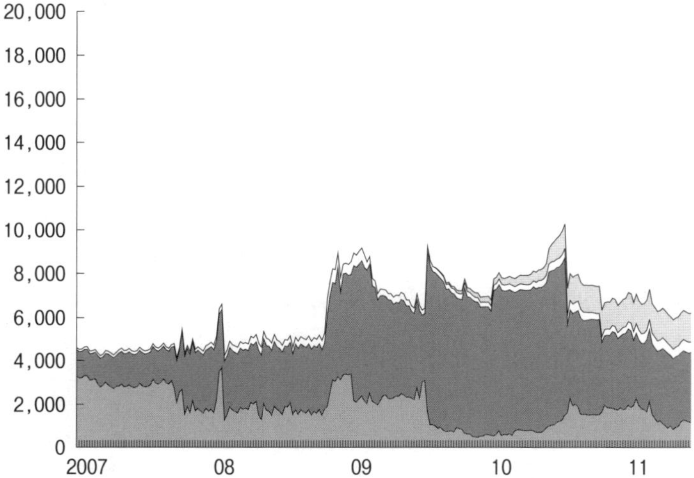

（資料）　ECB, *Monthly Bulletin*, 各号の計数をもとに筆者作成。

もしくは売戻し条件付き）取引、アウトライト（買切りもしくは売切り）取引のほか、ユーロシステムによる債務証書の発行（＝売出手形）などがありうる。

⑤　限界貸付ファシリティと預金ファシリティ

ユーロシステムには、自らが起動するこれらの公開市場操作のほか、民間銀行側の起動による「常設ファシリティ」が設けられている。ユーロシステムの側からみれば流動性の供給に相当する「限界貸付ファシリティ（MLF：Marginal lending facility）」、および流動性の吸収に相当する「預金ファシリティ（DF：Deposit facility）」がある。

満期はいずれもオーバーナイトで、前者は現先（買戻し条件

推移

（単位：億ユーロ）

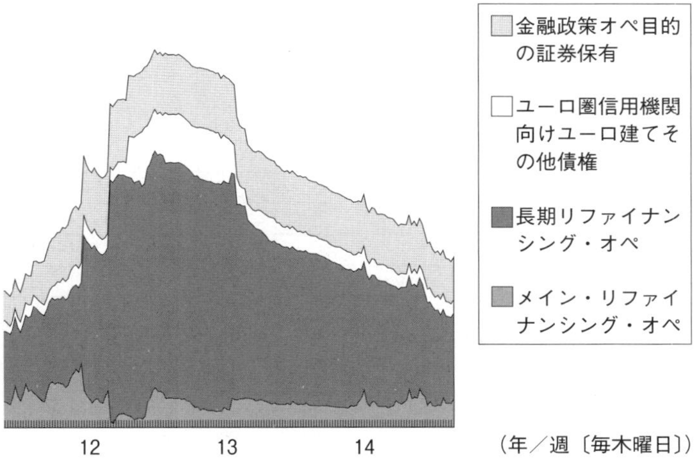

付き）取引方式で、後者は預金方式で行われる。両者とも、市場金利よりは不利なレートが適用されるため、通常、利用されることはあまりないが、準備預金の積立期間の最終日には、その利用がふくらむことがある。この両者に適用される金利はいずれもユーロシステムの政策金利の１つであり、「限界貸付ファシリティ金利」「預金ファシリティ金利」として、市場金利の上限・下限をそれぞれ画している。

なお、図表４－10は、本節においてみてきた資金需給の主な要因や、公開市場操作、常設ファシリティの各手段によって、2009～12年半ばの時期にかけて、ユーロシステムのバランス・シートがどのように変化してきたのかを示したものである。

図表4－10　金融政策オペレーションを通じてのユーロシステムの
（2009年第1四半期～12年第2四半期。期末値）

		2009			
		Q 1	Q 2	Q 3	Q 4
資　産					
外貨オペレーション					
	米ドル・オペ	125	41	26	3
	デンマーククローネ・スワップ	2	2	0	0
	スウェーデンクローネ・スワップ	0	3	0	0
自動的流動性要因					
	ネット外貨建て資産	405	392	395	426
	ユーロ圏内資産	329	338	341	336
金融政策手段					
	カバード・ボンド購入プログラム	0	0	16	29
	証券市場プログラム	0	0	0	0
	メイン・リファイナンシング・オペ	238	106	67	79
	長期リファイナンシング・オペ	431	729	667	669
	微調整オペ	0	0	0	0
	限界貸付ファシリティ	1	0	0	1
合　計		1,531	1,611	1,513	1,544
負　債					
外貨オペレーション					
	連邦準備	125	41	26	3
	スイス国立銀行	40	24	8	9
自動的流動性要因					
	銀行券	753	769	771	807
	政府預金	147	153	145	126
	その他（ネット）	198	139	193	204
金融政策手段					
	当座預金	190	168	218	233
	資金吸収微調整オペ	0	0	0	0
	預金ファシリティ	79	316	151	151
合　計		1,531	1,611	1,513	1,544

（資料）　Fabian Eser et al.〔2012〕をもとに筆者作成。

バランス・シートの変化例

（単位：十億ユーロ）

2010				2011				2012	
Q 1	Q 2	Q 3	Q 4	Q 1	Q 2	Q 3	Q 4	Q 1	Q 2
0	1	0	0	0	0	0	62	24	22
0	0	0	0	0	0	0	0	0	0
0	0	0	0	0	0	0	0	0	0
458	542	511	548	528	540	610	633	636	655
337	332	342	358	368	385	372	378	379	351
44	61	61	61	61	60	59	62	66	70
0	59	63	74	77	74	163	213	214	211
78	163	166	196	100	141	199	131	63	180
662	406	317	298	323	313	379	704	1,091	1,080
0	111	29	0	0	0	0	0	0	0
0	0	2	0	1	1	3	1	1	1
1,579	1,675	1,491	1,535	1,458	1,514	1,785	2,184	2,474	2,570
0	1	0	0	1	0	0	62	24	22
0	0	0	0	0	0	0	0	0	0
802	816	815	835	826	849	860	884	881	894
118	116	98	82	65	72	54	80	146	146
237	318	277	286	257	278	300	326	338	408
179	160	190	177	206	216	154	156	86	117
0	32	62	74	77	74	161	212	214	117
243	232	49	81	26	25	256	464	785	773
1,579	1,675	1,491	1,535	1,458	1,514	1,785	2,184	2,474	2,570

第Ⅱ部

「危機」と欧州中央銀行
——欧州債務危機にいかに対処し、いかなる金融政策運営を講じているのか

第5章

世界的な金融危機・欧州債務危機と欧州中央銀行

2007年夏前からアメリカで顕在化したサブプライム危機、そしてそれを背景に発生した08年９月のリーマン・ショックを引き金とする世界的な金融危機以降、先進各国の中央銀行は、欧州中央銀行に限らず、金融政策運営の大きな転換を迫られることになった。主要中央銀行の多くにおいて、政策金利を再三にわたり引き下げた結果、その水準がゼロ％近傍に達してしまい、これ以上の引下げ余地がなくなるなかで、いわゆる「非伝統的な手段（non-conventional measures）」による政策運営に踏み出さざるをえなくなったのである。

欧州の場合は、この世界的な金融危機に追い打ちをかけるかたちで、2009年秋以降、一部の加盟国の国債が市場で集中的な売りにさらされるソブリン債務危機（以下、「欧州債務危機」）が発生した。これが長期化するなかで、負の相乗効果から銀行危機にも陥りかねない状況となり、市場の緊張の度合いは11年秋～12年にかけて最も高まることになった。そうしたなか、欧州中央銀行も危機の収束のために、従来にはなかった「非標準的な手段（non-standard measures）」[1]を次々と打ち出して金融政策運営を行った。

第Ⅱ部においては、欧州中央銀行の金融危機以降のこのような政策運営を扱う。同行の「非標準的な手段」は、さまざまなかたちで組み合わされ、欧州債務危機が小康状態となった後も

1　国内外の報道や、他の主要国中央銀行においては、金融危機以降の金融政策運営を、「非伝統的な手段（non-conventional measures）」によるものと表現されることも多いが、本書においては、欧州中央銀行の政策運営に関する部分については、同行自らの表現に即し、「非標準的な手段（non-standard measures）」と表記することとする。

今日に至るまで、全体としては明確な切れ目はないかたちで政策運営が行われてきている。ここではまず第5章において、2008年の金融危機以降、12年頃までの欧州債務危機への対応について時系列的に述べる。第6章においては、経済の低インフレ化への対応として14年6月以降に実施されている政策運営、および欧州中央銀行の「非標準的な手段」に関する考え方や政策運営について述べたうえで、他の主要先進国の中央銀行との比較でみた特徴について検討することとする。

1 危機の流れと主要な出来事――概観

欧州債務危機の大まかな流れを、金融の側面に軸足を置きつつ振り返ってみよう（図表5－1参照）。危機の端緒は、世界的な金融危機の緊張のピークを乗り越えつつあった2009年11月、10月の総選挙で政権交代となり発足したギリシャのゲオルギオス・パパンドレウ新政権が、同年財政収支の名目GDP比が▲12.5％に達したと公表し、これは前政権時の計数である▲3.7％を急激に下方改訂するものであったことから、同国の指標への信頼性は完全に揺らぎ、財政運営に対する懸念が強まったことにある。

その後、2010年2月には、独誌Der Spiegelや米紙New York Times、英紙Financial Timesといった欧米の有力メディアによって、ギリシャが他国に2年遅れて01年にユーロ圏入りを果たした際の財政指標粉飾疑惑が報じられたこともあり[2]、ギリシャの財政運営に対する市場の懸念は、その後さらに増幅

図表５－１　金融危機・欧州債務危機の主な経過と欧州中央銀行の政策運営

年	月	金融危機関係	ギリシャ関係	アイルランド関係	ポルトガル関係	スペイン関係	キプロス関係	EU、IMF等による政策対応	欧州中央銀行の政策運営	
									標準的手段（政策金利（注））	非標準的手段
2007	6	ベア・スターンズ傘下のヘッジ・ファンドの経営危機								
	8	独IKB産業銀行経営危機 BNPパリバ傘下の3ファンドを凍結								インターバンク市場の緊張に対処するため、流動性を供給
2008	3	ベア・スターンズ経営危機、JPモルガン・チェースが買収し救済								通常より長い年限のリファイナンシング・オペ（6カ月物LTRO）をオファー
	7	米GSEs（政府支援機関）のファニーメイとフレディマックの経営危機							+25bps	

	9	リーマン・ブラザーズ破綻 米GSEs、連邦政府管理下に								
	10	各国による銀行救済策発動							▲50bps	固定金利・全額割当方式のリファイナンシング・オペ（無制限に流動性を供給）を開始
	11								▲50bps	
	12								▲75bps	
2009	1								▲50bps	
	3								▲50bps	
	4								▲25bps	
	5								▲25bps	
	6									カバード・ボンド買入れプログラム（CBPP）を導入
	11		10月の総選挙で発足のギリシャ新政権、09年の財政収支赤字幅はGDP比12％超と公表（前政権時より＋9％弱上振れ）							

年	月	金融危機関係	ギリシャ関係	アイルランド関係	ポルトガル関係	スペイン関係	キプロス関係	EU、IMF等による政策対応	欧州中央銀行の政策運営 標準的手段（政策金利（注））	欧州中央銀行の政策運営 非標準的手段
2010	4		支援要請							
	5		EU、IMFが第1次支援策（3カ年総額1,100億ユーロ）を決定					ユーロ圏加盟国およびIMFによるギリシャ向け第1次支援融資の実行開始（～2011／12まで6回）		証券市場プログラム（SMP）を導入
	6							EFSF創設		
	7							EBA、EU各国の銀行に対する第1回ストレス・テスト公表		
	11			支援要請						
	12			EU、IMFが支援策（3カ年総額850億ユーロ）を決定						
2011	1							EFSM、EFSF、IMFほかによるアイルランド支援融資実行開始		

4				支援メカニズム実行を要請				+25bps	
5				EU、IMFが支援策（3カ年総額780億ユーロ）を決定					
6		再度の支援要請 独仏両国が、PSI（民間部門の自発的な支援）の必要性に関して合意					EFSM、EFSF、IMFによるポルトガル支援融資実行開始 EFSFの貸付能力拡張		
7		EU、IMFによる第2次支援策（総額1,090億ユーロ）を決定 ユーロ圏財務相会合、PSIをギリシャ向けのさらなる支援の条件と位置づけ					EBA、EU各国の銀行に対する第2回ストレス・テスト公表 ユーロ圏首脳会合において、EFSF/ESMの機能拡充・強化を決定	+25bps	
8									SMPの対象をスペイン、イタリアにも拡張し、再開

年	月	金融危機関係	ギリシャ関係	アイルランド関係	ポルトガル関係	スペイン関係	キプロス関係	EU、IMF等による政策対応	欧州中央銀行の政策運営	
									標準的手段（政策金利（注））	非標準的手段
2011	10		ユーロ圏首脳会議において、ギリシャの債務の50%カットを決定					ユーロ圏首脳会議において、①ギリシャの債務の50%カット、②EFSFのリソース拡張、③銀行の資本強化実施、を主な内容とする包括パッケージを決定		
	11								▲25bps	
	12							イギリスを除くEU26カ国、新たな「財政協定（Fiscal Compact）」締結で合意。構造的財政収支を制限	▲25bps	3年物LTROを実施（2011／12、2012／2の2回）
2012	3		債務調整（PSI）に関し合意。国債元本の約54%をカット【1回目のデフォルト】					EFSF、IMFによるギリシャ向け第2次支援融資の実行開始（～2013／12まで4回）		

	4		PSIに応じない債権者に集団行動条項を発動し、PSIと同幅で債務を強制的にカット【1回目のデフォルト】							
	5		総選挙実施、決着つかず							
	6		総選挙再投票実施。ギリシャ国民はユーロ圏残留を選択					ユーロ圏とIMF、ギリシャ向け第2次支援融資の実行を中断。新政権と再交渉		(ギリシャのユーロ離脱の場合に備え、他の主要中銀と協力して緊急流動性供給を準備〔再投票結果を受け、実際には発動せず〕)
	7							ユーロ圏各国、スペインの銀行部門向けに最大1,000億ユーロ規模で支援することを決定	▲25bps	ドラギ総裁、ロンドンでの講演で「ユーロを守るためにやれることは何でもする」と発言

年	月	金融危機関係	ギリシャ関係	アイルランド関係	ポルトガル関係	スペイン関係	キプロス関係	EU、IMF等による政策対応	欧州中央銀行の政策運営	
									標準的手段（政策金利（注））	非標準的手段
2012	9									短・中期国債無制限買入れプログラム（OMT）導入を公表。ただし、以降、利用実績はなし
	10							ESM発足		
	11							ユーロ圏とIMF、ギリシャ向け第2次支援融資再開で合意		
	12		3月に交換発行した新国債を時価（額面の約34%）で買戻し【2回目のデフォルト】			銀行部門向け支援を要請		ESM、スペインの銀行向け395億ユーロの支援を、ESM債供与のかたちで実施 ユーロ圏、ギリシャ向け第2次支援融資再開を正式決定		
2013	1							IMF、ギリシャ向け第2次支援融資再開を正式決定		

	3						支援要請 預金封鎖、資本移動規制発動			
	5							ESM、IMFがキプロス向け支援融資実行開始	▲25bps	
	11								▲25bps	
	12			支援から脱却						
2014	1					支援から脱却				
	5				支援から脱却					
	6								▲10bps 預金ファシリティ金利にマイナス金利（▲0.10%）を導入	TLTROs導入を発表。満期は2018年9月まで SMPの不胎化オペを停止
	9								▲10bps （預金ファシリティ金利は▲0.20%）	

（注） 政策金利の変更は、メイン・リファイナンス・オペ金利で表記。

（資料） Gonzalo Camba-Méndez and Dobromil Serwa, "Market Perception of Sovereign Credit Risk an the Euro Area during the Financial Crisis", *Working Paper Series No. 1710*, August 2014, European Central Bankに基づき、European Commission資料、European Council資料、IMF資料、各種報道等を参考に、筆者作成。

されることとなった。

自力での財政運営の継続が困難となった国を時系列でみると、2010年4月にギリシャ、同11月にアイルランド、11年4月にポルトガル、同6月には再度ギリシャが、そして13年3月にはキプロスの4カ国（危機の回数としては延べ5回）が、市場金利上昇等の結果、国債の円滑な発行による財政運営の継続が困難となり、EU等に対して支援要請をせざるをえない事態に追い込まれた[3]。そして実際に、ユーロ圏やEU、IMF等から支援を受ける事態となった。その際の枠組みは、ギリシャの最初の財政危機を契機に10年5月に策定された金融安定パッケージによって、基本的な形がつくられた（図表5－2、図表5－3参照）。

このうち、どの国をどの主体が支援したのかは支援対象国によって異なっている（図表5－4参照）。ギリシャおよびキプロスは、ユーロ圏とIMFが支援した。これに対してアイルランドとポルトガルの場合は、ユーロ圏とIMFに加え、これらと

2　2010年2月8日付の独誌Der Spiegelや、同2月14日付以降の米紙New York Times、同2月15日付以降の英紙Financial Timesは、01年当時、ギリシャ政府が資産証券化により政府債務をオフバランス化し、政府債務残高を実際よりも少なくみせかけようとする、いわば指標の「粉飾」「会計操作」が行われていたと報じた。これには、アメリカの投資銀行であるゴールドマン・サックスが01年にギリシャ政府に対して提案し実行した「クロス通貨スワップ」という複雑な取引が含まれ、ベン・バーナンキFRB議長（当時）は10年2月25日の上院向け議会証言のなかで、調査に乗り出したことを明らかにしている。このほか、欧州委員会も調査を行い、ギリシャ政府に回答を求めたが、その結果はいずれも明らかにされていない模様である。

3　正確には、ギリシャはEUとIMFに対して、アイルランドとポルトガルはEUに対して、キプロスはユーロ圏に対して支援要請を行った。

図表５－２　2010年５月の金融安定パッケージの内容

総額7,500億ユーロの金融安定パッケージ
支援の形態：融資

欧州金融安定メカニズム（European Financial Stabilisation Mechanism：EFSM）	欧州金融安定ファシリティ（European Financial Stability Facility：EFSF）	IMF
規模：600億ユーロ 対象：EU全加盟国（27カ国）	規模：4,400億ユーロ（ユーロ圏加盟国が保証） 対象：ユーロ圏加盟国	規模：最大2,500億ユーロ EFSFとEFSMによる拠出額の半分まで

（注）　EFSFの機能は、2012年10月に恒久的な機関として設立されたESM（European Stability Mechanism：欧州安定メカニズム）に継承された。
（資料）　EFSF『欧州金融安定ファシリティー』2011年12月

は別のかたちでEUも支援に加わった。さらにアイルランドに関しては、イギリス、デンマーク、スウェーデンの３カ国もそれぞれバイラテラルなかたちで支援を行っている。

　このほか、スペインは銀行部門の立直しのために、2013年３月、ユーロ圏から支援を受けた。実際に支援を行った主体は、ユーロ圏の場合は欧州金融安定ファシリティ（EFSF：European Financial Stability Facility）、12年秋以降はEFSFの恒久的な後継組織として設立された欧州安定メカニズム（ESM：European Stability Mechanism）である。EUの場合は欧州金融安定メカニズム（EFSM：European Financial Stabilisation Mechanism）である。

　ちなみに、これらの国々が財政危機に陥った契機はそれぞれ

図表5－3　EFSFおよびESMの概要

①　EFSF（European Financial Stability Facility）

設立	2010年6月7日（2011年に機能拡張・強化）
構成	ルクセンブルク法のもとで設立された会社
株主	ユーロ圏加盟国
保証コミットメント	7,800億ユーロ
機能	財政上の困難に見舞われた国に対する融資の実施 負債の発行・流通市場への介入 　流通市場への介入は、金融市場が異例の状況にあり、金融の安定にリスクがあると認められるとのECBの分析に基づいてのみ実施することが可能 予防的なプログラムに基づいて活動 各国政府に対する融資の実施を通じて、金融機関の資本増強をファイナンス
設置期限	3年間。2013年6月までとするが、融資が実行された場合は、その満期到来まで

②　ESM（European Stability Mechanism）

設立	2012年10月8日
構成	政府間機関
株主	ユーロ圏加盟国
総資本	7,019億ユーロ 　うち802億ユーロが払込資本、6,217億ユーロはコーラブル資本
機能	マクロ経済調整プログラムの枠組みの一環として、ユーロ圏加盟国への融資の実施 負債の発行・流通市場への介入 クレジットラインの設定を通じて、予防的な金融支

	援を提供 各国政府に対する融資の実施を通じて、金融機関の資本増強をファイナンス ユーロ圏内での単一監督メカニズムの稼働後は、ESMは金融機関に直接、資本注入できる権限を与えられる見通し

（資料） EFSF、ESM資料をもとに筆者作成。

異なる。ギリシャについては2009年10月の総選挙による政権交代直後に放漫な財政運営が明るみに出たこと、アイルランドはリーマン・ショックを契機とする不動産バブルの崩壊で銀行危機に至り、問題行への資本注入等のコストがかさんで財政収支が短期間で急激に悪化したこと、ポルトガルは元来、経済基盤が弱かったところへ、リーマン・ショックやギリシャ危機の影響で、経済情勢が一段と悪化したことである。キプロスはかねてよりギリシャとの経済的なつながりが強かったところ、そのギリシャの財政運営が後述のように12年中に二度にわたり破綻したため、多額のギリシャ国債を保有していた銀行部門が危機に陥り、それを同国財政としても支えきれなくなったことから危機に陥った。

このうちギリシャは、ユーロ圏およびIMFからの支援融資を二度にわたり受けることになった。ユーロ圏内でこのように二度にわたり支援を受けたのは、これまでのところギリシャが唯一の事例となっている。第１次支援融資は2010年５月に開始され、11年12月までの間、６回に分割して実施された。第２次支援融資は12年３月に開始され、13年12月までの間、４回に分

図表５－４　財政危機国に対する支援の主体と拠出金額の内訳

国名	融資実行開始時点			融資期間（年）	融資総額	ユーロ圏		
	年	月					EFSF	ESM
ギリシャ	2010	5	（第１次）		730	529		
	2012	3	（第２次）		1,419		1,336	
			（小計）		2,149	1,865		
アイルランド【2013／12支援から脱却】	2011	1		平均7.5	850		177	
ポルトガル【2014／５支援から脱却】	2011	6		平均7.5	780		260	
キプロス	2013	4		3	100			90

（資料） European Commission Directorate-General for Economic and
cial Stability Facility & European Stability Mechanism, August

割して実施された[4]。そのような支援を受けたにもかかわらず、なおギリシャは12年中に二度にわたり、事実上のデフォルト（債務不履行）に陥った。これらは、第２次世界大戦後の先進国としては初のデフォルト事例であった[5]。

このような紆余曲折を経た後、債務危機は小康状態に入り現在に至っているものの、一方でユーロ圏経済の低インフレ傾向の長期化、デフレ化への懸念が強まりつつある。欧州中央銀行はこの新たな課題に対応するためのさらなる政策運営に迫られ

4　うち、EFSF（ユーロ圏）による支援は、各回ともさらに２～７回のトランシェに細分割して、ギリシャ側の改革の実行・進展状況を確認しながら実施された。

5　なお、その後の2013年７月にはキプロスが、債権者側の自発的な協力を得るかたちで、既発国債をより償還期間が長い新発債に交換する形態で、事実上のデフォルトに陥っている。

（単位：億ユーロ）

EU EFSM	IMF	2国間			備考
		イギリス	デンマーク	スウェーデン	
	201	－	－	－	
	83.3	－	－	－	
	284	－	－	－	
225	225	38	4	6	アイルランド自身が175億ユーロを拠出
260	260	－	－	－	
	10	－	－	－	

Financial Affairs, *Occasional Papers* 各号、EFSF ESM, *European Finan-*
2014をもとに筆者作成。

ている。

以下では、この過程をもう少し詳しく、順を追ってみてみよう。

2 第1フェーズ：グローバルな金融危機——2007年8月のサブプライム危機および2008年9月のリーマン・ショック以降

2008年9月のリーマン・ショックに1年以上先立つ07年夏の時点で、欧州の金融市場にもすでに危機の萌芽が観察されていた。BNPパリバが傘下の3ファンドを凍結した直後の07年8月9日（いわゆる「BNPパリバショック」）、ユーロシステムは初日に無制限での流動性、結果的には950億ユーロを供給した。欧州の市場参加者には、この頃から取引相手（カウンターパーティ）の信用力に対する疑念が生じ始めており、欧州中央銀行は、通常は３カ月物で実施している長期リファイナンシング・オペ（LTRO）を、６カ月物の設定で補完的に実施した。

2007年最後のメイン・リファイナンシング・オペにおいては、年末越えの資金を十分に供給するために、その前回のオペのマージナルレートを上回るすべての入札に対してその全額をオペで供給した。また短期の、主としてドル資金の調達市場で緊張が高まっていたため、他の中央銀行（アメリカの連邦準備制度等）と一時的なスワップラインが締結され、ドル資金の供給オペレーションが実施された。

2008年９月15日のリーマン・ブラザーズの破綻後は、世界的にも主要行の間で財務面での健全性に関する相互不信が広がり、多くの金融市場の機能は崩壊状態となった。銀行は巨額の手元流動性をバッファーとして確保しようと奔走し、資産売却等によってバランス・シート上のリスクを低減させ、融資条件を厳格化するといった動きを強め、金融システムは事実上のクレジットクランチ状態に陥り、各中央銀行にとっても短期金融市場をコントロールし続けられるかどうかの瀬戸際となった。

欧州中央銀行も他の主要国中央銀行と同様、危機以降、立て続けに政策金利の引下げを行い（図表５－５参照）、2009年５月までのわずか７カ月間で、累計325bp（ベーシスポイント）もの引下げを実施した。この時点でメイン・リファイナンシング・オペ金利の水準は１％と、ユーロ圏各国において、ユーロ導入前も含めた過去数十年間で経験したことのない低水準にまで引下げが行われた。

図表5－5　欧州中央銀行の政策金利の推移

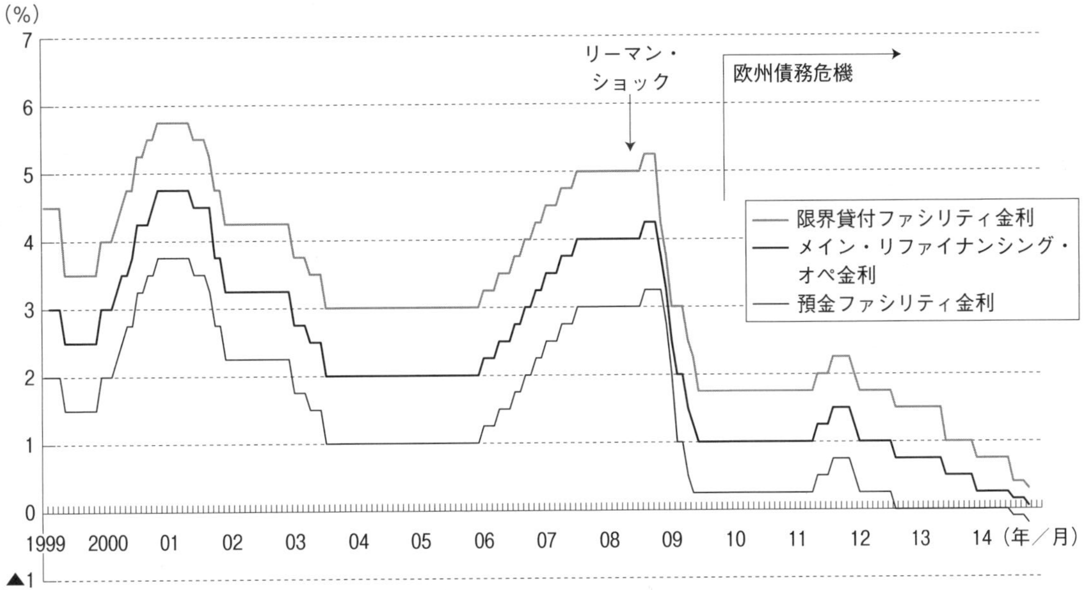

（原資料）　European Central Bank.
（資料）　Datastreamをもとに筆者作成。

加えて欧州中央銀行は、このような政策金利の引下げで可能な部分を超えて、さらに金融市況を改善し、資金の流れを支援するため、次に述べるような「非標準的な手段」を導入した。これらはいずれも、銀行が金融仲介機能の主力を担っている欧州にあわせて設計されたものであり、銀行の資金調達と流動性確保を支援することを目的としていた。

① リファイナンシング・オペの固定金利・全額割当方式（fixed-rate full allotment）でのオファー

ユーロシステムによる金融調節の主な手段であるリファイナンシング・オペは、通常時には、ユーロシステム側が供給金額をあらかじめ設定し、金利入札方式で実施されていたが、これを危機の間はすべて固定金利でオファーし、応札のあった全額を割り当てる方式で実施されることとなった。要するに、資金供給を受ける金融機関の側からすれば、適格な担保を差し入れることができる金額の範囲内ではあるが、ユーロシステムから無制限の資金供給を受けることが可能となった。

② 流動性供給年限の延長

長期リファイナンシング・オペは従来、最長で３カ月の満期で実施されていたが、一時的な措置として2009年６月の時点で最長12カ月に延長された。これは、ユーロ圏の短期金融市場における金利上昇を抑制し、とりわけターム物金利の安定に効果を発揮した。

③ 適格担保基準の緩和

リファイナンシング・オペを固定金利・全額割当方式で実施するのに際し、実際に各金融機関がバランス・シート上必要な資金調達をユーロシステムのオペによる資金供給で充足することができるようにするためには、その見合いとなる十分な担保が必要となる。このため、適格担保基準が段階的に緩和された（図表５－６参照）が、この時期のその最たる担保政策の変更点は、リーマン・ショックの翌月の2008年10月に実施された、市場性資産・非市場性資産共通の格付最低ラインを「Ａ－」から「BBB－」に引き下げたことであった。それ以外にも、従来の基準より流動性の劣る資産にまで適格担保の対象を拡大するテクニカルな政策変更が多く実施された。

④　通貨スワップ協定の締結

金融危機が現実のものとなった時点で、ユーロ圏内の銀行は自らのバランス・シート上、もしくはオフバランスのかたちで、多額の米ドル建て資産（不動産やサブプライム関係の資産）を有していた。危機局面への突入後、とりわけ米ドルの短期金融市場で緊張が高まったことはこれら各行の死活問題ともなりかねず、欧州中央銀行は、アメリカの連邦準備制度をはじめとする主要国の中央銀行と通貨スワップ協定を締結し（図表５－７参照）、外貨建て資金の供給を実施した。

⑤　カバード・ボンド買入れプログラム

ユーロシステムはこのほか、2009年６月～10年６月の間、総額600億ユーロの規模で、カバード・ボンド（Covered Bonds：担保付債券の意味）の買入れを行った（CBPP：Covered Bonds Purchase Programme）。

カバード・ボンドは、金融危機で市場がほぼ壊滅状態となったABS（assets-backed securities：資産担保証券）とは似て非な

図表5－6　ECBの適格担保基準の主な変更状況

年	月日	主な基準の変更状況
2008年	10月22日	市場性資産および非市場性資産の格付最低ラインを「A－」から「BBB－」に引下げ。ただし、ABSはこの例外で「A－」を維持
	11月14日	一定の要件を満たす外貨建ての市場性債券（EEA内で設立された主体がユーロ圏内で発行する債券）を適格担保として容認。ただし、「特別リスク管理」を適用
2010年	5月3日	ギリシャの市場性国債および政府保証債務について適格担保基準の適用を停止
2011年	3月31日	アイルランドの市場性国債および政府保証債務について適格担保基準の適用を停止
	7月7日	ポルトガルの市場性国債および政府保証債務について適格担保基準の適用を停止
2012年	2月9日	一時的な措置として、一部の加盟国に限り「追加信用債権」という適格担保の新カテゴリーを容認
	2月28日	ギリシャの市場性国債および政府保証債務の担保適格性を一時的に停止。「緊急流動性支援（ELA）」で流動性を供給
	3月8日	ギリシャの市場性国債および政府保証債務の担保適格性を認め、バイバック・スキームを稼働
	3月21日	一定の要件を満たす政府保証付銀行債を、適格担保として容認

	7月20日	7月25日のバイバック・スキームの期落ちに伴い、ギリシャの市場性国債および政府保証債務の担保適格性を一時的に停止。トロイカ調査団の結論をもとに、適格性を再検討。流動性は、ギリシャ中銀から、「緊急流動性支援（ELA）」で供給
	9月6日	ユーロシステムの流動性供給オペへの取引先のアクセスを確保するため、短・中期国債の買切りオペ（Outright Monetary Transactions）新プログラムの適格対象国に限り、オペ全般に係る適格担保基準の最低格付ラインを一時的に停止。ただし、ギリシャ国債については、上記7月20日付の決定を引き続き有効とする
	12月19日	ギリシャの市場性国債および政府保証債務の担保適格性を容認
2013年	5月9日	キプロスの市場性国債および政府保証債務について適格担保基準の運用を停止
	6月28日	キプロスの市場性国債および政府保証債務の担保適格性を一時的に停止。キプロス向けには2013年3月25日に容認した「緊急流動性支援（ELA）」で流動性を供給
	7月5日	キプロスの市場性国債および政府保証債務の担保適格性を容認

（注） 本表に記載したもの以外にも、適格担保の基準やリスク管理方策の変更に関し、より細かい政策変更が数多く打ち出されている。
（資料） European Central Bank, "The Eurosystem Collateral Framework throughout the Crisis", *Monthly Bulletin*, July 2013に基づき、European Central Bank, press release各号を参考に筆者作成。

図表5－7　欧州中央銀行による、他の中央銀行との流動性供給（外貨スワップ）協定の締結と、オペレーションの実施状況（2007年以降）

（金額の単位は10億各通貨）

年	月日	内　容	最大金額
2007年	12月12日	ECB、連邦準備とスワップ協定を締結	US$20
	12月17日	ECB、28日物の米ドル・レポオペを固定金利方式で開始	
	12月20日	ECB、リクスバンク（スウェーデン）とスワップ協定を締結	EUR 10
2008年	3月11日	連邦準備、ECBとのスワップラインを拡張	US$30
	5月2日	連邦準備、ECBとのスワップラインを拡張	US$55
	8月11日	ECB、84日物の米ドル・レポオペを固定金利方式で開始	
	9月18日	連邦準備、ECBとのスワップラインを拡張	US$110
	9月18日	ECB、O/Nの米ドル・レポオペを変動金利方式で開始	
	9月26日	連邦準備、ECBとのスワップラインを拡張	US$120
	9月29日	連邦準備、ECBとのスワップラインを拡張	US$240
	10月13日	連邦準備、ECBとのスワップラインを拡張	無制限
	10月15日	ECB、スイス国立銀行とスワップ協定を締結	CHF 25（入札ごと）
	10月15日	ECB、O/Nの米ドル・レポオペを停止	
	10月15日	ECB、7日物の米ドル・レポオペを固定金利方式で開始	

2008年	10月16日	ECB、ハンガリー中央銀行にユーロを供給する協定を締結	EUR 5
	10月20日	ECB、7日物および84日物のスイスフラン外為スワップ・オペを固定金利方式で開始	
	10月21日	ECB、7日物および28日物の米ドル外為スワップ・オペを固定金利方式で開始	
	10月26日	ECB、デンマーク国立銀行とスワップ協定を締結	EUR 12
	11月11日	ECB、ラトビア中央銀行にユーロを供給する協定を締結	EUR 1
	11月21日	ECB、ポーランド中央銀行にユーロを供給する協定を締結	EUR 10
2009年	1月28日	ECB、7日物および84日物のスイスフラン外為スワップ・オペを停止	
	7月28日	ECB、28日物の米ドル・レポオペを停止	
	10月6日	ECB、84日物の米ドル・レポオペを停止	
2010年	2月1日	連邦準備とのスワップ協定が失効	
	5月9日	ECB、連邦準備とスワップ協定を再締結	無制限
	5月11日	ECB、7日物の米ドル・レポオペを固定金利方式で開始	
	5月18日	ECB、84日物の米ドル・レポオペを固定金利方式で実施	
	12月17日	ECB、イングランド銀行とスワップ協定を締結し、2014年9月30日まで、その後3回にわたり延長	GBP 10

2011年	10月12日 11月30日	ECB、84日物の米ドル・レポオペを固定金利方式で開始 スワップのプライシングをUS$ OIS+100bpからOIS+50bpに縮小 バイラテラルなスワップのネットワークを、カナダ中銀、イングランド銀行、日本銀行、連邦準備、スイス国立銀行と締結	 無制限
2013年	10月10日 10月31日	ECB、中国人民銀行とバイラテラルなスワップ協定を締結 カナダ中銀、イングランド銀行、日本銀行、連邦準備、スイス国立銀行との一時的なスワップ合意を常設のバイラテラルなスワップラインに転換	EUR 45 CHY 350 無制限
2014年	4月23日	ECB、84日物の米ドル・レポオペを停止	

（注） CHF：スイスフラン、CHY：中国人民元、EUR：ユーロ、OIS：翌日物金利スワップ（Overnight Index Swap）。
（資料） European Central Bank, "Experience with Foreign Currency Liquidity-providing Central Bank Swaps", *Monthly Bulletin,* August 2014をもとに筆者作成。

るもので（詳細は、コラム⑥「「カバード・ボンド」とは？」参照）、銀行が金融仲介の主力の役割を果たしている欧州において、「市場型間接金融」の手段として、今日に至るまで重要な機能を担っているものである。

カバード・ボンド市場は金融危機後も存続したものの、その主たる構成メンバーである欧州の主力銀行が軒並み、危機で大きな痛手を被ったことから、カバード・ボンド市場の金融仲介機能は低下を余儀なくされた。このため、欧州中央銀行は、金融政策のトランスミッション・メカニズム回復策の一環として、CBPPに乗り出した。ユーロシステムによる買入れの規模は、カバード・ボンドの市場残高の2.5%程度であったが、いわば「触媒（catalyst）」としての効果を発揮し、同市場はその後、機能の回復が進んだ。

危機の第1フェーズにおいては、欧州中央銀行は、以上のような「非標準的な手段」による政策運営を行ったが、これらが危機の収束と経済の安定化、ひいては「物価の安定」の確保に役立ったことが、実証分析によっても確認されている（Philippine Cour-Thimann and Bernard Winker〔2013〕)。

コラム⑥ 「カバード・ボンド」とは？

カバード・ボンドとは、一定の質が確保されている安全性の高い融資債権について、融資を実行する民間銀行等（オリジネーター）が、当該債権を担保としつつ、同時に発行銀行自身の信用力をも背景として、低利での資金調達を行うことができる手段である。

やや詳しくみれば、①質の高い担保で構成されるカバープール（担保資産の集合体）、および②発行主体の両方に対して、二重にリコース（遡求）することが可能な点を最大の特徴とする債券（dual-recourse bonds）である（図表5－8参照）[6]。

6 これに対して、オフバランス型の証券化の代表例であるABS（Asset-backed Securities：資産担保証券）は、①の担保プールのみにリコースするもの、シニア無担保負債は、②の発行金融機関のみにリコースするものである。

図表5－8　二重リコース債券としてのカバード・ボンド

【証券が表す請求権の対象】

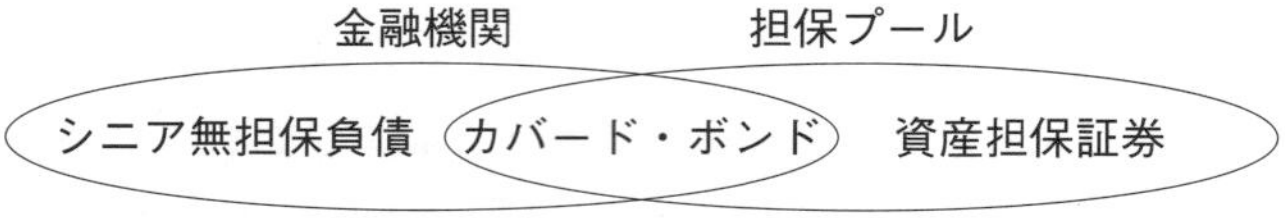

（資料）　European Central Bank, *Covered Bonds in the EU Financial System*, December 2008をもとに筆者作成。

このカバード・ボンドとは、もともとはドイツでファンドブリーフ債（Pfandbrief）として発行され、すでに200年以上の歴史を有する。担保資産としては、不動産担保債権、もしくは公共セクター向け債権が中心であるが、それ以外にも船舶担保債権等も存在する。このスキームはフランスやスペインをはじめとする欧州の各国に拡大し、関連する法制度も各国で整えられており、銀行が金融仲介の主力の役割を果たしている欧州において、「市場型間接金融」の手段として重要な機能を担っている。

リーマン・ショックを契機とする世界的な金融危機は、CDO（collateralized debt obligation）やMBS（mortgage-backed securities：モーゲージ担保証券）等に代表されるABS（資産担保証券）の問題点[7]が露呈したことを端緒に発生した。これに対してカバード・ボンドは200年あまり昔から、オフバランス型のABSが抱える問題点を克服するプルーデントな制度設計がなされていた[8]ため、金融危機の結果、ABSの市場がほぼ壊滅状態となったのとは対照的に、市場機能は一時的な低下は余儀なくされながらも維持された。

さはさりながら、危機による金融市況の激動は、カバード・ボンド市場を構成する欧州の主力銀行各行にも大きな影響をもたらしたため、ユーロシステムはその金融仲介機能を回復させるべく、CBPPによる市場介入を実施した。

3 第2フェーズ：ギリシャ危機——2010年5月、ユーロ圏のソブリン債務危機の発生

2010年半ば以降、世界的な金融危機は収束に徐々に向かいつつあった半面、欧州においては危機の余波で各国の財政運営にも影響が及ぶこととなった。その対象は、国内の金融セクターが不動産バブル崩壊等で打撃を受け、その収束のために多額の財政資金の投入を余儀なくされた国々（アイルランドやスペイン等）のほか、かねてから財政力の脆弱さが懸念されていた国々（ギリシャ、ポルトガルやイタリア）であった。

7　具体的には、①証券化して原融資債権のリスクを細分化し、移転する過程で、個々の融資債権のリスクを情報開示する仕組みや、質（信用力）の維持を図る仕組みが存在しなかったこと、②証券化商品の発行金融機関は、当該商品をいったんオフバランス化して発行してしまうと、その後の担保債権の信用力の維持に関し、責任をもつ仕組みとも、また規制上の枠組みともなっていなかったこと、などである。それゆえに、アメリカの住宅ローン市場におけるサブプライム問題が発生すると、それらを担保債権としていたオフバランス型の証券化商品は、担保債権の質の悪化を遮断するメカニズムをまったく内包していなかったために、その悪影響をそのままストレートに投資家に転嫁させ、危機が瞬く間に世界中に拡大する結果となった。

8　カバード・ボンドの場合は、その枠組みがドイツにおいてファンドブリーフ債として育まれてきた時代から、①担保資産の高い質を維持することについて、(i)発行銀行に対し継続的な情報開示を義務づけ、(ii)金融当局ないし第三者に監視をさせ、(iii)必要な場合には担保資産の入替えを随時行わせるメカニズムとなっている。また、②発行銀行（オリジネーター）にとっては、担保資産が引き続き自行のバランス・シート上に残るため、リスク管理を一貫して行う必要がある、といった特徴を有している。

とりわけギリシャは、2009年10月の新政権発足直後に、財政指標の操作疑惑が発覚したことに加え、10年２月にデリバティブによる財政指標粉飾疑惑が報じられたことなどもあって、自力での国債発行による財政運営の継続が困難となり、同年４月、EUおよびIMFに対し支援要請をする事態となった。この時点において、財政危機国に対する支援の枠組みはまだ確立されてはいなかった状況のもとで、ユーロ圏各国とIMFは総額730億ユーロ規模の支援を決定し、実行に着手した（前掲・図表５－４参照)。これとあわせて、財政危機国への支援の枠組みも整えられることになった（前掲・図表５－２参照)。

なお、ギリシャがこの時点でユーロ圏およびIMFから支援を受けたという事実は、自力での財政運営能力を喪失したことを意味するため、この段階でギリシャ国債は格下げされた。ユーロシステムの適格担保基準の最低格付ラインは、リーマン・ショック直後の2008年10月に、それまでの「A－」から「BBB－」に引き下げられていたが、ギリシャ国債の格付はこの水準をも下回ることとなった。そのため、欧州中央銀行は2010年５月３日、ギリシャの市場性国債および政府保証債務について、適格担保基準の適用を停止することを決定し、いわば担保政策上は「例外的な扱い」を容認することで、多額のギリシャ国債を保有する民間銀行（ギリシャ国内の銀行が中心）に有担保方式でのオペによる資金供給を継続した。

そしてこの頃、欧州の国債流通市場では、ギリシャ国債に限らず、それ以外の国々の国債も含めて取引が極端に細る、いわば「機能不全」状態に追い込まれていた。国債市場のこのような状況が金融政策のトランスミッション・メカニズムをゆがめているとの判断のもと[9]、欧州中央銀行は2010年５月10日、証券市場プログラム（SMP：Securities Markets Programme）の導入を決めた。これは、証券市場の機能不全状態を改善するために、ユーロシステムがユーロ圏の証券市場に介入し、公共債・民間債を買い入れるというものである。

ただし、このうちの各国債をはじめとする公共債の買入れに際しては、欧州連合の機能に関する条約123条において、マネタリー・ファイナンスが厳に禁止されていることにかんがみ、流通市場からの買入れに厳格に限ることとされた。また、これらの証券買入れによって供給された流動性は、逆方向の資金吸収オペをあわせて実施することにより、完全に不胎化されることとされた。なお、ユーロシステムが、いかなる国のいかなる債券をどれほどの金額で買い入れたのかに関しては、SMPの実施中は公表されることはなく、公表されたのは2013年に入ってからであった（後掲・図表５－11参照）。

SMPはその後、2011年３月に一時停止されたとみられる[10]まで続けられた。この間のユーロシステムによる資金供給の推

9　Philippine Cour-Thimann and Bernard Winker〔2013〕によれば、具体的には、次の３つのチャネルで、金融政策のトランスミッション・メカニズムがゆがめられていると判断されていた。すなわち、①価格チャネル：国債価格は資産価格ないし経済における資金借入コストとのリンクが強い、②流動性チャネル：国債は欧州のレポ市場における担保資産の主力として機能していたが、その国債の価格変動が大きくなることで、担保としての安定した機能を十分に果たしえなくなる、③バランス・シートチャネル：国債価格の下落は金融機関のバランス・シートに大きな影響を及ぼし、資本ベースを毀損する、といった経路である。

図表５－９　ユーロシステムの主な資金供給手段による供給残高の推移（2010年１月～14年８月末）

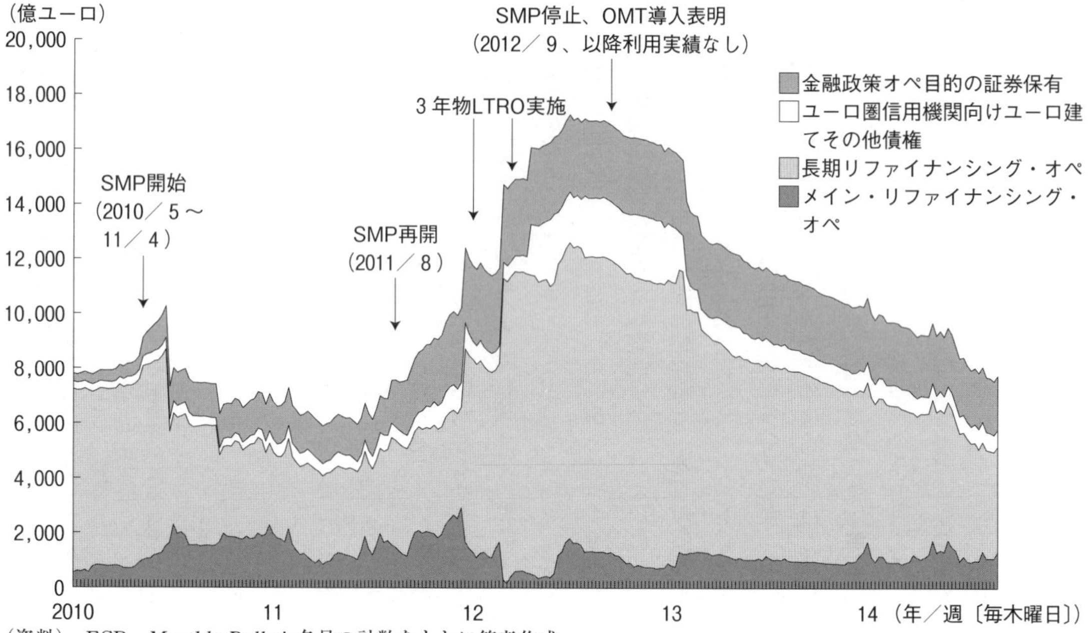

（資料）　ECB、*Monthly Bulletin*各号の計数をもとに筆者作成。

移をみると（図表5－9参照）、このSMPによる買入れは、公表計数の「金融政策オペ目的での証券保有」のなかに含まれるが、10年5月の開始から一時停止されたとみられる11年3月までの間に、約800億ユーロの債券の買入れが行われていたことがみてとれる。そしてこの間、10年12月にはアイルランド、11年6月にはポルトガルが、それぞれユーロ圏とEUおよびIMF等から支援を受ける事態に追い込まれた。そうしたなか、このSMPは、各国債金利の上昇を抑制するうえで、一定の効果があったものとみられる（図表5－10参照）[11]。

なお担保政策の面では、アイルランドやポルトガルに関しても、それぞれ支援を受けた時点で国債は格下げされ、ユーロシ

10　ユーロシステム統計の計数上は、「金融政策オペ目的での証券保有」の計数の2011年入り後の推移をみると、年初来増加傾向をたどった後、2月24日、3月3日、3月10日の3週連続でこの時期のピーク（1,381億9,100万ユーロ）を記録し、その後8月4日（1,336億9,400万ユーロ）まで逓減している。8月11日にはこれが1,556億9,400万ユーロと急増している。

ただし、当時のジャンクロード・トリシェ総裁は、2011年8月4日の政策委員会後の記者会見の質疑応答のなかで、「SMPに関しては、私は休眠中であると言ったことは一度もない（On the SMP, I myself have never said that it was dormant.）」と述べている。

11　なお、このSMPに関しては、今日の中央銀行が果たすべき機能という意味で、これとはまた別の評価もある。日銀の中曽宏副総裁は2013年4月22日の講演において、「欧州債務危機から周縁国国債の対独スプレッドは拡大した際に、ECBは、スプレッド拡大の主因が（政府の支払能力の毀損ではなく）国債市場の流動性の収縮にあると判断し、SMP（Securities Markets Programme）を通じた周縁国の国債買入れを実施した。中央銀行によるこうした流動性の供給は、マーケットメーカーとなって市場機能の回復維持を手助けする措置であり、その意味で、中銀は最後のマーケットメーカー（MMLR：Market Maker of Last Resort）としての役割を担ったといえる」との見解を明らかにしている。

図表5－10　2010～11年の欧州各国の10年国債金利の推移

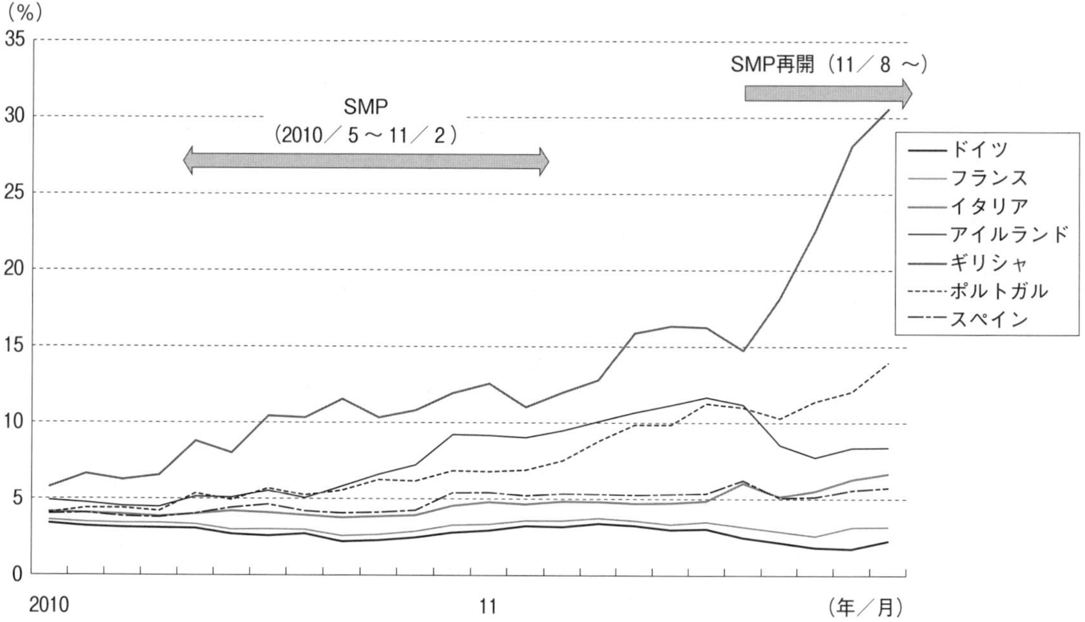

（資料）　Datastreamをもとに筆者作成。

ステムの適格担保基準の格付の最低ラインを下回った。このためギリシャのケースと同様、これらの2カ国の市場性債務および政府保証債務は適格担保基準の適用が停止され、いわば「例外扱い」が認められるかたちで、多額のこれら国債を保有する民間銀行向けに有担保方式でのオペによる資金供給が継続された。

もっともこのような政策運営は、危機対応策の一環とはいえ、①中央銀行の政府からの独立性を維持するうえでの根幹であり、欧州連合の機能に関する条約（123条）が固く禁ずるマネタリー・ファイナンスに抵触する可能性は本当にないのか、その事実上の「迂回」に該当してしまうことはないか、疑念を抱かせる余地を残すものであったこと、②より実質的には、財政再建への意欲やインセンティブにマイナスに作用することを通じて、各国政府が中央銀行によるファイナンスに安易に依存することを助長し、本来必要な財政調整・財政再建を怠る可能性も排除できないものであったために、ユーロシステム内における、深刻な意見対立が次第に表面化することとなった。

欧州中央銀行の政策委員会のメンバーでもあったドイツ連銀のアクセル・ウェーバー総裁はこの当時、なお2012年4月までの任期を残しており、当時のトリシェ欧州中央銀行総裁（11年10月で任期満了）の後任の有力な候補とみられていた。しかしながらウェーバー総裁は11年2月12日、「個人的事情」を理由に、任期途中の11年4月末でドイツ連銀総裁を辞任すると発表し、有力視されていた次期欧州中央銀行総裁の座も投げ打つかたちで民間に転出した。その背景には、このSMP実施をめぐる意見対立があったものとみられている。

SMPには実際、国債金利の不測の上昇を抑制するのみならず、各国政府が財政政策運営上、緊縮策や財政構造改革等の必要な対応を講じるうえでの「時間を稼ぐ」側面もあった。たしかに、ユーロ圏レベルではこの間に、財政危機国に対する対応の枠組みとしてEFSF（欧州金融安定ファシリティ）が設立されるなど一定の前進もみられたものの、各国の財政運営上の取組みまで含めて考えれば、その「時間」が有効に使われたとは言いがたい状況にあった。

加えて、中央銀行が明示的に条件をつけることなしに国債市場に介入して国債を買い入れてしまうと、当該国の財政運営上、十分な調整（財政緊縮）は行われなくなってしまう、ということもまた明らかとなった（Philippine Cour-Thimann and Bernard Winker〔2013〕）。そして、それが次なる危機の再度の深刻化を引き起こすことになった。同時に、欧州中央銀行にとっても、財政危機に瀕した加盟国政府を中央銀行として支援するにはいかなる枠組みをとるべきか、苦い、貴重な教訓となり、危機の終盤の局面でのOMT（短・中期国債買切りオペ）の枠組みの設計に活かされたように見受けられる。

4 第3フェーズ：ソブリン債務危機と銀行危機が「負の両輪」に——2011年半ば以降、ユーロ圏のソブリン債務危機と銀行セクターのゆがみが相まっての再度の緊迫化

2011年の上半期頃までは、市場の標的とされたのはギリシ

ャ、アイルランド、ポルトガルというわばユーロ圏内の「周縁国」が中心であったのに対し、11年夏には、危機の火の手がついにイタリアやスペインといった大国、EUの中核国にまで及ぶこととなった。10年5月に決定されたギリシャ向けの支援融資（第1次）は、当初の計画に従い、継続的に実行されてはいたものの、他方で、ギリシャ経済が深刻な景気後退に見舞われたこともあり、同国の経済と財政はこれでは立ち直り切れず、結局、債務不履行（デフォルト）せざるをえないのではないか、との見方が市場に根強くくすぶる状況にあった。

またこの頃から、ソブリン債務危機の影響が、多額のユーロ圏各国の国債を保有する欧州各国の金融機関の経営に深刻な影響を及ぼしているのではないか、との疑念が強まった。欧州銀行監督庁（EBA：European Banking Authority）は、2010年7月に公表した第1回のストレス・テストに続き、11年7月には対象行を拡大し、かつ情報開示をさらに充実させた第2回ストレス・テストの結果を公表した。それを受け、市場では、以後予想される重債務国の債務調整の規模にもよるが、欧州各国銀行の資本を2,000億～3,000億ユーロの規模で増強しなければ、欧州全体としてこの危機を、金融のシステミックリスクを顕現化させることなく乗り切ることはむずかしいのではないか、との見方が広がった。

しかしながら各国財政運営の実情をみると、すでにソブリン債務危機によって、銀行への公的資金注入のために国債を追加発行できる余力は乏しくなっている国が少なくなく、「ソブリン債務危機」と「銀行危機」とが、いわば「負の両輪」として相互に作用しあう危機的な状況に至った。

こうした最中の2011年8月4日、欧州中央銀行は政策委員会において、SMPによる国債の買入れを4カ月ぶりに再開することを決定し、これに続く7日に開催された緊急の政策委員会においては、SMPによる国債の買入れ対象を拡大することが決定された模様である[12]。この時から、イタリアとスペインの国債も、SMPによる買入れ対象に加えられたものとみられるが、13年入り後に公表された計数をみると、重債務国のなかではイタリア国債が最も多額の1,000億ユーロを上回る規模で買い入れられていたことがわかる（図表5－11参照）。

しかしながら、この両日の政策委員会における決定には、ドイツ出身のユルゲン・シュタルク専務理事と、辞任したウェーバー前総裁の後任としてドイツ連銀総裁に就任していたイェンス・ワイトマン総裁を含む、複数の中央銀行総裁が反対票を投じたとみられる[13]など、SMPをめぐるユーロシステム内部の意見対立はいっそう深刻な事態となった。そしてこれに続く9

12　なお、ECBとして正式に、SMPを2011年の春先に「一時停止する」とか、8月に「再開する」などと表明された事実はない。ただし、ユーロシステムの統計上は、SMPによる国債買入れを含む計数は前掲の脚注10のように推移している。

2011年8月7日のECB総裁声明（プレスリリース）における公式な見解は、以下のような表現のものにとどまっている（訳および下線は筆者）。

「6.以上のような評価に基づき、ECBは証券市場プログラムをアクティブに実行するであろう。このプログラムは、市場のセグメントの機能不能を考慮し、われわれの金融政策決定のよりよいトランスミッションを回復させ、ひいてはユーロ圏の物価の安定を確保する一助とすることを企図したものである」

図表５－11　SMP（証券市場プログラム）のもとでユーロシステムが買い入れた各国債の残高（2012年末時点）

発行国	残高（10億ユーロ）		平均残存期間（年）
	名目金額	簿価（＊）	
アイルランド	14.2	13.6	4.6
ギリシャ	33.9	30.8	3.6
スペイン	44.3	43.7	4.1
イタリア	102.8	99.0	4.5
ポルトガル	22.8	21.6	3.9
合計	218.0	208.7	4.3

（原資料注（＊））　SMPによる保有は満期保有に分類されるため、償却原価（amortised cost）で評価される。

（資料）　European Central Bank, Details on securities holdings acquired under the Securities Markets Programme, Press Release, February 21, 2013.

月、シュタルク専務理事も、「個人的な事情」を理由に2011年末で辞任すると発表した。その背景には、ウェーバー前独連銀総裁の辞任の際と同様のSMP実施をめぐる見解の対立があったものとみられている。

2010年10月26日、EBAは欧州各国の銀行の所要資本増強額を1,064億ユーロと公表した（図表５－12参照）。同日に開催されたユーロ圏首脳会議においては、①民間金融機関の協力を得

13　たとえば、2011年９月10日付の時事通信に、こうした報道がみられる。また同年８月９日付の時事通信は、フランクフルター・アルゲマイネ・ザイトゥング（FAZ）を含む複数の独メディアが、ワイトマン総裁が７日の緊急政策委員会での決定（イタリア、スペインへの国債買入れ対象の拡大）に反対票を投じたと報じている。

図表5－12　EBA公表の欧州各国銀行の所要資本増強額

（単位：百万ユーロ）

国名	資本バッファー目標（EBA推計による暫定値）
オーストリア	2,938
ベルギー	4,143
キプロス	3,587
ドイツ	5,184
デンマーク	47
スペイン	26,161
フィンランド	0
フランス	8,844
イギリス	0
ギリシャ	30,000
ハンガリー	0
アイルランド	0
イタリア	14,771
ルクセンブルク	0
マルタ	0
オランダ	0
ノルウェー	1,312
ポルトガル	7,804
スウェーデン	1,359
スロベニア	297
合計	106,447

（資料）　EBA, *The EBA details the EU measures to restore confidence in the banking sector*, news, October 26, 2011をもとに筆者作成。

てギリシャの債務を50%カットすること、②EFSFのリソースを強化すること、③EBAの試算結果に基づき銀行の資本強化を実施すること、が決定された。

続く同年11月１日、イタリア中央銀行総裁であったマリオ・ドラギ氏が欧州中央銀行総裁に就任した。初代のウィム・デュイセンベルク総裁、２代目のジャンクロード・トリシェ総裁に続く第３代総裁である。しかしながらちょうどこの頃、ドラギ総裁の母国イタリアでは、シルビオ・ベルルスコーニ首相が財政危機を招来した責任を問われ、政治的な混乱が大きくなっていたという事情なども加わり、経済・政治の両面で混迷の度が増していた。

イタリアに限らず、欧州の重債務国の財政運営はこの頃、ギリシャの事例を除けばこの債務危機のなかで「最も厳しい局面」を経験することになった。すなわち、イタリアとポルトガルを例に、国債流通利回りが形成していたイールドカーブの形状の変化をみると（図表５－13、図表５－14参照）、ちょうどこの頃（2011年11月上旬）、通常の形状である右肩上がりの「順イールド」でも、中央銀行による金融引締め局面にみられる右肩下がりの「逆イールド」でもない、市場が当該国の財政運営がデフォルトすると予想する年限（この場合は１年ないし２年の年限）の金利水準が最も高くなるという、「財政危機型のイールドカーブ」とでもいうべき変則的な形状が形成されていたことがみてとれる。

その危機のピークともいうべき、「財政危機型のイールドカーブ」の形状が最も顕著となった時点は、イタリア国会で財政安定化法案が可決され、ベルルスコーニ首相が辞任を表明する直前の2011年11月９日であった。これに続く11年12月に、欧州中央銀行が異例の３年物の無制限の資金供給オペ（LTRO）

図表5－13　2011年10月～12年9月のイタリア国債の金利変化

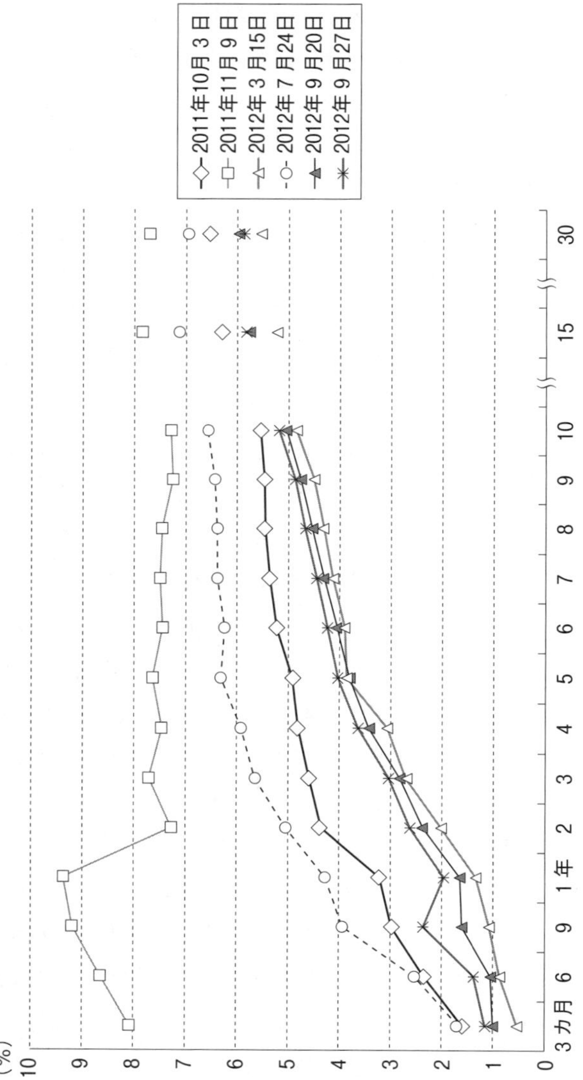

（注）2011～12年各日のスポットレート。
（資料）Datastreamをもとに筆者作成。

図表５－14　2011年10月～12年９月のポルトガル国債の金利変化

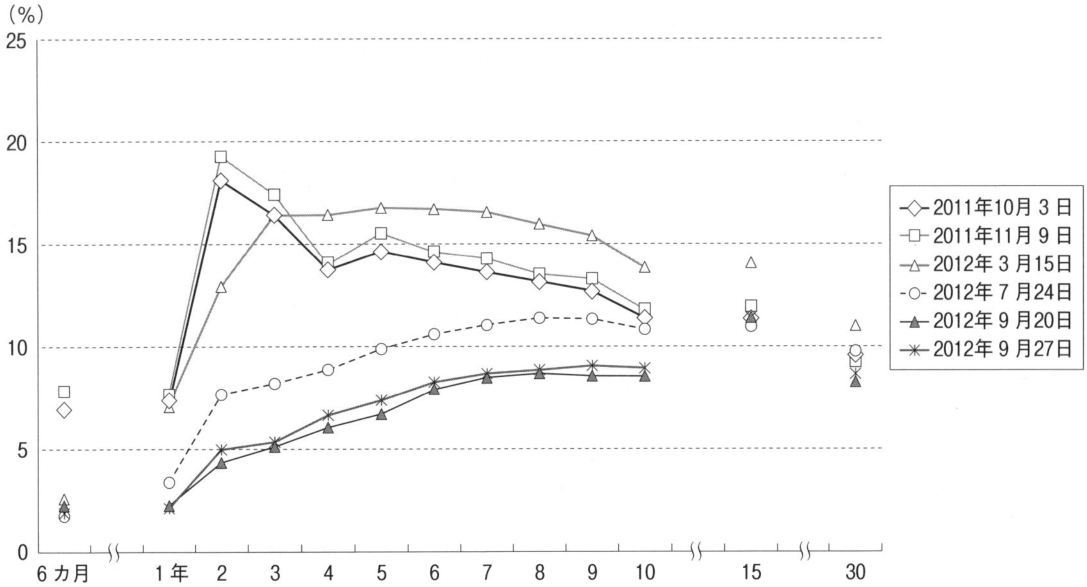

（注）2011～12年各日のスポットレート。
（資料）Datastreamをもとに筆者作成。

の実施を打ち出したことなどから、結果的には、このような金融市場の異常な状況は徐々に解消に向かっていくこととなった。

しかし、これはあくまでも、後から振り返れば、そのような経緯をたどる結果になったということにすぎない。イタリアをはじめとする重債務国の財政当局の立場からすれば、現在進行形の危機のただなかにあった当時は、このような異常なイールドカーブの状態がいつまで続くのかわからない状況に置かれていたわけである。国債を短期の年限で発行しようにも、市場金利が異常に高く、はたして消化されるか見通しがまったく立たない、そもそも、いつまで自力での財政運営が継続できるのかもまったく定かではないという、まさに「生きた心地がしない」状況に置かれていたであろうことは想像にかたくない。

中央銀行が政府から独立性を確保する必要性に関して、世論を含めて比較的理解があり意識の高い欧州においてでさえも、この時ばかりは当局者等から、欧州中央銀行による重債務国国債の流通市場からのさらなる買入れ等を求める発言がきかれた。またイタリアが緊急の事態に陥った場合に備え、IMFと予備協議を行っている等の報道もみられた[14]。

そうしたなか、ドラギ新総裁が率いる欧州中央銀行は、就任直後の2011年11月3日の最初の政策委員会において、まず、政策金利の▲25bpの引下げを打ち出し、初期のカバード・ボンド買入れプログラムにテクニカルな改善を加えた新たなカバード・ボンド買入れプログラム（CBPP 2）を打ち出した。そしてその後、翌12月8日の政策委員会においては、思い切った新たな政策を打ち出した。

具体的には、まず3年物という異例の長い年限の長期リファイナンシング・オペ（LTRO）を、応札の全額割当（＝無制限供給）方式で2011年12月と12年2月の2回にわたり実施し、それぞれ4,891.9億ユーロ、5,295.3億ユーロ、合計で1兆ユーロの巨額が供給された。このうち約半分の5,000億ユーロは、ユーロシステムによる従来の他のオペ（メイン・リファイナンシング・オペ等）からの乗換え分であったとみられている。

14　2011年11月28日の時事通信は、ジュネーブ発の記事として、次のように報じている。

「27日付イタリア紙スタンパは、同国の債務危機が悪化した場合に備え、国際通貨基金（IMF）が中心となって、最大6,000億ユーロ（約62兆円）の支援が準備されていると報じた。モンティ新政権が構造改革に取り組む間の資金繰りを支えるねらいだ。

検討中の支援総額は4,000億～6,000億ユーロで、金利は4.0または5.0％。イタリア2年債利回りが一時8％を突破するなか、新政権による財政再建や経済成長策が軌道に乗るまでの1年～1年半の間、同国の国債借入れを支援する。

ただ、支援規模が巨額にのぼり、IMF単独では困難なことから、欧州中央銀行（ECB）との連携を含め、いくつかのシナリオが検討されているという。（後略）」

同11月30日の時事通信は、ジュネーブ発の記事として、次のように報じている。

「ロイター通信は29日、債務危機に陥っているイタリアが、国際通貨基金（IMF）から4,000億ユーロ（約41兆5,000億円）規模の支援を受ける可能性について、IMFと予備協議を行っていると報じた。現時点で同国からの支援要請はないが、IMFが即座に対応できるように双方のハイレベルで話合いが続いているという。

協議は、ドイツが欧州中央銀行（ECB）による直接的な支援を拒否する姿勢を明確にした23日以降に加速したといい、イタリアが予想外の事態に陥った際の包括策として検討。IMFが1,000億ユーロ、ECB加盟の中央銀行が計約3,000億ユーロを拠出する共同支援案も浮上しているという。（後略）」

また、２回目の2012年２月のオペでは、銀行800行、ドイツのみで460行が応札しており、この数からも明らかなように、各国の中小企業向けの小規模な金融機関が多くこのオペに応札し、中小企業向けの資金供給が維持されたことがみてとれる（Philippine Cour-Thimann and Bernard Winker〔2013〕）。あわせて、預金準備率がユーロシステムの発足後初めて変更され、従来の２％から１％に引き下げられた。これにより、1,000億ユーロの資金が、所要準備の積立から解放された（Philippine Cour-Thimann and Bernard Winker〔2013〕）。

そして３年物LTROの実施とあわせ、政策対応のもう１つの柱として打ち出されたのが、適格担保の範囲の拡大であった。具体的には、すでに担保として認めていたABS（資産担保証券）の最低格付ラインの引下げに加え、「追加信用債権（additional credit claims）」の枠組みが新たに打ち出された。これは特定の加盟国を対象に、一時的な措置として、各国中銀が自国の民間金融機関からユーロシステムのオペ実施時に受け入れることのできる担保の基準について、独自に設定することを容認する、というものである。その詳細は2012年２月の理事会によって決定され、対象は、①アイルランド、②スペイン、③フランス、④イタリア、⑤キプロス、⑥オーストリア、⑦ポルトガルの７カ国の中央銀行となった。

各国中銀の適格基準の公表振りはまちまちであるが、公表されている国のケースからみると、適格担保の新たなカテゴリーとして、①一定の要件[15]を満たす住宅ローン（フランス中銀)、②一定の要件[16]を満たすファイナンスリース、ノンリコース・

ファクタリング契約、SACE[17]による保証ローン（イタリア中銀）、③一定の要件[18]を満たす住宅モーゲージローンや事業法人向け無担保ローン等（アイルランド中銀）などの例がみられる。この「追加信用債権」の枠組みによって、新たに1,130億ユーロの適格担保の差入れが可能となった（Philippine Cour-Thimann and Bernard Winker〔2013〕）。

欧州債務危機による緊張がピークに達した、2011年末前後のこの時点における欧州中央銀行の政策運営を総括すれば、SMPによる国債の買入れは限定的な規模のもと継続されていたが、欧州中央銀行として、その規模を拡大するないし各国債を直接引き受ける、といった政策を採用することは決してなかった。アメリカの連邦準備制度やイギリスのイングランド銀行のような大規模な資産買入れ（LSAP：Large Scale Assets Pur-

---

15　①モーゲージもしくは第１順位の抵当権があるか、金融機関もしくは保険会社の保証が付与されていること、かつ②追加的な基準として、(i)債務者がフランス国内に居住し、(ii)ローン契約がフランス法に基づくものであり、(iii)残存期間が最低１カ月あること、を充足すること（Banque de France Eurosysteme, *Eligibility Criteria Regarding Additional Credit Claims*, February 9, 2012. 訳は筆者）。

16　向こう１年間のデフォルト確率が１％以下であること、イタリア中銀の内部信用評価システム（VALCRE）によって評価可能であること、等（Banca d'Italia Eurosistema, Comunicato Stampa, *Subject : Temporary expansion of the eligibility criteria for credit claims used as collateral in the Eurosystem credit operations,* February 9, 2012. 訳は筆者）。

17　イタリアの大手保証・保険会社。

18　住宅モーゲージの場合の担保物件の所在の要件（アイルランド国内かイギリス国内に限る）や、リスク管理上の要件、ローン規模の要件等が定められている（Central Bank of Ireland, *Information Release Central Bank of Ireland eligibility criteria for additional credit claims*, February 10, 2012. 訳は筆者）。

chases）―いわゆる量的緩和（Quantitative Easing）―というアプローチには決して与《くみ》せず、ユーロ圏各国の国債を保有する圏内の民間銀行の資金繰りを、適格担保の範囲も拡張し、従来どおり有担保方式の長期のオペで支援することを通じて、民間銀行が各国債を保有し続けられるよう促す政策がとられた、とみることができよう。

なおこの時期、政策運営として明示的に実施されたものではないものの、とりわけ重債務国の民間銀行向けに資金供給をするうえで、重要な役割を担ったとみられる手段として、緊急流動性支援（ELA：Emergency Liquidity Assistance）があったことに注意する必要がある（コラム⑦「「緊急流動性支援（ELA）」とは？」参照）。

コラム⑦　「緊急流動性支援（ELA）」とは？

欧州中央銀行は、危機対応での資金供給が有担保方式でも十分に行いうるようにするために適格担保基準の緩和を行ってきた。そのスタンスは、先進国の中央銀行としてはきわめて異例といえるほどのものであった。それにもかかわらず、欧州の金融市場は緊張した状態が継続した。

一般的に、国債は当該国の民間金融機関が保有する主たる資産の一角であることが多いが、欧州においてはソブリン債務危機によって多くの国の国債の信用力が悪化した結果、民間金融機関が健全経営を維持するうえでの足かせとなった。民間金融機関同士における、いわゆる「相互不信」状態はなかなか解消するには至らなかったことから、各行間の資金不足・資金余剰を調整する場としてのインターバンク市場は、通常のように効率的には機能せず、各国中銀（ユーロシステム）が各行に相対で所要資金を供給しているような状態になった[19]。

こうしたケースでは、資金の効率的な配分が実現しないため、全体としての所要資金は平時に比較して大きくなる。そのため一部の問題国においては、ECBによるこのような適格担保基準の緩和をもってしても、民間銀行が中央銀行からオペによる資金供給を受けるうえで差入可能な担保の玉《ぎょく》が払底状態となった模様である。

そこで活用されたのが緊急流動性支援（ELA）の枠組みである。これはユーロシステムの発足の時点で、中央銀行としての「最後の貸し手」機能を発動する際の手段とすることを想定し、きわめて消極的なスタンスながら用意されていた枠組みである（第3章3参照）。きわめて例外的な状況下で特定の金融機関が流動性不足に陥り、金融システム全体へのシステミックリスクが差し迫るようなケース等に用いられることが想定されていた。

そして、このELAの枠組みは欧州債務危機の際、ついに一部の問題国向けに活用されることとなった模様である。この制度の運用はそのスキームの目的のせいか、十分な透明性が確保されておらず、適用金利や条件・利用実績はユーロシステムとして各国横断的・統一的に公表されるかたちとはなっていない。

報道等によれば、2011年夏の時点では、少なくともアイルランドとギリシャの2カ国を対象にこのELAが活用されていた。担保は徴求せず、かわりに各国政府の保証を得るかたちで、アイルランド中銀およびギリシャ中銀が各国内の民間金融

19 白川〔2008〕によれば、1990年代末以降のわが国の金融危機の際にも、インターバンク市場が同様の状況に陥っていたことが明らかにされている。

機関に資金を供給していた模様である。適用金利はECBのオペのレートよりも高水準で、基本的にオーバーナイトの資金供給であり、民間金融機関側は所要日数のみロールオーバーするかたちでELAにより資金調達を行っていた、と報じられている。このほか、2013年にキプロスの財政運営が行き詰まり、ユーロ圏等から支援を受けるに至った局面でも、このELAが活用された模様である。ちなみに、ユーロシステムによる主な資金供給手段による供給額の内訳をみると（前掲・図表５－９参照）、ELAを含むとみられる「ユーロ圏信用機関向けユーロ建てその他債権」のかたちでの資金供給は、2011年夏頃から増加傾向をたどったことがみてとれる。

5 第４フェーズ：ギリシャの二度にわたるデフォルトとユーロ離脱の危機

(1) ギリシャの１回目のデフォルト（2011年３～４月）

欧州中央銀行によるこのような異例の大規模資金供給が奏効するかたちで、2012年入り後、ギリシャを除く多くの重債務国にとっては、金融市場の緊張がピークアウトし、徐々にではあるが緩和していくこととなった。当時の状況は、先に図表５－13および図表５－14で示したように、イタリアやポルトガルの国債金利が形成していたイールドカーブの形状が、徐々にではあるが通常の「緩やかな順イールド」に近い状態に復していったようすからもうかがわれる。

それとは裏腹に、ギリシャは2012年入り後、11年10月のユーロ圏首脳会議で決定された「債務の50％減免」（＝民間銀行に対する棒引き）をいかに実施するかという、財政・経済の立直しを図るうえでの「最大のヤマ場」を迎えることとなった。そしてその決着が、欧州各国の銀行を中心とする外国債権者のみならず、ギリシャ国民自身にも多大な負担・痛みを課すものであったため、12年５月に実施された同国の総選挙で国民の不満が噴出し、ギリシャのユーロ圏脱退が取り沙汰される事態となった。

ユーロ圏各国や欧州中央銀行は、単一通貨ユーロの発足後13年目にして、ユーロ崩壊の瀬戸際という最大の危機に立たされることとなったのである。以下、事態の推移を時系列で追いつつ、欧州中央銀行の政策運営をみてみよう。

2011年10月のユーロ圏首脳会議においては、ギリシャ財政の再建には債務の大幅なカットが不可欠、との考え方に基づき、民間銀行の協力による同国の債務の50％カットが決定された。しかしながら、先進国の一角を占めるギリシャがデフォルト（債務不履行）となれば、先進国としては第２次世界大戦後初めての事態となり、同国のみならず、国際金融秩序にも多大な影響を及ぼしかねないことが懸念され[20]、ギリシャの債務のカットは、債務者側による一方的な「無秩序デフォルト」ではなく、あくまで債権者側の自発的な協力による債権放棄のかたちをとることが模索された。これが「民間セクター関与（PSI：Private Sector Initiative）」と呼ばれる、ギリシャの債務調整に

20　民間銀行の自己資本比率規制上、先進国の国債のリスクウェイトは基本的にゼロ％である、というのが現在の国際金融秩序の事実上の大前提となっている。

際してとられた枠組みである。

実際には、実現のための調整は容易ではなく、民間団体である国際金融協会（IIF：Institute of International Finance）が中心となり、欧米の主要金融機関が交渉に加わるかたちで進められた。2012年２月20〜21日未明にまで及んだユーロ圏首脳会議では、①民間部門が「自発的な債権放棄」額を上積みするかたちで受け入れ、②ユーロ圏各国や、③欧州中央銀行もギリシャ向け債権の部分的な損失を受け入れるという、三者「痛み分け」の前提で、EUおよびIMFによるギリシャへの1,300億ユーロの追加支援融資が決定された（図表５－15参照）。

これを受けてギリシャ政府は２月21日、PSIに伴う新債券との交換プログラムを公表した（図表５－16参照）。内容は、民間部門が保有する①過去にギリシャ政府が発行したギリシャ国債は額面ベースで31.5％相当の新債券と交換し、②EFSFが発行した短期証券（Notes）のうち、今後24カ月以内に満期を迎えるものは額面ベースで15％の新短期証券と交換する、とのオファーで、回答期限を迎えた３月、結果的にこのPSIは成立した。これにより、ギリシャ国債の大量満期が予定されている３月20日頃に懸念されていた無秩序デフォルトは、この段階ではかろうじて回避された。

なお、このPSIに応じなかった債権者に対してギリシャ政府は、これに先立つ２月にギリシャの国内法の事後立法のかたちで成立させていた「集団行動条項[21]」を行使してPSIと同幅の債務を強制的にカットした。

ちなみに、２月21日のユーロ圏首脳会議で決定されたユーロ

圏・IMFによるギリシャ向けの追加支援の実行は、当面は見

---

21 「集団行動条項（Collective Action Clause）」とは、「債務者側に信用事由が発生して債権者側と債務減免交渉を行う際、一定割合（通常は全体の4分の3ないし3分の2）の債権者が、一定の減免条件に合意した場合、残りの債権者にもその効果が同様に及ぶ」という内容を（通常は債券発行時の約款に）あらかじめ盛り込んでおく、というものである。このような条項が設定された背景は、一般に、債務者側に信用事由が発生した際、債権者側との債務減免交渉が行われるが、今回のギリシャのように国家のレベルで信用事由が発生した場合、債務減免合意を形成することは容易ではない、という事情がある。これは、国家の場合、①債権者（国債保有者）がきわめて多数にのぼるほか、②合意形成に向けての当事者間の交渉に公正な立場で関与する裁判所が国際ベースでは存在しないこと、などによる。

一定割合の債権者が債務減免条件に同意したとしても、残りの不同意の債権者（いわゆる“Hold-out”）にまで債務減免条件の効果を及ぼしえなかったケースは過去にも存在する。たとえば、アルゼンチンがデフォルトした際、2005年1月に行われた新債券への交換オファーへの応諾率は76%にとどまった。そして、残りの債権者（“Hold-out”）側は、アルゼンチン政府が自分たちに対して元利償還を行わないことを不服として、アメリカの裁判所に提訴した結果、14年入り後、国内外で大きく報道されているように、アルゼンチン政府との間での係争問題に発展している。

ギリシャの場合、2012年のPSIの対象とされた国債の大半は、ギリシャ法に基づき発行されたものであり、その取扱いは国内の法改正によって変わりうる。国債発行時点においては、この集団行動条項は盛り込まれていなかったが、ギリシャ国会は12年2月23日、過去に発行したギリシャ法に基づく国債を対象に、遡及効をもたせるかたちでの集団行動条項を盛り込んだ法律を可決・成立させた。取引の一方の当事者に対して、事後的に不利益を課すという対応、しかも公権力の行使によって私人に対して事後的に不利益を課すという対応は、わが国をはじめとする先進国の法秩序のもとにおいては、通常、考えにくい対応であるが、ギリシャ国内の民事法には、「pari passu clauses（債権者平等条項）」が存在しない、との報道もある（ケンブリッジ大学のワイベル教授談：2012年1月20日付ウォール・ストリート・ジャーナル紙報道）。

なお、現地紙の報道によれば、ギリシャ国債の集団行動条項は、債権者の3分の2以上の賛成（保有金額ベース）を成立ラインとしていた模様である。

図表５－15　2012年２月20日（21日）のユーロ圏首脳会合における、ギリシャの債務調整に関する決定内容

【EU、IMFによる追加支援融資】
・1,300億ユーロの追加支援を実施
【PSI――民間の負担】
・民間側は、名目元本ベースで53.5％のギリシャ国債の減免（債権放棄）を受入れ
・損失総額は約75％相当の模様。ギリシャ国債の1,070億ユーロ削減に相当
【ユーロ圏各国の負担】
・2010年５月からの第１次支援における融資の利鞘を150bpに引下げ（ギリシャ国債の2.8％ポイント削減に相当）
【ECBの負担】
・ECB傘下のユーロ圏各国中銀は、ギリシャ国債の2020年までの保有利益と同額をギリシャに還元（ギリシャ国債の1.8％ポイント削減に相当）
【ギリシャの債務履行を確実にするための措置】
・欧州委員会・IMF・ECB（いわゆる「トロイカ」）はアテネに常駐
・ギリシャは、今回の追加支援で受ける融資の資金を別勘定に入れ、次の四半期の債務返済に確実に充当。「トロイカ」がこれを監視
【本支援によるギリシャ債務の削減幅】
・名目GDP比で、当時（2012年）の160％から、2020年までに120.5％に削減されることを見込む

（資料）ユーログループのプレスリリース、各種報道等をもとに筆者作成。

送られ、ギリシャが計画どおりに６月末までに緊縮策を実行できるかどうかを見極めてから実行されることとされた。その際、欧州委員会・IMF・欧州中央銀行で構成される「トロイカ」がアテネに滞在し、ギリシャの財政再建が計画どおりに進

図表５－16　ギリシャ政府がオファーした、PSIの債券交換プログラムの主な内容

満期	2042年
アモチ （元本償還）	発行日から11年経過日から開始
クーポン	2015年まで年利2.0％ 2021年まで年利3.0％ 以後は4.3％
GDPリンク債	交換プログラム参加者は、新債券の額面と同額のGDPリンク債を受領。2015年以降、ギリシャ共和国の名目GDP成長率が既定の上限を超過した場合、保有者に１％の年利を追加で支払
根拠法	イギリス法

（資料）2012年２月21日付ギリシャ財務省プレスリリースを参考に筆者作成。

められるかどうか監視することとなった。欧州中央銀行は、事実上の財政破綻国の再生においても、バンカーの立場で重要な役割を果たすこととなった。

なお、ギリシャのソブリンを参照主体とするCDS（Credit Default Swaps）取引[22]が広く行われていた状況下、単なるPSIの成立のみではCDSの信用事由には相当せずにすんでいたものの、この「集団行動条項」が発動されたことにより、ギリシ

22 「プロテクションの買い」側が、「プロテクションの売り」側に、一定の手数料を定期的に支払うことにより、参照主体であるギリシャのソブリンが破綻した場合、「買い」側は自らが保有するギリシャ国債の元本の同額の弁済を「売り」側から受けられるというデリバティブ取引。

ャのソブリンに係るCDSの信用事由が発生した（＝デフォルトした）こととなり、いわゆる「ペイアウト」（「プロテクションの売り」側から「プロテクションの買い」側への一斉の支払）が続く4月に行われた。こうした事態は一時、ギリシャに係るCDSの「プロテクションの売り」の多額のポジションを抱える有力金融機関の経営難につながりかねず、国際金融市場全体の波乱要因となりかねないことが懸念されていたが、実際にはそうした事態が招来されることはなく、「ギリシャCDSのペイアウト」は乗り切られることとなった。

このように、ギリシャの1回目の債務調整が難航しつつ進められるなかでの、ユーロシステムによるギリシャの金融機関向け資金供給の状況をみると（前掲・図表5－6参照）、2010年5月の第1次支援実施以降、ユーロシステムの担保政策適用の例外のかたちで、ギリシャ国債も担保として差し入れることを認め、ギリシャの民間銀行向けにも有担保でのオペによる資金供給を継続してきた。ギリシャの債務調整が確実となり、PSIの成立を目前に控えた2012年2月28日、欧州中央銀行は、ユーロ圏およびIMFがギリシャ向け追加支援の実施を、ギリシャが約束どおり6月末までに財政緊縮策を実行するかどうかが見極められるまで見送る決定を行ったことと歩調をあわせるかたちで、ギリシャの市場性国債および政府保証債務の担保適格性を一時的に停止し、それまでギリシャの民間銀行向けに実施していた有担保オペによる資金供給をストップさせ、その後の数日間は、ギリシャ中銀から、緊急流動性支援（ELA）のかたちで流動性の供給を行った。

そしてPSIが成立した2012年3月8日、ギリシャの市場性国債および政府保証債務の担保適格性を再度認め、7月25日までの約4カ月半の期間を区切って、バイバック・スキームを稼働させるかたちで、時限的な資金供給をギリシャの民間銀行向けに行った。

(2) ギリシャのユーロ離脱危機

PSIが成立し、集団行動条項も発動され、ギリシャの債務調整問題がヤマ場を越えたかに思われたのも束《つか》の間、2012年5月に実施されたギリシャの総選挙においては、財政再建反対・ユーロ離脱推進派が躍進、それまで財政緊縮路線を堅持してきた与党側が大敗し、ギリシャのユーロからの離脱が現実のものとなりかねない事態となった。

しかしながらこの5月の総選挙後、新政権の樹立には至らなかったため、6月に再選挙が実施されることとなった。そこで再建反対派が再度勝利を収めることになれば、ギリシャのユーロ離脱が現実のものとなり、国際金融市場の大混乱は必至とみられたため、17日の再選挙前後は、欧州中央銀行のみならず、他の主要国中央銀行も万が一の事態を想定し、緊急流動性供給の準備を整えつつ臨み、ギリシャの再選挙の結果を世界中が固唾を呑んで見守る事態となった。

加えてユーロ圏としては、ユーロシステムに参加する各国中央銀行をつなぐ即時グロス決済システムである「TARGET 2」を通じて、各国中央銀行間の帳簿上の資金の貸借をふくらませることによって、これほどの危機となりつつも問題国の国際収支上の資金ショートは回避されていた。これが万が一、ユーロを離脱する国が現実に現れれば、その「帳簿上の貸借」が一転して現実の各国の重い財政負担に転化しかねないことも強く懸念されていた（その詳細は、コラム⑧「ユーロシステムのTARGET 2——問題国の「隠れた救済メカニズム」とは？」参照)。

しかしながら蓋を開ければ、再選挙の結果は財政緊縮派の勝利であった。ギリシャ国民は瀬戸際でユーロ残留を選択し、ユーロ圏各国のみならず国際金融市場全体が安堵することとなった。とはいえ、その後もギリシャ国内の社会情勢は混迷し、再選挙後に樹立されたアンドニス・サマラス政権も、ユーロ圏やIMFと2月に合意した規模での財政再建策をまとめるのにはなお、半年に及ぶ期間を要したため、その間はなお、ギリシャの帰趨と単一通貨ユーロ維持の可能性をめぐる市場の緊張状態が継続することとなった。

欧州中央銀行側としては、ギリシャの民間銀行向けに3月8日に稼働したバイバック・スキームが7月25日に期落ちを迎えたが、このロールオーバーを許すことはなく、これに先立つ7月20日、ギリシャの市場性国債および政府保証債務の担保適格性は再び、一時的に停止された。ギリシャの民間銀行向けの流動性はギリシャの中央銀行から、再び緊急流動性支援のかたちで他国対比では高利の水準で供給されることとなった。欧州中央銀行側は、ギリシャ側に確実に痛みを伴う自助努力を実行させるため、同国の民間銀行向けの資金供給も、他のユーロ圏諸国の民間銀行向けと同じ低利でのオペによることは決してしない、という厳しい姿勢で政策運営を行ったものとみられる。

なお、ユーロシステムによる資金供給の推移をみると（前掲・図表5－9参照）、2012年の夏場～年末にかけて、このELAを含むとみられる「ユーロ圏信用機関向けユーロ建てその他債権」による資金供給が相当な幅で行われていたことが確認できる。

(3) OMT（短・中期国債の買切りオペ）の導入

ギリシャの再選挙やユーロ離脱懸念が大きな問題となっていたこの時期、同時にスペインの銀行危機もヤマ場を迎えていた。7月、ユーロ圏はスペインの銀行部門向けに、最大で1,000億ユーロの規模での支援を行うことを決定した。ただしスペイン自身は、安易に支援を受けることを嫌い、実際の支援申請・実行は年末まで持ち越されることとなった。

ギリシャの自らの財政緊縮断行を含む最終的な債務調整はなかなかまとまらず、スペイン問題もあり、ユーロ崩壊の疑念も市場にくすぶり続けるなか、ドラギ総裁は7月26日のロンドンでのカンファレンスでのスピーチのなかで、「われわれのマンデートのなかで、ECBはユーロを守るためにやれることは何でもする（Within our mandate, the ECB is ready to do whatever it takes to preserve the euro.）」と発言した。いわば、単一通貨ユーロがはたして持ちこたえられるのか、1つの「正念場」にあった時期における「やれることは何でもする」というこのフレーズの威力は大きく、実際、この発言が内外に広く伝えられた翌日以降、スペインやイタリアの国債利回りは大きく低下した。

もっともドラギ総裁のこの発言後、ほどなく開催された8月2日の政策委員会では、こうした政策運営の方向性に対して、ワイトマン総裁以下のドイツ連銀が公式に反対していることも明らかとなった。ワイトマン総裁はこの頃、複数回にわたり辞任を検討した、と報じられている[23]。

そして9月6日の政策委員会で欧州中央銀行は、理事会メンバー間でのそうした温度差もふまえたうえで、新たな枠組みとして、短・中期国債の買切りオペ（OMT：Outright Monetary Transactions）の導入を決定した。そのポイントには、①異例のオペとしてのスキーム、②あわせて実施される適格担保政策の変更、の2つの側面がある（図表5－17参照）。すなわち、①対象国が、その後10月8日に正式に設立されたESM/EFSFのプログラムに従い、財政再建を断行することを条件に、満期1～3年の短期・中期国債に限り、金額無制限でユーロシステムが買い入れるほか、②本OMTプログラムの対象国に関しては、その国債の担保としての適格性を、ユーロシステムとしてオペ全般を対象に容認する（前掲・図表5－6参照）とされたのである。

---

23 2012年8月31日の時事通信は、フランクフルト発の記事として次のように報じている。

「31日付の独紙ビルトは、ドイツ連邦銀行（中央銀行）のワイトマン総裁（欧州中央銀行＝ECB＝理事）が、過去数週間、複数回にわたり辞任を検討したと報じた。ECBが準備を進めているユーロ圏諸国の国債買入れへの反対が理由という。独連銀は報道についてコメントを拒否している。

報道によると、同総裁は現在、当面辞任を取りやめ、9月6日の次回ECB理事会で国債買入れに反対する意向を固めた。ドイツ政府も慰留したという。（後略）」

図表5－17　ECBによる「短・中期国債買切りオペ（Outright Monetary Transactions）」の概要（2012年9月6日政策委員会決定）

条件	対象国がESM/EFSFプログラムの適用を申請し、それに従って財政再建策を実行すること
対象	1～3年満期の国債。イールドカーブの短めの部分が対象
資金供給額の上限	設定はなし
債権者の扱い	短・中期国債を買い入れるユーロシステムの地位は当該国に対する他の債権者と同等（pari passu）
不胎化	本オペによって創出される流動性は完全に不胎化される
透明性	本オペによる保有残高およびその市場価値は週次で公表 デュレーションおよび国別の内訳は月次で公表
証券市場プログラム（Securities Markets Programme）	本オペ導入の決定に伴い、終了 SMPによって供給された流動性は従来と同様吸収され、SMPポートフォリオにおいて保有される証券は満期まで保有される

（資料）ECB, Press Release, 6 September 2012 - Technical features of Outright Monetary Transactionsをもとに筆者作成。

前記②は、各国国債の担保適格性について、民間格付会社の判断に左右されることなく、ユーロ圏・IMFとして判断することを意味する[24]。ただし、そのなかでギリシャは引き続き例外扱いとされ、ギリシャ国債に関しては2012年7月20日の

ECB理事会決定が引き続き有効として、担保不適格状態が継続することとなった。ギリシャはまた、本OMTオペの事実上の対象外となっている。なお、2010年5月から実施されていた証券市場プログラム（Securities Markets Programme）による問題国の国債等の買入れオペは、OMTの導入に伴い終了することとなった。

このように、OMTのプログラムには厳格な条件がついており、問題国はまず欧州安定メカニズム（ESM）に支援の申請をしなければならず、換言すればユーロ圏が要求する厳しいレベルの財政再建を自ら身を切るかたちで実行しない限り、ECBに短・中期国債を無制限に買い入れてもらうことはできない、というものであった。

どの程度の厳しさの財政再建を実行しなければならないか、という点については、シンプルな基準のラインが定量的に示されているわけではなかったものの、これまでのユーロ圏の政策運営の実績にかんがみれば、実際に支援融資を受けるに至ったギリシャやアイルランド、ポルトガルに対してユーロ圏等から実行を求められたのと同レベルの厳しさの財政再建が要求されることは間違いなく、結果的に、このOMTの利用を申請する国はこれまでのところ皆無となっている（2014年11月現在）。

24　ユーロ圏各国の首脳や欧州委員会首脳、欧州中央銀行は、それまでの危機の展開をみる限り、民間格付会社による市場のセンチメントに迎合したかのような安易な格下げが相次いだことも、危機を増幅した要因の1つであったとみていた模様である。今回の欧州中央銀行によるこうした措置も、民間格付会社に対するこうした批判的な考え方が反映されているとみることができよう。

にもかかわらず、危機のさらなる増幅の可能性を鎮めるうえで、このOMTのアナウンスは大きな威力を発揮した。2012年末には、ギリシャの財政再建策もまとまったほか、３月のPSIの際に旧国債と交換のかたちで発行された新国債を、時価（３月の発行時点の３割程度）でギリシャ政府が買い戻すかたちで、ギリシャの２回目のデフォルトが静かに実施された。

同じ2012年12月にはスペインが銀行部門向けの支援をついに要請し、ユーロ圏はESMを通じて支援を実行した。そして、ユーロ圏・IMFによるギリシャ支援融資の実行も再開された。ギリシャの市場性国債および政府保証債務はユーロシステムにおける担保適格性を回復した（前掲・図表５－６参照）。欧州ではその後、13年３月にキプロスが危機に陥り、同年６月末には小規模ながらデフォルトに陥ったものの、７月初にはほどなくユーロ圏からの支援が実行された。欧州の金融市場はその後、次第に落着きを取り戻して小康状態となり、現在に至っている。2013年12月以降、アイルランド、スペイン、ポルトガルがそれぞれ、ユーロ圏やIMF等からの支援から脱却する運びとなった。

コラム⑧　ユーロシステムのTARGET 2
――問題国の「隠れた救済メカニズム」とは？

欧州においては、このように危機が長期化したなかで、複数の問題国は紆余曲折を経つつも、アジア通貨危機型の事態―換言すれば、国際収支上の資金ショート―に陥ることはなかった。それにはユーロシステム特有の仕組みや理由がある。ここで詳しくみてみよう。

(1) 「平時」における域内資金決済の態様

ユーロシステムにおいて各国中銀をつないでいるのが、即時グロス決済システム[25]「TARGET 2」である。これは「Trans-European Automated Real-Time Gross Settlement Express Transfer」の略称で、ユーロシステム発足後、現在のシステムは第2世代のものである。アメリカの中央銀行である連邦準備制度においてはFedwireが、日本銀行においては日銀ネットがこれに相当する。

まず「平時」において、ユーロ圏内の2国間の金融取引や資金決済がどのように行われているのかをみてみよう（図表5－18参照）。中央銀行とは、オペで買い上げた市場性資産（国債等）や、市中銀行向けの貸出（いずれもバランス・シート上の資産勘定に計上）の見合いで、その負債勘定において銀行券を発券したり（＝現金通貨を供給する）、市中銀行から当座預金を受け入れたりする（＝預金通貨を供給する）かたちで、当該国の市中にベースマネーを供給するという主体である。

ここでは、ドイツとギリシャの2カ国を例にとり、ドイツはユーロ圏内における経常黒字国として、ギリシャは同じく経常赤字国として考えよう。

たとえば、ドイツの民間メーカーが自動車をギリシャに輸出した場合、ギリシャの輸入業者は取引先であるギリシャの民間銀行を経由して、ドイツの自動車メーカーの取引先であるドイ

25　主要国の銀行システムの決済においては、かつては効率性を重視した「時点ネット決済システム」が主流であったが、今日では、中央銀行における大口の資金決済システムを中心に、安全性を重視した「即時グロス決済システム」が中心的位置を占めている。

図表５－18　ユーロ圏２中央銀行間のTARGET２収支の変化の例　平時のケース

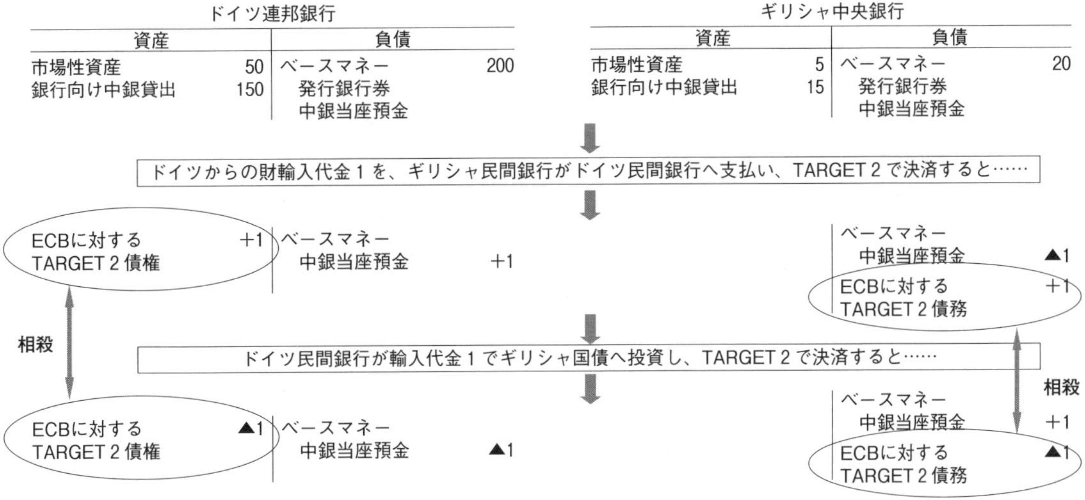

（資料）　European Central Bank, "TARGET２ Balances of National Central Banks in the Euro Area", *Monthly Bulletin*, October 2011 および Hans-Werner Sinn, Timo Wollmershaeuser, *Target Loans, current account balances and capital flows: the ECB's rescue facility*, Springerlink. com, May 30, 2012を参考に筆者作成。

ツの民間銀行へ輸入代金を支払う。その場合、ギリシャの民間銀行は、自らがギリシャ中央銀行に預けている中銀当座預金を取り崩し、TARGET 2 経由でドイツの自動車メーカーの取引先である民間銀行の中銀当座預金へ送金する。その際、ギリシャ中央銀行の負債勘定には送金額に見合う「TARGET 2 債務」が計上されることになり、ドイツ連邦銀行の資産勘定には同額の「TARGET 2 債権」が計上されることになる。

このような輸出取引が繰り返し行われれば、ドイツの民間銀行には、ギリシャ側からの送金額見合いで中銀当座預金が増えていくことになる。ドイツの民間銀行側としては、この資金をそのまま中央銀行の当座預金として「寝かせて」おけば投資機会を逸失することになるため、この資金を元手に相応のリターンを期待できる金融資産に投資をすることになる。たとえばギリシャ国債に関していえば、いまから数年前までは安全性に問題があるとはあまり認識されておらず、これに投資すればドイツ国債に投資するよりも高い利回りが得られていた。

ドイツの民間銀行がこのように輸出で得た資金の投資対象として、ギリシャの銀行から既発のギリシャ国債を同額買い入れれば、輸出の際とは逆方向でギリシャ国債購入に係る資金決済が行われることになり、ドイツ連銀側の資産勘定にあった「TARGET 2 債権」もギリシャ中央銀行側の負債勘定にあった「TARGET 2 負債」もそれぞれ相殺され、どちらも一方的に累積するような事態に至ることはない。

実際には、ユーロ圏内での取引は、ドイツとギリシャの 2 国間のみならず、加盟17カ国間相互でのバイラテラルな取引が複雑に行われている。そうしたなかで、ユーロ発足後、2007年夏のアメリカ発のサブプライム危機に至るまでの間は、民間金融機関によるリスクテイク活動が正常に機能していたため、各国の「TARGET 2 債権」「TARGET 2 負債」とも、一方的に累

図表5－19　ユーロ圏2中央銀行間のTARGET 2収支の変化の例　債務危機下

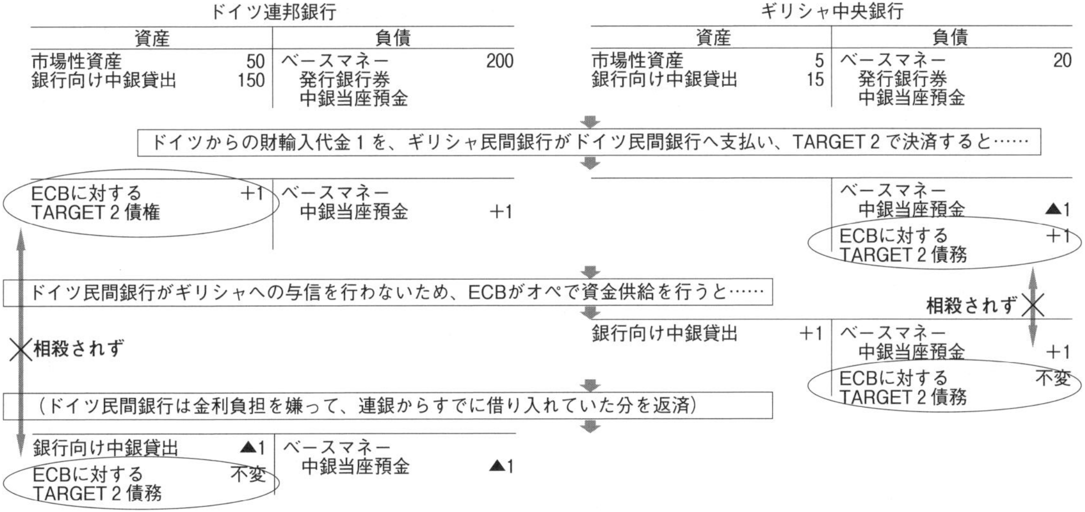

（資料）　European Central Bank, “TARGET 2 Balances of National Central Banks in the Euro Area”, *Monthly Bulletin*, October 2011 および Hans-Werner Sinn, Timo Wollmershaeuser, *Target Loans, current account balances and capital flows: the ECB's rescue facility*, Springerlink. com, May 30, 2012を参考に筆者作成。

積するような事態には至ることなく推移していたのである。

(2) 「危機」における域内資金決済の態様

これに対して、債務危機下にあった当時の状況をみてみよう(図表5－19参照)。

ドイツの輸出により代金がギリシャ側から支払われるため、ドイツの民間銀行ではその中銀当座預金にユーロ建ての資金が蓄積されていく――というところまでは、平時のケースと同じである。しかしながら債務危機の状況のもとでは、ドイツの民間銀行はギリシャの金融商品等に対するリスクテイクを回避するようになる。結果として、ギリシャ中銀の「TARGET 2 債務」、およびドイツ連銀側の「TARGET 2 債権」がともにかさむ一方となる。そしてそのままでは、ギリシャ側では早晩、民間銀行の中銀当座預金が尽きることになり、ドイツ側に支払わなければならない輸入代金の元手となる資金が枯渇してしまう。

そのままではアジア通貨危機の際のように、ギリシャも国際収支上の資金ショートに陥る筋合いである。しかしながら実際には、ユーロシステムは異例のオペレーションまで動員して資金供給を行っている。ギリシャ中銀のバランス・シート上では、資産勘定において、これらのオペ等による市中銀行向け貸出が増える見返りとして、負債勘定における中銀当座預金の不足分は穴埋めされてきているのである。

(3) 欧州中央銀行の政策運営とその国際収支上の含意

このようなユーロシステムによる問題国への資金供給は、いつでも、いくらでも供給できる、というものでもない。

一般的な考え方として、中央銀行によるオペ等での資金供給は、本来、有担保で行うのが原則である。無担保での資金供給

（いわゆる「特融」）は、特定の民間金融機関の経営が悪化し、そのままでは金融システム全体にシステミックリスクが及びかねないケースに限って許容される、というのが一般的な考え方である。日米の中央銀行然《しか》り、欧州もまた例外ではなく、従来から一貫してそのような政策運営がとられてきた。

中央銀行に差し入れる担保としては、通常、信用力の高い金融商品が用いられる。国債や優良企業の手形等が用いられ、各中央銀行は適格担保基準を定め、それをクリアする金融商品のみを担保として受け入れ、その見合いでオペ等による資金供給を行っている。

然るに今回の欧州債務危機の場合、従来からユーロシステムへ差し入れられていた担保の主力であった各国国債の信用力が悪化し、民間格付会社によって軒並み格下げされる事態となった。これは、とりわけ問題国の民間金融機関の立場にとっては、そのままでは差入れ可能な担保の玉《ぎょく》が不足し、ユーロシステムからのオペ等による資金供給が受けられなくなることを意味する。

そこで、ユーロシステムの金融政策運営の意思決定機関であるECBは今回の危機に際し、適格担保基準を順次緩和し、異例のオペ等の枠組みも導入して問題国への資金供給を継続してきた。

ユーロシステムにおいてはこれまでのところ、①ユーロ圏として共有するTARGET 2という資金決済インフラのもと、②ECBがオペ・担保政策等の面で異例の政策運営を行うことによって、問題国の国際収支上の資金ショート発生を回避してきた。これこそがまさに、アジア通貨危機型の国際収支危機の発生は阻止しつつも、結果的に危機長期化を許すこととなった、ユーロシステムによる「隠れた救済メカニズム」なのである。そしてこのメカニズムは、①TARGET 2と、②異例の資金供給を許容する金融政策運営、のどちらかが欠けても成り立たず、両者がそろってはじめて機能するメカニズムなのである。

ちなみにユーロシステムがこのように、問題国の資金ショートを穴埋めしている状況は、国際収支統計上からも確認することができる。国際収支のメカニズム上、経常黒字国は経常取引で稼いだ黒字分を、民間金融機関等が外国に投資することによって資本輸出を行い、経常収支と資本収支をバランスさせるのが通常の姿である。

2002年以降のドイツの国際収支の推移をみると、06年頃まではおおむね経常黒字に見合う資本輸出が民間部門によって行われていた。しかしながらアメリカでサブプライム危機が発生した07年以降、リスク回避志向が強まり、経常黒字幅に見合うだけの資本輸出をドイツの民間セクターが行おうとしない状態が常態化している。その分を、公的セクターが資本輸出を行って穴埋めするかたちとなっており、その少なからぬ部分がドイツ連銀の「TARGET 2 債権」の膨張というかたちで表れているのである。

(4) 各国中銀の「TARGET 2 債権・債務」は、どれほどふくらんでいるか

この各国中銀の「TARGET 2 債権」「TARGET 2 債務」の幅（残高）は、ユーロ発足以降2007年上半期までは債権国側・債務国側とも小さいものにとどまっていた。この期間においても、ユーロ圏内における経常収支の不均衡はもちろん存在していたものの、経常黒字や赤字に見合う資本取引を民間金融機関が行っていたため、「TARGET 2 債権」「TARGET 2 債務」とも一方的に大きく拡大することはなかったわけである。

しかしながらアメリカの住宅バブルが崩壊し、サブプライム危機が発生した2007年夏以降、「TARGET 2 債権」「TARGET

図表5－20　ユーロ圏主要国のTARGET2収支（債権・債務）の推移

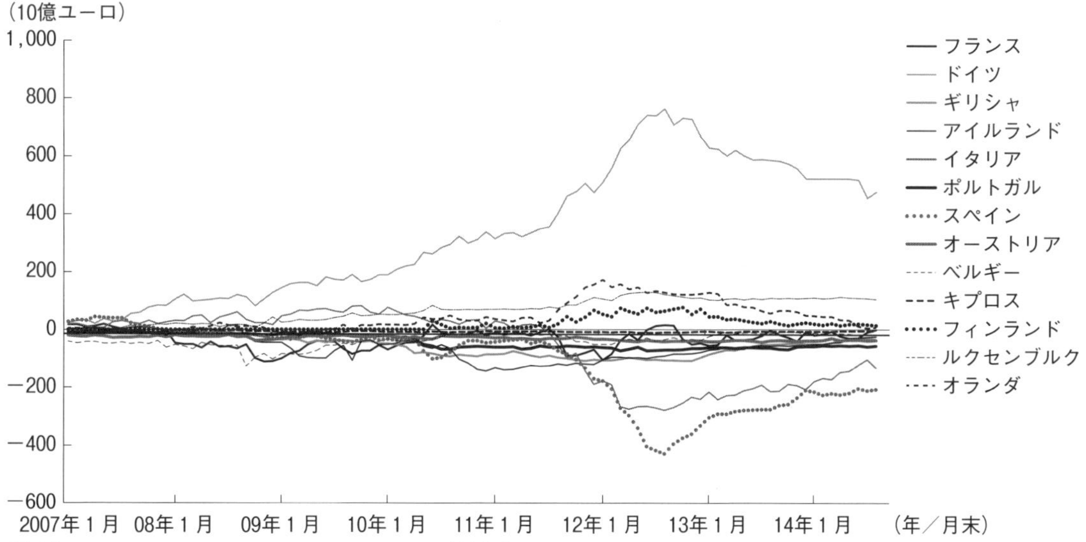

（資料）　IMF, *International Financial Statistics*の計数をもとに、European Central Bank, "TARGET2 Balances of National Central Banks in the Euro Area", *Monthly Bulletin*, October 2011で示された算出方法に従い、筆者作成。

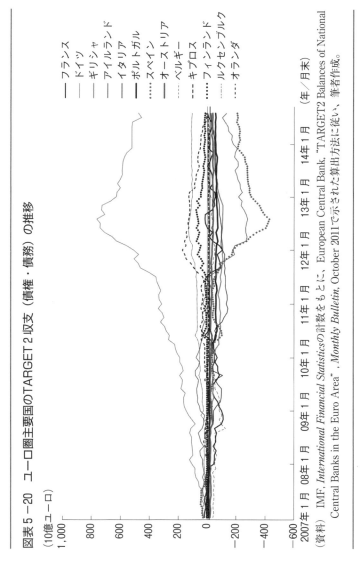

２債務」の幅は各国間でのバラツキが大きくなり始め、その後、08年９月のリーマン・ショック、09年秋のギリシャの財政指標粉飾の発覚を契機とする欧州債務危機……と事態が展開するにつれて、各国の債権・債務の幅は拡大の一途をたどっている（図表５－20参照）。とりわけ、危機が深刻化した11年秋以降の拡大傾向が著しく、12年８月がそのピークとなっている。その後は明確な縮小基調をたどっているが、本稿執筆時点（14年11月）でもなお各国の債権・債務の幅はピーク時の３分の２から２分の１程度となっており、小康状態とはいえ、国際金融市場の状態を正確にみれば、危機状態が完全に収束したわけではないことがみてとれる。

(5) 「TARGET２問題」発覚の端緒

欧州において、この「TARGET２債権」「TARGET２債務」の問題は、ドイツの５大経済研究所[26]の１つであるifo経済研究所のHans-Werner Sinn所長による問題提起（2011年５～６月）が契機となり、その後、各方面で大きく取り上げられるに至っている[27]。ifo側はドイツ連銀やECBに対して質問状を送付しており、ドイツ連銀は11年３月、ECBは12年３月

26　ドイツの５大経済研究所とは、ifo経済研究所（ミュンヘン）、ドイツ経済研究所（DIW：ベルリン）、キール世界経済研究所（IfW）、ハレ経済研究所（IWH）、ライン・ウェストファーレン経済予測研究所（RWI：エッセン）のことをいう。

27　なお、Hans-Werner Sinn, Timo Wollmershaeuser〔2011〕によれば、ifo経済研究所が本問題を認識する契機は、ヘルムート・シュレジンガー元ドイツ連銀総裁から与えられたとされている。加えて、オトマール・イッシング元ECB理事・ドイツ連銀理事やトリシェ前ECB総裁らも本議論に参画している由である。このように「厳格な中央銀行」として知られたECB発足前のドイツ連銀の要人らがそろって高い関心を寄せていることは、「TARGET２債権・債務」の大幅な拡大が、尋常ならざる事態であることを示唆する間接的な証拠であるといえよう。

にifoに書面で回答を行い、大筋でifo側の指摘を認めている（Hans-Werner Sinn, Timo Wollmershaeuser〔2011〕、図表5－21参照）。

これとあわせて、ドイツ連銀は2011年2月にプレスリリース

図表5－21　ドイツ連銀および欧州中央銀行からのifo経済研究所への回答の内容

1	TARGETの収支は、ユーロ圏内でネットアウトされるものであるがゆえに、なんらの結果を伴わない統計上の計数である 【ドイツ連銀】
2	ドイツのリスクは、ドイツ連銀の債権にあるのではなく、赤字国の債務にある ドイツは、ECBへの出資比率に応じて、という限りにおいて、責任を負う TARGET債権を積み上げているのがドイツ以外の他の国であったとしても、ドイツはちょうど同じ金額の責任を負う 【ドイツ連銀および欧州中央銀行】
3	その収支は、リファイナンシング・オペに起因するリスクに、なんらかのリスクが加わることを意味するものではない 【ドイツ連銀および欧州中央銀行】
4	TARGET収支が黒字であるということは、個々の経済への信用の供給に制約が発生していることを意味しない。むしろ、潤沢な銀行流動性が入手可能であることを意味する 【欧州中央銀行】

（資料）Hans-Werner Sinn, Timo Wollmershaeuser. *Target Loans, current account balances and capital flows: the ECB's rescue facility*, Springerlink. Com, May 30, 2012 をもとに筆者作成。

を公表し、翌３月には月報論文「ドイツ連銀のTARGET２収支のダイナミックス」を公表した。ECBも11年11月に月報論文「ユーロ圏各国中央銀行のTARGET２収支」を公表している。ECBは同論文のなかで、加盟各国中銀がすべて「TARGET２債権」「TARGET２債務」の計数を公表していない現状にかんがみ、IMFのIFS（International Financial Statistics）統計に基づく代替値（擬似変数）の算出方法についても言及している。本稿における「TARGET２債権」「TARGET２債務」の計数は、すべてこのECBの示した方法に従い、IMFのIFS統計から算出した。

⑹　「TARGET２債権・債務」の決定要因と含意

このようなTARGET２の不均衡幅の決定要因は、以上の分析をもとに考えれば、①当該国のユーロ圏内における経常収支いかん、および、②民間部門による当該国に対するリスクテイク（もしくは回避）行動いかん、の２点に集約されると考えられる。

このうち②は、主として各国の民間金融機関が当該国（問題国）に対するリスクテイクを行うかどうか、ということであるが、その判断には当該国の「財政リスク」や「金融システムの健全性いかん」が影響する。また当該国の非金融部門（家計・企業等）が、リスク回避行動の結果として預金をどの程度国外に流出させるのか、といった動きも関係することになる。TARGET２の不均衡幅は、実際には前述の①・②の要因が組み合わされて決定される。仮に、当該国のユーロ圏内経常収支が黒字であっても、②の状況次第では「TARGET２債務」状態に転落することもありうるのである。

このような各国中銀間のTARGET２収支の不均衡は、ユーロシステムが継続的に機能する限りにおいては特異な局面で生じた、各中央銀行間のいわば「帳簿上の貸し借り」にすぎない、という性格のものである。他方、ユーロの枠組みが部分的にでも綻《ほころ》ぶ事態、たとえば一部の国のユーロ圏からの離脱によってある時点で「清算」を迫られる事態となれば、この「中央銀行の帳簿上の貸し借り」は、最終的には各国財政が負担すべき重荷として顕在化することになる。

現行のユーロシステムにおいては、仮に、ユーロシステムからの離脱国が発生した場合、その国の中央銀行が負っているTARGET 2 債務額は、それ以外の国の中央銀行がECBへの出資比率（前掲・図表２－２参照）に応じて負担することになっている。そうした意味で、2012年夏、ギリシャのユーロ離脱の可能性が真剣に懸念された際には、このTARGET 2 上の帳簿上の貸し借りが現実の負担となりかねないことが懸念された。

図表５－22　ユーロ圏各国のTARGET 2 メカニズムによる潜在的財政負担のピーク時の規模と問題国向け支援の既実行額との比較

（単位：億ユーロ）

	支援融資実行額			TARGET 2 における債務（2012年８月末＝ユーロ圏全体としてのピーク時点）	名目GDP（2011年）	（参考：直近）TARGET 2 における債務（2014年５月末時点）
	ユーロ圏	IMF	計			
ギリシャ　第１次	529	201	730	1,067	2,151	348
第２次	739	16	755			
ポルトガル	520	260	780	710	1,709	562
アイルランド	450	225	675	908	1,564	336
キプロス	90	10	−	101	178	58
スペイン	395	−	−	4,297	10,734	2,197
（参考）イタリア	−	−	−	2,793	15,802	1,441

（資料）European Commission, Directorate General Economic and Financial Affairs資料、IMF, International Financial Statistics データ、ECB, *Statistics Pocket Book* データ等をもとに筆者作成。

実際、当時のTARGET 2の債務の幅をみると、問題国が実際にユーロ圏やIMFから支援を受けたのとほぼ同額、ないしはそれを上回るような規模に達していたのである（図表5－22参照）。

ちなみに、国際通貨制度運営上の観点からみれば、TARGET 2債権・債務が大幅に膨張したユーロシステムの状況は、ブレトン・ウッズ体制末期において、アメリカがドルの金本位制の兌換義務に応じることが不可能となるに至った局面とに酷似しているといえる[28]。

28　ブレトン・ウッズ体制末期においては、ベトナム戦争等に伴うアメリカの経常赤字の拡大に伴い、経常黒字国側であるドイツやフランスに輸出代金としてのドル資金が流入し続ける状況にあった。この両国の民間銀行や輸出業者は、流入してくるドル資金を、ドイツ連銀やフランス中銀で、平価に従ってドイツマルクやフランスフランに交換した。その結果、各中央銀行には、外貨準備としてのドル資金が蓄積されることになった。

ドイツ連銀は、このドルの外貨準備をアメリカの短期国債で運用したものの、アメリカのベトナム戦争の戦費ファイナンスに加担した、との批判を浴びることになった。これに対してフランス中銀は、Fed（連邦準備制度）に対して、蓄積されるドル資金を金と交換するように要求した。その結果、アメリカは最終的にドルの金本位制を維持できなくなり、ブレトン・ウッズ体制は崩壊した。主要国の通貨はいわば「なし崩し」的に変動相場制へ移行することとなった。

当時の国際関係と現在のユーロ圏の状況とを比べると、固定相場制のもとで各国の通貨当局が公的な資本輸出を飛躍的に拡大させている、という点が共通しているといえよう。両者の相違点は、経常黒字（健全）国側の公的な資本輸出の結果、中央銀行にいかなる資産が蓄積されているのか、という部分である。ブレトン・ウッズ体制末期においては、ドル建ての外貨準備が蓄積されたのに対し、現在のユーロシステムにおいては、「TARGET 2債権」が蓄積されている。ブレトン・ウッズ体制末期の場合は、このドル建ての外貨準備が過度に累積された結果、最終的には、ブレトン・ウッズ体制という国際通貨制度の維持が不可能となったのである（Hans-Werner Sinn, Timo Wollmershaeuser〔2011〕）。

第6章

非標準的手段による金融政策運営の内容

1 収束に向かった欧州債務危機 ——2013年入り後の状況

2012年は、ギリシャをめぐって大きく揺れ動いた1年であった。ギリシャははたしてユーロ圏のメンバーとして踏みとどまるのか否か、同国は過去の債務処理と財政再建をいかに行うのか、それをユーロ圏各国や国際金融界がいかに支援するのか——。厳しい調整を要する点は相互に複雑に絡み合いつつ、いくつも存在した。

そして6月、再度の総選挙においてギリシャ国民自らがユーロ圏残留という道を選択したうえで、年末にかけて、同国自身が身を切る財政再建に向けた緊縮策を決めた。さらに、同国のデフォルトを3月、12月と二度にわたり秩序立って実行に移すことを通じ、国際金融界（民間の銀行や機関投資家等）がギリシャの経済・財政再建に向けて部分的な負担を甘受することが確定した。そして、これらの措置といわば「抱合せ」のかたちで、ユーロ圏やIMFからの支援が継続されることが、年末になってようやく決定され、2012年は幕を閉じた。

欧州中央銀行はこの間、3年物LTRO（長期リファイナンシング・オペ）による無制限の資金供給や、適格担保基準の緩和といった非標準的な政策運営によって、欧州の金融システムを支え続け、不測の事態の回避に尽力した。他方、ギリシャ向けの対応としては、欧州委員会やIMFとともに、同国に対して厳しい財政再建・構造改革を断行させる役割を担う調査団である「トロイカ」に加わった。

また欧州中央銀行は、ギリシャを含むユーロシステム全体の中央銀行として、TARGET 2を通じた資金供給メカニズムを背景に、対ギリシャ向けの資金供給のいっさいの采配を握る立場——換言すれば、同国が国際収支上の資金ショートを起こさずにすむか否か、という、いわば「生殺与奪」の権を一手に握る立場にあった。そして実際に、同行は、ギリシャ政府およびギリシャ国内の民間銀行に対して、先行きの予断をいっさい許さず、またいっさいの甘えも封じるべく、各局面にあわせた厳しい条件による最低限の資金供給を行うにとどめた。

ギリシャの立場からすれば、これはまさに「血も涙もない」ような対応であったと推察される。このような金融面での「締付け」を通じて、ギリシャ国内から、かろうじて対応可能なギリギリの線ともいえる厳しい自己負担、痛みを伴う改革の断行やむなしとの結論を引き出し、最終的な決着に結びつけることができたといえよう。

ギリシャの民間銀行が、他のユーロ圏諸国の各行と同等の条件で、ユーロシステムからの資金供給を受けられる状態を回復したのは、すべてが決着した2012年12月のことであった。欧州中央銀行はギリシャ危機の緊張がピークに達した局面で、まさに「バンカー」としての究極的な機能を遺憾なく発揮したとみることができよう[1]。

そして翌2013年入り後は、ギリシャの二度にわたるデフォルトのいわば「余波」として生じた3月のキプロスの危機、および6月末には小規模ながらも同国の事実上のデフォルト[2]を挟みつつも、金融市場の緊張は徐々に緩和していくこととなった。ユーロ圏各国の長期金利は軒並み低下したが（図表６－１参照）、これには同年７月４日の政策委員会において、欧州中央銀行が先行きの金融政策運営に関して、同行として独自の考え方に基づく「フォワードガイダンス」を打ち出したことも追い風になったものとみられる（コラム⑨「欧州中央銀行のフォワードガイダンス」参照）。

そして、2013年12月にはアイルランド、14年１月にはスペイン、５月にはポルトガルが、それぞれユーロ圏やIMF等による支援から脱却する運びとなった（前掲・図表５－１参照）。

1　なお、Financial Times 紙において2014年５月に３回にわたり連載されたPeter Spiegel記者の署名入りの解説記事 “How the euro was saved”（14年５月12日付 “It was the point where the eurozone could have exploded”、同５月15日付 “Inside Europe’s Plan Z”、および同５月16日付 “If the euro falls, Europe falls”）によれば、11年12月末に辞任したユルゲン・シュタルク専務理事の後任となったドイツ出身のヨルグ・アスムセン専務理事が、マリオ・ドラギ総裁より任ぜられ、欧州中央銀行内での、このギリシャ離脱問題のタスクフォース（Grexit task force）の責任者の役割を担ったと報じられている。

2　キプロス財務省は2013年６月27日、13～16年第１四半期に満期を迎えるキプロスの既発国債の額面10億ユーロ相当分に関して、利率は従前と据え置きながら、５～10年満期の新国債に交換発行する措置を発表した。これはあくまで、債権者側が自発的に交換に応じるかたちで実施されたが、キプロスはこの措置が完了する７月４日までの間、一時的ながら事実上のデフォルト状態に陥った。ただし、ESM（ユーロ圏）およびIMFが、この国債交換の完了を見極めたうえで、７月入り後にキプロスに対する分割の支援融資を実行したことを受け、同国は事実上のデフォルト状態から脱却した。

図表６－１　2012年以降の欧州各国の10年国債金利の推移

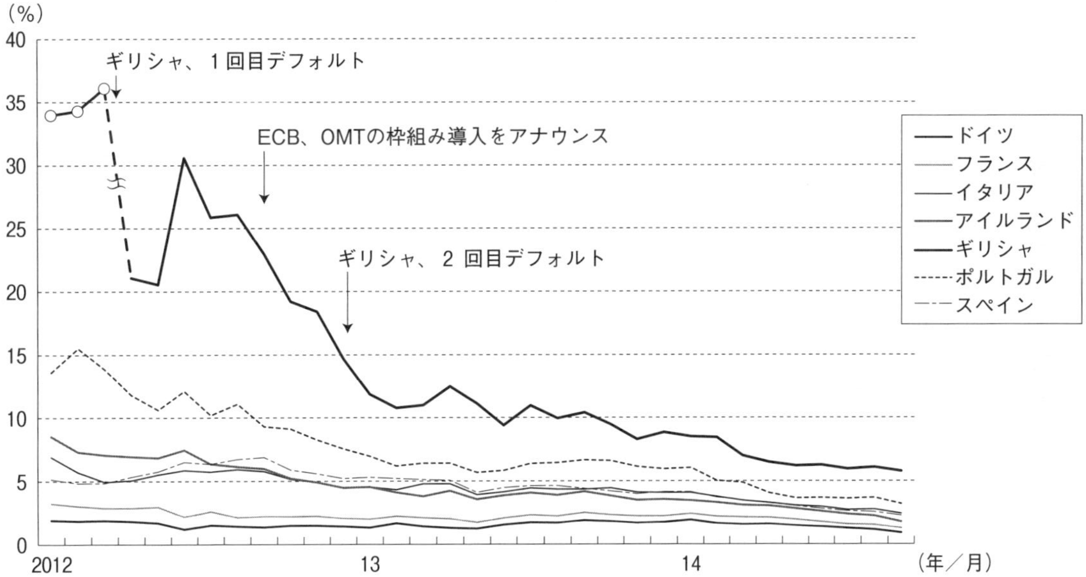

(注)　ギリシャの2012年３月までは旧国債の金利、４月以降は１回目のデフォルトで交換発行された新国債の金利。
(資料)　Datastream

コラム⑨　欧州中央銀行のフォワードガイダンス

欧州中央銀行のマリオ・ドラギ総裁は、2013年７月４日の政策委員会後の記者会見の冒頭、その “introductory statement” のなかで、次のように述べた（注：訳は筆者）。

> “The Governing Council expects the key ECB interest rates to remain at present or lower levels for an extended period of time. This expectation is based on the overall subdued outlook for inflation extending into the medium term, given the broad-based weakness in the real economy and subdued monetary dynamics.”
>
> 「政策委員会は、鍵となるECBの金利が、現状もしくはさらに低いレベルで、今後拡張された期間、継続することを期待する。この期待は、実体経済の幅広い弱さと控えめな金融のダイナミクスのもと、中期的な期間にわたり、インフレが全体として控えめな見通しであることに基づいている」

ドラギ総裁もその後の質疑応答において明確に述べたとおり、このような声明が政策委員会後に公表されるのは、同行としてはこれが初めてのことであった。そして、これこそがまさに、欧州中央銀行としてそれまでの金融政策のコミュニケーションのあり方を大きく転換する、独自のフォワードガイダンスに相当するものである。

同行として従来は、その時点の経済情勢と中期的な物価安定のリスクを評価するのみであったが、このフォワードガイダンスが示した評価には先行きの金融政策運営の方向性が含まれ、大衆による先行きの短期金利に関する期待形成に働きかけることを企図している。ただし、このような欧州中央銀行のガイダンスの示し方には、他の主要中央銀行の実践例とは考え方を異にする部分も存在した。

欧州中央銀行はその後、2014年４月号の月報に収録した論文（The ECB's Forward Guidance）において、このフォワードガイダンスについて、公式見解のかたちで、他の主要中央銀行が採用した類型との相違やその背後にある考え方などについて、次のように述べている。

まず、フォワードガイダンスを導入する中央銀行側の一般的な動機としては、①政策金利にさらなる引下げの余地がなくなった段階においてもなお、先行きの一定の期間にわたり金融緩和が継続されることを明確にすることや、②市場にボラティリティが発生することを回避すること、があげられている。

さらに、主要中央銀行がこれまで採用してきたフォワードガイダンスは、次の４つの類型に分類できる、としている。

① 純粋に質的なフォワードガイダンス（Pure qualitative forward guidance）……将来的な政策金利のありうる展開に関する情報を提供するような明確な終了日や定量的な閾《しきい》値（numerical thresholds）は提示せず、また政策の目的に関する部分も含め、政策運営の展開を正当化するような基礎的な条件の設定も明らかにされることはない。

この類型の例としては、アメリカの連邦準備制度が2003年に「緩和政策は相当な期間維持される」（policy accomodation can be maintained for a considerable period、（注：訳は筆者））と表明したケースや、同じく連邦準備制度が08～09年の危機の初期の段階で、同様の声明を用いたケースがある。

② 定性的な条件付きの質的なフォワードガイダンス（Qualitative forward guidance conditional on a narrative）

……政策金利のありうる展開を、金融政策の方向性が依拠することが期待されるマクロ経済情勢の評価で補完しつつ、質的な表現で明らかにするものである。欧州中央銀行が2013年7月に打ち出し、その後も踏襲しているフォワードガイダンスがこの類型に該当するほか、08年以降の金融危機前の段階で日本銀行が打ち出したフォワードガイダンス（「デフレ懸念が払拭されるまでゼロ金利政策にコミットする」と表明）もこの類型に該当する。

③　カレンダーベースのフォワードガイダンス（Calender-based forward guidance）……政策運営スタンスの変更が期待される明確な特定の日にちをベースに、条件付きのコミットメントを行うというものである。たとえば、カナダ銀行は2009年４月に「インフレ見通しに関する条件付きで、ターゲットとなるオーバーナイト金利は、2010年の第２四半期末まで、現行の水準で維持されることが期待される」と表明して、このカレンダーベースのガイダンスを導入した。アメリカの連邦準備制度も11年に、カレンダーベースのガイダンスを導入した。

④　アウトカムベースのフォワードガイダンス（Outcome-based forward guidance）……中央銀行の政策運営を経済変数の実績値や見通し値から選んだセットにリンクさせるべく、定量的な条件や閾値（thresholds）を明示するものである。アメリカの連邦準備制度は、①純粋に質的なフォワードガイダンス、および③カレンダーベースのフォワードガイダンスを試みた後、2012年末から失業とインフレーションにいくつもの閾値を設けた、ある種の形態のアウトカムベースのガイダンスに移行した。イングランド銀行も13年４月、失業に関する定量的で明確な閾値に基づくアウトカムベースのガイダンスを導入した。

全体として、この形態のフォワードガイダンスに移行する政策決定は、将来的な政策が経済見通しのどのような変化によって影響されるのかを明確にしたいという意向を反映しているほか、それはフォワードガイダンスをより直接的に中央銀行の経済的な目標と結びつけることによって達成されるという考え方を反映しているように見受けられる。

なお、欧州中央銀行が採用したフォワードガイダンスの類型が②定性的な条件付きの質的なフォワードガイダンスである理由は、そもそも同行がそれまでも先行きの政策運営について、特定の終了日（目標の期限）や定量的な閾値と明確に関連づけることはなく、質的な声明によって説明してきたことが大きい。

第3章で述べたように、欧州中央銀行は発足当初から、金融政策運営の戦略上、たとえばインフレ率を閾値として設定するインフレーション・ターゲティングには消極的であった。フォワードガイダンスのアプローチとしても、②定性的な条件付きの質的なフォワードガイダンスを採用しているのは、同行が経済分析と金融分析からなる「2本柱アプローチ」という金融政策運営戦略に依拠してきていることと、首尾一貫するものであると考えられる。

2 新たな課題：経済の低インフレ化への対応

他方、債務危機の緊張の緩和とは裏腹に、2013年の終わり頃から、ユーロ圏経済には次なる新たな課題が浮上することとなった。成長率の低下やインフレ率の伸悩みが、主要国との比較のうえでも、またユーロ圏各国経済のこれまでの足取りとの比

図表6－2　主要国（経済圏）の経済・物価・財政指標の推移

		実質GDP（前年比）				消費者物価（前年比）	
		2012	13	14	1996-2006平均	2012	13
ユーロ圏		▲0.6	▲0.4	1.1	2.4	2.5	1.4
	フランス	0.4	0.4	0.8	2.3	2.0	0.9
	ドイツ	0.9	0.5	1.9	1.5	2.0	1.5
	イタリア	▲2.4	▲1.8	0.6	1.5	3.0	1.2
	スペイン	▲1.6	▲1.2	1.0	3.7	2.4	1.4
日本		1.5	1.5	1.3	1.1	0.0	0.4
アメリカ		2.8	1.9	2.5	3.4	2.1	1.5
イギリス		0.3	1.7	2.9	3.3	2.8	2.6

（原資料注）　実質GDPと消費者物価の2014年値は、14年５月時点のCon
（原資料）　各国データ、Consensus Forecast、OECD。
（資料）　BIS, *84th Annual Report,* June 2014をもとに筆者作成。

較のうえでも目立ち始め（図表６－２参照）、わが国が長年苦しめられてきたようなデフレの懸念が強まりつつある。

欧州中央銀行は足許のユーロ圏の物価動向を、わが国の例を含めた他国の経験との比較等を含め詳細に分析し、その結果を公式見解として公表している（詳細はコラム⑩「デフレーションのリスクをどうみるか――IMFに対する欧州中央銀行の反論」参照）が、その概要は次のとおりである。

まず、物価情勢をユーロ圏内の国別でみれば（図表６－３参照）、欧州債務危機の局面で相対的に強い財政調整圧力がかかったギリシャやスペイン、ポルトガル、イタリアといった国々におけるインフレ率の低下傾向がとりわけ顕著であり、これに

（単位：%）

		財政収支（名目GDP比）			グロス政府債務残高（名目GDP比）		
14	1996-2006平均	2009	14	変化	2009	14	変化
0.8	1.9						
1.0	1.6	▲7.5	▲3.8	3.7	73.0	115.0	42.1
1.3	1.4	▲3.1	▲0.2	2.9	66.0	84.0	18.3
0.8	2.4	▲5.4	▲2.7	2.7	117.0	147.0	30.6
0.3	3.0	▲11.1	▲5.5	5.6	43.0	108.0	66.0
2.6	0.0	▲8.8	▲8.4	0.5	162.0	230.0	67.2
1.8	2.6	▲12.8	▲5.8	7.0	64.0	106.0	42.4
1.9	1.6	▲11.2	▲5.3	5.9	47.0	102.0	54.7

sensus Forecastベース。財政収支・グロス政府債務残高はOECDベース。

は債務危機の一種の後遺症とでもいうべき側面があることがうかがわれる。

ただし、この「後遺症」の意味は「悪性のもの」ということには必ずしもならない。むしろ、単一通貨を導入している経済圏に属する各国の立場では、競争力の低下した国がその回復を進める際に通過せざるをえない、「必要悪」とでもいうべき避けては通れない調整過程である、と欧州中央銀行はみている。

すなわち、ある国家が完全な通貨主権を有し、国際的な資本移動は完全に自由で、為替は変動相場制によることとして経済政策運営を行っている場合、その国がなんらかの理由で競争力を喪失した状態から立ち直ろうとするのであれば、主に為替

図表6－3　ユーロ圏の統一消費者物価指数（HICP）の国別推移

	シェア（2012年）	1996～2000平均	2001～10平均	11年
ベルギー	3.5	1.6	2.1	3.4
ドイツ	26.5	1.1	1.6	2.5
エストニア	0.1	8.8	4.2	5.1
アイルランド	1.4	2.6	2.2	1.2
ギリシャ	3.3	4.6	3.4	3.1
スペイン	12.4	2.6	2.8	3.1
フランス	20.6	1.3	1.9	2.3
イタリア	18.2	2.4	2.2	2.9
キプロス	0.3	2.9(注1)	2.4	3.5
ラトビア	0.2	4.3(注1)	5.4	4.2
ルクセンブルク	0.3	1.7	2.6	3.7
マルタ	0.1	3.2(注1)	2.4	2.5
オランダ	4.9	1.9	2.1	2.5
オーストリア	3.1	1.2	1.9	3.6
ポルトガル	2.4	2.4	2.4	3.6
スロベニア	0.4	8.2	4.2	2.1
スロバキア	0.7	8.2	4.1	4.1
フィンランド	1.8	1.6	1.7	3.3
ユーロ圏	100.0	1.6	2.0	2.7

（注1）1997～2000年の平均値。
（注2）（p）は速報値。
（原資料）Eurostatおよび各国データ。
（資料）Eurostat資料、European Central Bank, *Statistical Pocketbook,*

レート調整（external devaluation：対外的減価）によって競争力を回復させ、その後の経済再生につなげることのできた事例

（単位：%）

12年	13年	14年		
		7月	8月	9月
2.6	1.2	0.6	0.4	0.2
2.1	1.6	0.8	0.8	0.8
4.2	3.2	0.0	▲0.2	0.2
1.9	0.5	0.5	0.6	0.5
1.0	▲0.9	▲0.8	▲0.2	▲1.1
2.4	1.5	▲0.4	▲0.5	▲0.3
2.2	1.0	0.6	0.5	0.4
3.3	1.3	0.0	▲0.2	▲0.1
3.1	0.4	0.9	0.8	0.0
2.3	0.0	0.6	0.8	1.2
2.9	1.7	1.2	0.7	0.3
3.2	1.0	0.6	0.8	0.6
2.8	2.6	0.3	0.4	0.2
2.6	2.1	1.7	1.5	1.4(p)
2.8	0.4	▲0.7	▲0.1	0.0
2.8	1.9	0.3	0.0	▲0.1
3.7	1.5	▲0.2	▲0.2	▲0.1
3.2	2.2	1.0	1.2	1.5
2.5	1.4	0.4	0.4	0.3(p)

September 2014をもとに筆者作成。

が複数存在する。1990年代初めに銀行危機から立ち直った北欧諸国がその好例であろう。

図表6－4　ユーロ圏の統一消費者物価指数（HICP）の内訳別推移

			シェア（2014年）	1996～2000平均	2001～05平均	2006～10平均
合計			100.0	1.6	2.2	1.9
	食品		19.8	1.4	2.9	2.4
		加工食品	12.3	1.4	2.9	2.6
		生鮮食品	7.5	1.4	2.7	2.1
	非エネルギー工業財		26.7	0.8	0.8	0.7
	エネルギー		10.8	3.6	3.8	3.8
	サービス		42.8	2.0	2.6	2.1
		家賃（注）	10.5	2.6	2.3	2.3

（注）帰属家賃を除く。
（資料）Eurostat資料、European Central Bank, *Statistical Pocketbook,*

しかしながらユーロ圏に属する各国の場合、通貨主権を有しないがゆえに、競争力を回復するためには国内物価調整（internal devaluation：国内減価）によるしかない。このように考えれば、現在、重債務国が通過しているプロセスは、経済再生に向けての「必要悪」とでもいうべき避けがたい調整プロセス、ということになる。

このほか、ユーロ圏のHICP（統一消費者物価指数）を内訳別にみると（図表6－4参照）、物価の全体を押し下げているのはエネルギーや生鮮食品が中心で、現段階では、デフレ基調が物価を構成する品目の相当部分に広がっている（多くの品目の価格が前年比マイナスのデフレ基調に陥っている）というわけではない。欧州中央銀行は懸念すべき「デフレーション」の定義をまずはっきりさせるべきであって、IMFがとるような「イン

（単位：%）

11年	12年	13年	14年		
			8月	9月（暫定値）	10月（推計値）
2.7	2.5	1.4	0.4	0.3	0.4
2.7	3.1	2.7	▲0.3	0.3	0.5
3.3	3.1	2.2	1.0	1.0	0.8
1.8	3.0	3.5	▲2.4	▲0.9	▲0.1
0.8	1.2	0.6	0.3	0.2	▲0.1
11.9	7.6	0.6	▲2.0	▲2.3	▲1.8
1.8	1.8	1.4	1.3	1.1	1.2
1.8	1.8	1.7	N.A.	N.A.	N.A.

September 2014をもとに筆者作成。

フレ率が１四半期以上前年比マイナスになったらデフレ」といった考え方に立脚するデフレーションは必ずしもそれには該当しない、としている。

欧州中央銀行の考え方としては、懸念すべきは、わが国が長年苦しめられてきたような「あからさまなデフレーション（outright deflation）」であって、「悪性の乏しい控えめな物価動向（subdued price developments of a less malign nature）」ではない。前者を後者と区別するうえでは、①消費者物価の年率マイナスが長期化すること、②財とサービスのバスケットのなかで幅広い品目の物価の変化がマイナスとなること、③長期的なインフレ期待がアンカーされなくなり（錨によってつなぎとめられなくなり）、中央銀行による物価安定の定義と首尾一貫するレベルを明らかに下回るようになること、④GDP成長率がきわめて低いかマイナスの状態が持続し、かつ／もしくは失業率が高い水準にあるか上昇していること、という４点が満たされることが必要であるとしている。

追加の金融緩和を打ち出した2014年９月４日の政策委員会の時点において、欧州中央銀行は、８月中の経済情勢の判断によれば、ロシアとウクライナ両国間の軍事的緊張等を背景とする地政学リスクの高まりや、ユーロ圏各国における構造改革への取組みが不十分であることを背景に、成長のモメンタムが失われつつあるとみている。ユーロ圏全体の物価動向に関して、「あからさまなデフレーション」に陥るリスクが間近に差し迫っているわけでは必ずしもないが、中長期的なインフレ期待を、同行が目標とする２％弱の水準にしっかりとアンカーし続けるために、低インフレ状態の長期化に対する警戒を強めており、政策対応を強化する必要があるとの判断に傾いたものとみられる。

コラム⑩　デフレーションのリスクをどうみるか
――IMFに対する欧州中央銀行の反論

欧州中央銀行は2014年６月号の月報において、デフレーションに対する考え方や、足許のユーロ圏の物価動向とその先行きをどのように判断しているのかに関する公式見解を明らかにしている（第３章物価およびコスト〈Prices and Costs〉中のBox.5 デフレーションのリスク？〈Risk of Deflation？〉）。

そのなかには、わが国を含む主要先進各国におけるデフレーションの経験とその評価、現在のユーロ圏の状況との比較等も盛り込まれており、ユーロ圏のみならず、わが国における今後の政策対応のあり方を考えるうえでも興味深く、示唆に富むものとなっている。以下はその抄訳である（注：訳および下線は筆者）。

経済成長が伸び悩み、マネーや信用の創出が弱い最近の環境下において、ユーロ圏にはデフレーションに陥るリスクがあるのか、という議論が沸き起こっている。

ただしその際には、「デフレーション」のさまざまな定義の仕方を区別することが重要である。最も狭い定義では、インフレ率（年率）が１四半期以上マイナスになればデフレーション、というもので、IMFはこの定義に即し、2014年４月に公表した*World Economic Outlook*のなかで、「ユーロ圏が2014年中にデフレに陥る確率は20％である」とした。しかしながら、そうした予測は相当に誤解を招く（misleading）ものである。その理由は、インフレを押し上げるショックの性質を区別していないため、もしくは物価のダイナミクスの持続性を吟味していないためである。

より意味のある幅広い観点からは、インフレ率を押し下げているショックの性質や幅広い経済的な文脈（wider economic context）、さらにはインフレ期待のなせる業（behaviour of inflation expectations）を考慮に入れることが望ましい。実際に、インフレ率がマイナスに陥ることは、それが実体経済と「負のフィードバックの輪」（negative feedback loops）をつくりだすのであれば、懸念の対象となる。たとえば、デフレーションの期間が長期化すれば、債務の償還負担（burden of debt servicing）が増すことになり、銀行や家計、企業の反応が、潜在的に実体経済と物価水準との間の次なる「負のフィードバックの輪」をつくりだすことになる。

デフレのリスクを評価するうえでは、決定要因の性質や持続性を特定し、とりわけ供給サイドと需要サイドのどちらの力がそれぞれどれくらいの度合いで働いているのかを評価することが重要である。総合的な物価指数は、供給サイドの一時的なショックによって、短期間マイナスとなることがありうる。実際、ユーロ圏で2009年、商品価格の動きにより、こうした事例がみられた。

しかしながらより意義深い経済学的な意味においては、一定の期間、インフレの年率がマイナスとなることは、そうした物価動向が一般化されインフレ期待のかたちで確立されてしまわない限り、それだけでデフレーションであることを意味しない。たとえば、長期的なインフレ期待が安定的な状態を維持するのであれば、商品価格が潮の干満のように上下することはインフレ率に対して一時的な影響しか及ぼさないであろう。

さらには、構造改革の結果としての供給サイドのショックのインパクトは、政策に関係する視野の範囲内で（over the policy-relevant horizon）インフレ率の先行きへのインプリケーションをもちうるものであり、これを解きほぐすことが重要である。構造改革は当初、インフレ率に下方圧力をもたらすものの、経済における供給サイドの改善が反映されれば、総需要が徐々に回復するのにつれ、インフレ率は時が経過すれば、上向きに転じることが期待される。

「あからさまなデフレーション（outright deflation）」と「悪性の乏しい控えめな物価動向（subdued price developments of a less malign nature）」とを区別する

実証的な基準（criteria）は次のとおりである。

・消費者物価の年率マイナスが長期化すること
・財とサービスのバスケットのなかで、幅広い品目の物価の変化率がマイナスとなること
・長期的なインフレ期待がアンカーされなくなり（錨によってつなぎとめられなくなり）、中央銀行による物価安定の定義と首尾一貫するレベルを明らかに下回るようになること
・GDP成長率がきわめて低いかマイナスの状態が持続し、かつ／もしくは失業率が高い水準にあるか上昇していること

ユーロ圏の場合、相対的な価格調整と物価水準の全体的な変化とを混同することがあってはならない。意味のあるものとしてデフレーションを語るのであれば、物価水準の下落が一般化され長期化された状態が、国境を越えて幅広く観察されなければならない。ユーロ圏のHICPが物価安定と首尾一貫している限り、あからさまなデフレーションのリスクはない。個々の国において、時たまインフレ率がマイナスとなるのは、通貨同盟の通常の機能と首尾一貫したものであり、その国が競争力を回復するためにそうなっている、ということなのである。すなわち、そうした状況は、供給サイドで誘発された相対的な価格調整が起こっている、ということなのである。

[デフレーションの歴史的なエピソード]

デフレーションとは「物価水準の下落が幅広いものとなり、かつ長期化し、それがインフレ期待として確立されてしまい、物価のマイナス傾向が再生産されてしまうこと」という観念でとらえるべきことは、歴史的な観点

からも裏付けされるものである。

1950年代以降、先進国のなかには、一定の期間にわたりインフレ率の年率がマイナスとなることを経験した国々があった。カナダ、香港、イスラエル、日本、ノルウェー、スイス、アメリカである。しかしながらこれらのなかに、あからさまなデフレーションとなった事例はほとんどなく、多くの場合は短期間ですみ、どちらかといえば実体経済に対して良性の効果をもたらした。一般的には、供給サイドで誘発されたマイナスのインフレの期間というのは、主として需要サイドで誘発された場合に比較すれば、経済的なコストはあるとしてもより小さくなる傾向がある。

アメリカ、カナダ、ノルウェーのマイナス・インフレの期間は、1940年代後半〜50年代半ばであった。イスラエルは2003年と04年、スイスは09年と11年末〜13年半ばまでであった。これらのマイナス・インフレの期間は、狭義のテクニカルな意味でのデフレーションであったにすぎない、とみることができる。価格の下落は低いシェアの品目に集中し、GDP成長率に大きな影響を及ぼすことはなかったし、データが入手可能な範囲では、中長期のインフレ期待へも大きな影響はなかった。他方、近年のスイスのケースでは、マイナスもしくはゼロのインフレ率が継続しているが、その要因は、国内需要が弱いこと、というよりも対外的な要因によるものである。実際、スイス経済はこの期間中も、力強いペースで成長している。

近年、先進国における「あからさまなデフレーション」の事例はほとんどない。第2次世界大戦後の最も顕著な事例は、1995〜2013年の日本と1999〜2004年の香港である。この双方のケースにおいて、デフレーションは資産価格のインフレ化の巻戻しによって促進された。実際に、持続可能ではない負債で資金調達したブームの後、資産価格が破裂したこと—そして、関連して民間と公共セクターのバランス・シート調整が起こったこと—が、伝統的な供給や需要のショックよりもむしろ、持続的なデフレーションのより重要な源であった。

この双方のケースにおいて、デフレーションは幅広い基盤を有し、財やサービスの基礎となる価格要素の多数が継続的にマイナスとなって（訳出者注：総合的な物価指数の形成に）寄与していた。同時に、これらの例の両方について、マイナスのインフレの長期化は経済活動の停滞を伴った。さらに日本の場合、長期的なインフレ期待はプラスの領域にあるとはいえ、アンカーされなくなる面があった。香港の場合は開放経済の小国であるゆえ、とるに足りない（worth nothing）が、日本の場合は他の先進国にとって、より参照する意義がある（more useful point of reference）。

[ユーロ圏にデフレーションのリスクはあるか？]

ユーロ圏における低インフレは、供給と需要の両サイドの要因が合流した結果である。エネルギーと食料品価格の減速を含む、グローバルな供給サイドの要因が最も重要な役割を果たしている。ユーロの実効為替レートの増価もまた、インフレ率の下落に寄与しており、商品価格の影響を増幅している。労働市場や製品市場における構造改革のインパクトといったローカルな要因もまた、物価圧力を弱体化させるのに寄与している。同時に、需要サイドの要因もインフレーションに重しを与えており、危機前の過剰（pre-crisis excesses）がいまなお、巻き戻している状態にある国ではとりわけ強い影響を与えている。しかしながらユーロ圏全体のレベルとしては、以下の理由から、現状から、あからさまなデフレーションが差し迫っているとの示唆が得られるわけではない。

・年率の伸びがマイナスになっている品目のシェアは、ユーロ圏としてのディスインフレーションのこれまでの経験に照らせば、例外的に高いわけではない。
・中長期のインフレ期待のアンカーが外れたという証左はない。サーベイおよび市場ベースによる手法（債券もしくはスワップの契約といったもの）の両方とも、ECBの掲げるインフレ目標と一貫した水準を維持している。
・ユーロシステムのスタッフによる最新のユーロ圏の予測によれば、物価圧力は長期化した期間にわたり、落ち着いた（控えめな）状態が続くものの、HICPインフレーションは徐々に上昇する見通しとなっている。
・加えて、経済成長も徐々に上向きとなり、他方、失業も高水準から緩やかに下落すると見込まれている。

一部のユーロ圏諸国においては現在、かなりの規模の相対的な価格調整が起こっているが、それらの国々で競争力が増すことがすでに輸出の下支え要因となっていることが確認できるように、このようなプロセスが下向きのデフレスパイラルという結果につながっていく可能性は低い。

[結　論]

「デフレーション」という用語は、物価が幅広く、かつ持続的に下落し、経済成長にマイナスの影響を及ぼすことを指し示すものである。デフレーションのリスクは、ユーロ圏の文脈に即していえば、通貨同盟のなかでは、個々の国々におけるマイナス・インフレーションが、競争力を回復するための相対的な価格変化を反映していることがありうる点を考慮しつつ、ユーロ圏全体のリスクとして分析されなければならない。

先進国における「あからさまなデフレーション」の歴史的な経験と比較すれば、ユーロ圏におけるデフレーションのリスクは、現在のところ遠いものであるように見受けられる。とりわけ、持続的で一般化された物価の下落が発生しているという事実はなく、中期から長期的な期待は十分にアンカーされている。加えて、ユーロ圏においては経済的な回復が進行中であり、「緩み（slack）」が徐々に吸収されることに寄与している。ユーロ圏における「あからさまなデフレーション」のリスクはこのように考えれば、いまのところ遠いものであるが、プラスながらも低いインフレ率が一定の環境のもとであまりにも長い期間継続することになれば、懸念の源となることもありえ、適切な政策対応を要することとなろう。

3 欧州中央銀行が打ち出した、新たな「非標準的手段」による金融政策運営

このような経済・物価情勢の判断に基づき、欧州中央銀行は2014年6月5日、およびその3カ月後の9月4日の政策委員会を受けて、新たな「非標準的手段」を含む、次のような一連の金融緩和策を発表した。

(1) 政策金利の引下げ

欧州中央銀行には現在、3つの政策金利があるが（前掲・図表4－3参照)、2014年6月と9月の2回にわたり、これらがいずれも引き下げられた。市場金利の誘導目標を示すメイン・リファイナンシング・オペの金利は0.05％に（2回累計で▲20bp引下げ)、市場金利の上限となる限界貸付ファシリティ金利は0.30％に（同▲45bp)、同じくその下限となる預金ファシリティ金利は▲0.20％に（同▲20bp）引き下げられた。これは、欧州中央銀行の場合、政策金利が引き続き、金融政策運営上のシグナリング機能を担っていることを意味する。

このうち、市場金利の下限を画する機能のある預金ファシリティ金利に関しては、6月5日の引下げの時点から、主要国の中央銀行としては初めて“マイナス金利”が適用された（6月の段階では▲0.10％）[3]。マイナス金利は最低準備の超過預入に適用されることとなったが、所要準備の預入分に関しては、引き続きプラスの付利が行われているが、その水準は7月8日に満了する積立期間の適用分から0.15％に引き下げられた（▲10bpの引下げ)。

ただし、欧州中央銀行としては当初から、預金ファシリティ

3　主要国以外の事例としては、デンマークやスウェーデンで過去に導入されたケースがある。いずれも欧州中央銀行と同様、市場金利の下限を画する政策金利について導入されており、デンマークでは預金証書金利について、2012年7月6日～13年4月24日までマイナス金利が導入された。スウェーデンでは預金金利について、09年7月8日～10年9月7日までマイナス金利が導入されたほか、今回の欧州中央銀行の決定を受けて、14年7月9日～本稿執筆時点（11月）に至るまで、マイナス金利が導入されている。

金利をマイナスにすることによって、超過準備が銀行によって引き出されて解消するとは限らず、民間銀行の側の現金通貨の保管コスト等を勘案すれば、企業等への貸出増につながるか、もしくは超過準備のままで保有されるであろうとみていた（European Central Bank, “Why has the ECB inroduced a negative interest rate?”, June 5, 2014）。実際に、本稿執筆時点（2014年11月）で確認できる限りでは、マイナス金利の導入後、超過準備は増加した後、ほぼ横ばいとなっている。欧州中央銀行としては、おそらくユーロの為替相場に与えうる影響等を勘案して、一連の政策金利の引下げおよびその一部へのマイナス金利の導入を実施したものと推察される。

なお、9月の政策金利の一連の引下げの時点で、市場金利の誘導目標であるメイン・リファイナンシング金利が0.05%にまで引き下げられたことから、欧州中央銀行として政策金利の引下げはこの段階で限界に達したことを、ドラギ総裁自ら、4日の政策委員会後の記者会見で認めている。欧州中央銀行としては、市場金利の下限を画する預金ファシリティ金利に関してはマイナス金利を導入できても、市場金利の誘導目標であるメイン・リファイナンシング・オペ金利までにはさすがにマイナス金利は導入できない、ということなのであろう。

(2) ターゲット長期リファイナンシング・オペ（TLTROs：targeted longer-term refinancing operations）

家計および非金融法人向け銀行貸出を家計の住宅購入目的のローンを除き支援するため、新たなリファイナンシング・オペとして、ターゲット長期リファイナンシング・オペ（TLTROs）が導入された。このオペの相手方となる各銀行は、自行のユーロ圏の非金融民間セクター向けローンで、家計の住宅購入向けローンを除く残高に連動する額の供給を、このリファイナンシング・オペによってユーロシステムから受けることができる。

ユーロ圏においては、重債務国の消費者物価が伸び悩み、国によっては前年比マイナスに陥っているのと同時に、債務危機の影響が相対的に軽微であったフランス、フィンランド、バル

図表６－５　2014年第１四半期のEU各国の住宅価格の水準（2010年＝100）

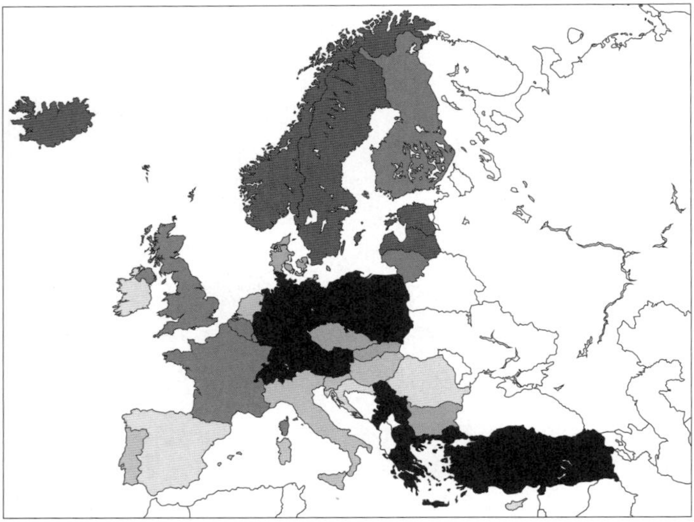

□70.75－84.77　□84.77－91.2　□91.2－101.21
■101.21－110.84　■110.84－142.42　■N.A.

（資料）　Eurostatホームページ。

ト三国やドイツにおいて不動産価格の上昇が目立ち始めている、という実態もあり、資産バブルの懸念も排除できない状況となっている（図表６－５および図表６－６参照）。こうした状況をふまえて、TLTROsは住宅ローンを対象から除外し、主として中小企業向け融資が促進されることを企図して導入されたものとみることができる。

なお、各民間銀行の側からみたTLTROsの利用可能枠は、次のように算出されることとなっている。各行は当初、ユーロ圏の非金融民間セクター向けローンで、家計の住宅購入向けローンを除く2014年４月30日時点での残高総額の７％を借り入れる権利がある。その規模はユーロ圏全体で4,000億ユーロ程度と欧州中央銀行は見積もっている。

TLTROs オペは2012年９月以降も３カ月ごとに16年６月ま

図表６－６　ドイツの不動産価格指数前年比の推移

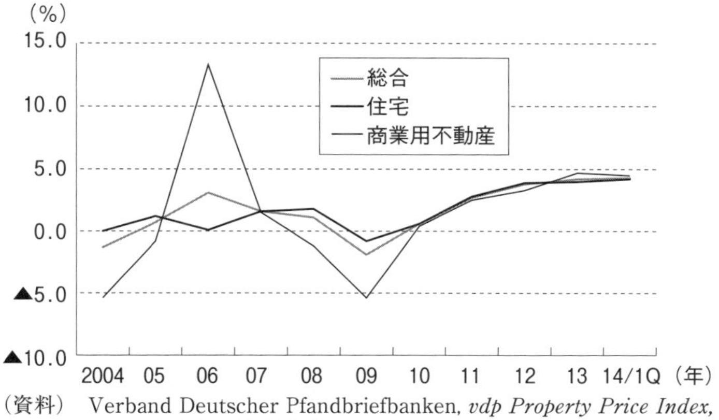

（資料）　Verband Deutscher Pfandbriefbanken, *vdp Property Price Index, Q1 2014*をもとに筆者作成。

で実施されるが、その際、各行は、民間企業等向け貸出の14年4月30日現在の残高を起点として比較した、その後のネット貸出増加分の金額の供給をこのオペによってユーロシステムから受けることができる。なお、ドラギ総裁はその後の14年8月7日の政策委員会後の記者会見において、このTLTROsの規模の見込みに関して、「長期の、きわめて魅力的な金融条件でのオペであり、民間銀行から相当な引合いがあることを期待している。市場の推計や各行が出してきている計数の積上げによれば、最初の2回のトランチだけではなく、定期的なオペレーションによって4,500億～8,500億ユーロの間の引合いになるとみている」と述べている。

ちなみに、3カ月ごとに実施されるオペへの応札可能回数は、各行ごとに通算3回までで、TLTROsの満期は個々のオペの実施時点にかかわらずいずれも2018年9月と設定されている。適用金利はオペレーションごとに満期まで固定され、貸出実行時点のメイン・リファイナンシング・オペの金利に固定のスプレッド10bpを上乗せした水準となっている。なお本オペに応札した各行は、各回のTLTROsの24カ月経過後から、繰上償還が可能なオプションを有している。これは、債務危機の際に実施された3年物LTROと同様のオペの設計によって、必要性が薄れれば、ユーロシステムのバランス・シートが自律的に縮小するメカニズムが組み込まれているものとみることができよう。

なお、従来のオペと同様、有担保での資金供給方式を踏襲しているこのオペが、民間銀行側の資金需要に見合いフルに活用されうるものとすべく、担保政策の面でも、債務危機の際に適格担保基準の事実上の緩和のために導入した「追加的信用債権」の枠組みを少なくとも2018年9月まで延長させることも、6月5日の政策委員会においてTLTROsの導入とあわせて決定された。

(3) 質の高い民間債（ABSおよびカバード・ボンド）の買切りオペ（ABSPPおよびCBPP3）の導入

2014年6月5日の政策委員会の後、金融政策のトランスミッション・メカニズムの機能を強化するため、ABS市場におけるアウトライト買入れに関連する準備作業を強化することが発表された。そして、9月4日の政策委員会において、ABS買入れプログラム（ABSPP：ABS purchase programme）および新たなカバード・ボンド買入れプログラム（CBPP3：covered bond purchase programme）を開始することを決定した。

欧州中央銀行は、欧州の金融市場における金融仲介機能がより効果的に発揮されるようにするためには、市場型間接金融の強化も重要な選択肢として考慮に入れているものとみられる。欧州の場合、独自の市場型間接金融の手段として、ドイツのファンドブリーフ債を原型とするカバード・ボンドの枠組みが広く発達しているものの（第5章コラム⑥「「カバード・ボンド」とは？」参照）、その担保債権たりうるのは住宅ローンや公共セクター向けローン、船舶ローン等に限られるため、中小企業向け金融の円滑化のためにABS市場の強化も検討しているものとみられる。

ちなみに欧州中央銀行はイングランド銀行と共同で、2014年3月24日、「損なわれたEUの証券化市場：原因、障害、およびいかに対処するか」（“The Impaired EU Securitization Market: Causes, Roadblocks and How to Deal with Them”）というペーパーを公表しているほか、同じく5月には「欧州連合における証券化市場のよりよい機能のための主張」（“The case for a better functioning securitisation market in the European Union”）というディスカッションペーパーも公表し、市場関係者から7月4日を期限としてコメントの募集が行われた。これまで、市場型間接金融の主たる機能をABSに担わせてきたロンドン市場をマザーマーケットとするイングランド銀行と共同で、リーマン・ショックで壊滅的な打撃を被った欧州のABS市場におけるスキームの立直しを図ろうとしているものとみられる。

そして2014年10月2日の政策委員会において、ABSPPとCBPP3のプログラムの詳細が検討のうえ決定・公表された。ただしABSPPに関しては、この段階で検討中のため、後日公表とされた部分も残っている。これらの資産買入れオペは、同年10～12月に開始され、少なくとも2年間継続される。

その目的は、実体経済におけるファイナンスにおいて鍵となる役割を果たしている特定の市場（ABSとカバード・ボンド）のセグメントを支援することにある。ABSPP、CBPP3とも、セカンダリー（流通）市場においてのみならず、プライマリー（発行）市場においてもユーロシステムのオペを実施する。これは、ユーロシステムが、既発債のみならず、今後組成される債券も、要件を満たせば買い入れることを意味する。

ユーロシステムはまず、カバード・ボンドの買入れオペ（CBPP3）を2014年10月20日から開始した。これはカバード・ボンドの場合、すでにCBPPやCBPP2を実施した経験があるため、導入が相対的に容易であったことによるとみられる。他方、ABSPPに関しては、制度設計の点でなお調整の余地があるため、若干スタートが遅れる模様である。

ABSPPに関しては、ユーロシステムは、適格基準を充足するABSのシニア・トランシェを買い入れるほか、メザニン・トランシェのうち政府保証がついたものを買い入れる。金融危機の経験をふまえ、欧州中央銀行はその対象を「シンプルで透明性の高いABSに限る」としており、この点を担保するため、投資家レポートの公表等が義務づけられた。メザニン・トランシェに関する政府保証の付与に関しては、ユーロ圏各国政府との間でまだ調整中の模様であり、ドイツやフランス政府は、この政府保証の付与に反対している、との報道[4]がみられる半面、イタリアでは政府保証の付与に関して検討、といった報道[5]もみられる。

加えて欧州中央銀行は、ABSの適格担保基準は「BBB－」であるところ、欧州債務危機を経ていまもなおEUによる支援の対象下にあるギリシャとキプロスに関しては特例を設けて、この格付の最低ラインを下回るABSをもABSPPの対象とする

4　2014年10月1日付Financial Times記事 “Dragi push for ECB to accept Greek and Cypriot ‘junk’ loan bundles.”。

5　2014年10月4日付時事通信（ローマ発）「伊、ABSへの保証付与を検討＝政府当局者」。

ことを明らかにした。

欧州中央銀行としては、ユーロ圏内各国における低インフレ傾向が、とりわけ欧州債務危機で強烈な財政調整を迫られた重債務国で顕著になっていることにかんがみ、これらの国々の民間銀行のバランス・シート上にあるパフォーマンスの芳しくない中小企業向け債権をABSに組成して切り出させ、それをユーロシステムが買い入れることによって、新規融資への取組みを促し、経済活動を活発化させ、インフレ率の底上げを図ろうとしているものとみられる[6]。このようにABSPPに関しては、欧州中央銀行は、ユーロ圏内の中小企業金融活性化のために、事実上の「バッドバンク化」も厭うことなく、相当に思い切った措置を打ち出したものと評価できよう。

ちなみに、欧州中央銀行はこのABSPPの実務に関して、アメリカの資産運用会社であるブラックロック・ソリューションズに委託した、との報道がみられるが[7]、フランス中央銀行のクリスチャン・ノワイエ総裁は、10月2日の政策委員会において、この実務の民間資産運用会社への委託の点に反対した、との報道[8]もある。

このほかCBPP3は、ユーロシステムのカバード・ボンドの適格担保基準に即して実施され、最低格付基準はABSと同じ

6　ちなみに上述の2014年10月1日付Financial Times記事は、このような措置に対するギリシャの銀行幹部の発言として、「ギリシャの銀行システムおよびギリシャ経済にとって、相当にポジティブなインパクトがありうる」と報じている。

7　2014年8月27日付Financial Times記事 “ECB signs up BlackRock to advice on bond buying”。

く「BBB－」であるところ、ギリシャとキプロスに関しては、ABSと同様の例外的措置により、この最低ラインを下回るものもユーロシステムの買入れの対象とされることになっている。

そもそも、欧州におけるABS市場の規模自体があまり大きいものではなかったところ、それがリーマン・ショックによって壊滅的な打撃を受けている（欧州における2013年末の発行残高は約1兆5,000億ユーロで、アメリカの約4分の1の規模。2009年末対比で約3割減[9]）。

他方、カバード・ボンドに関しては、欧州における市場型間接金融の中心的な地位を長らく占めてきており、欧州における民間債としては相応の規模を有している（欧州における2013年末の発行残高は2兆5,984億ユーロ[10]）。欧州中央銀行としても、

8　2014年10月6日付時事通信（フランクフルト発）「ECBの証券購入、仏中銀総裁も反対＝独紙」は次のように報じている。

「6日の独紙ウェルト（電子版）によると、欧州中央銀行（ECB）の証券購入策について、フランス中銀のノワイエ総裁が3日のECB理事会で反対票を投じた。同措置には、ドイツ連銀のワイトマン総裁も反対している。

同紙によると、ノワイエ総裁はECBが証券購入の実務を仏中銀などユーロ圏各国の中銀ではなく、証券取引の経験が豊富な外部の機関に任せる方針であることに反対しているという。ECBがこれまで行ってきた国債購入などでは、各国中銀が実際の買い入れを行っていた。

ECBは3日の理事会で、証券購入策についてギリシャやキプロスの「投機的」と格付されている証券も買い入れ対象に含めるなどの詳細を決定。しかし、独連銀のワイトマン総裁はリスクが高すぎるとして反対をしている。」

9　European Central Bank and Bank of England, *The Impaired EU Securitization Market : Causes, Roadblocks and How to Deal with Them,* March 27, 2014.における計数。原資料はAssociation for Financial Markets in Europw（AFME）。

その買入れプログラムをすでに２回実施している。このため、CBPP3のほうで、一定の買入れ規模を実現できるようになる可能性もあろう。

ちなみに、ドラギ総裁は2014年10月２日の記者会見の質疑応答で、ABSPPとCBPP3をあわせた買入れ対象資産は１兆ユーロ程度存在する、と述べている。実際の買入れ規模は、とりわけABSPPのほうについて、今後、メザニン・トランシェに対する政府保証がどの程度付されることになるかや、ギリシャやキプロスにおいて新規のABSがユーロシステムの要求する「シンプルで透明」なかたちでどの程度組成しオペに売りに出されることになるのか、にも依存するものと考えられる。

なお、ドラギ総裁は2014年９月４日の記者会見の質疑応答において、今回のABSPPやCBPP3の主たる意図は、規模でなく「信用緩和（credit easing）を行うこと」であると明言している。要するに、これらの市場型間接金融による金融仲介機能の向上を企図している、ということなのであろう。

他方、ドラギ総裁の10月２日の記者会見の導入的声明（inroductory statement）では、「われわれの資産買入れは、金融政策スタンスをより幅広く緩和することになる（our asset purchases should ease the monetary policy stance more broadly. 訳は筆者)」と初めて述べられており、「金融政策運営スタンスの変更はあくまで政策金利の操作で行う」という従来のスタンスがやや変化してきているようにも見受けられる。

10　European Covered Bond Council, 2014 *ECBC European Covered Bond Fact Book*, September 2014における計数。

さらに、11月6日の政策委員会後の記者会見の導入的声明では、ドラギ総裁は、これまでに打ち出した新たな資産買入政策（ABSPP、CBPP3）について、「これらの資産買入れは、われわれのバランス・シートにかなり大きなインパクトを及ぼすであろう、そしてそれは2012年初の時点でバランス・シートが有していた次元に近づいていくことが期待される（these asset purchases will have a sizeable impact on our balance sheet, which is expected to move towards the dimensions it had at the beginning of 2012. 訳は筆者)」と述べた。そしてその後の質疑応答において、この声明文は政策委員会の全会一致で決定された、とドラギ総裁は述べた一方で、「これは、政策委員会のメンバーが、バランス・シートをこの次元にまで拡大したいと考えている、ということか？」という記者からの質問に対しては、明確に“No.”と答えている。

なお、資産の買切りオペという観点に即してみると、今回、対象とされたABSやカバード・ボンドは、5年満期程度の年限のものが多いとみられ、他の主要中央銀行が長期の国債やMBSを買い入れてLSAPを行っているのに比較すれば、今回の欧州中央銀行の場合は、出口局面の心配はより少なくてすむ筋合いであり、欧州中央銀行はこうした点も考慮しつつ、買入資産を選定したものと考えられる。

(4) 有担保オペの全額割当（無制限供給）方式の継続

このほか、2014年6月5日の政策委員会においては、欧州中央銀行が示しているフォワードガイダンスに従い、金融緩和スタンスを維持し、市場のボラティリティを封じ込めるため、ユーロシステムの金融調節オペレーションの主力である有担保の資金供給オペのうち、メイン・リファイナンシング・オペおよび3カ月物長期リファイナンシング・オペについて、少なくとも16年12月の準備預金積立期間が終了するまで、固定金利・全額割当入札手続（fixed rate, full allotment tender procedure）で実施すること―要するに有担保が可能な範囲内における流動性の無制限供給が当該期限まで行われること―が決定された。

さらに、欧州債務危機の際に実施された証券市場プログラム（SMP。2012年9月停止）においては、この買切りオペによって供給された流動性は週次の微調整オペで必ず不胎化することとなっていたが、その不胎化調節を停止することも6月5日の政策委員会において決定された。

4 欧州中央銀行による非標準的手段による政策運営の考え方――他の主要中銀との比較

欧州中央銀行がこれまでに展開してきた非標準的な政策運営手段は多岐にわたるものとなっている（図表6－7参照）。ここで、欧州中央銀行の政策運営の特徴やその背景にはいかなる理念や判断があるのかを、他の主要中央銀行と比較しつつ考えてみよう。

欧州中央銀行による非標準的手段による政策運営の最大の特徴は、アメリカの連邦準備制度やイギリスのイングランド銀行、そして日本銀行が実施しているような大規模な資産買入れ（LSAP：Large Scale Asset Purchases）―いわゆる量的緩和

（Quantitative Easing）―というアプローチとは、欧州債務危機の際も、そして経済の低成長化・低インフレ化が深刻な問題となってきた最近においても、一線を画したスタンスをとり続けている点に集約される。

実際に、他の主要中央銀行とバランス・シートの規模やその構成内容を比較しても、欧州中央銀行の場合、少なくとも本稿執筆の時点（2014年10月）に至るまでの間は、バランス・シートの規模が一方向で拡大し続けるような事態とはなっていないことがみてとれよう（図表6－8参照）。欧州債務危機の際には一時的な規模拡大がみられたが、それも、すでに述べたような自律的な縮小メカニズムが機能することによって、他の主要中銀とは対照的なかたちで、その後は顕著な縮小傾向をたどってきた（図表6－9参照）。

ドラギ総裁をはじめとする同行の首脳がこれまで行ってきた対外的な説明振りや、欧州中央銀行の公表ペーパーで示されている分析結果や内容等をあわせて考えれば、同行がLSAPとは一線を画してきた理由として以下のような点があるものとみることができよう。

第一に、LSAPのような資産買入れといった非伝統的な手段そのものが、金融政策運営のシグナリング機能を担うことはできない、と考えていることである。米英日の中央銀行は、政策金利の引下げ余地がなくなった段階で、その「代替」手段としてLSAPを実施している。これに対して欧州中央銀行は、少なくとも本稿執筆時点（2014年11月）までは、政策金利の一部にマイナス金利を導入する労を厭うことなく[11]、危機前と同様、

図表6－7　非伝統的な金融政策運営上の手段の類型の整理（金融
中心に）

	銀行の資金調達への支援					
手段	アウトライト買入れ					
	負債			銀行が保有する資産		
	カバード・ボンド	コマーシャル・ペーパー、その他証券	エクイティ	負債証券	その他証券（ABS）	エクイティ保有
中央銀行のバランス・シート上のリスク	フル・リスク					

	ノンバンク金融仲介主体に対する働きかけ					
手段	アウトライト買入れ		アセット・スワップ		貸出	
	モーゲージ担保証券	エクイティ	ABSとその他		ターゲット先の金融仲介主体	MMF
中央銀行のバランス・シート上のリスク	フル・リスク				カウンターパーティ・リスク	

（注1）　○印は主要国中央銀行によって実際に採用された手段。**網掛け・**
（注2）　ABSの買入れは、本図表ではECBによる買入れオペに則して上
　　　セクター向け）に含まれることもありうると考えられる。
（資料）　Philippine Cour-Thimann and Bernard Winker〔2013〕, “The
　　　Factors and Financial Structure”, *Working Paper Series* No. 1528,
　　　デートし作成。

政策金利に引き続き金融政策運営のシグナリング機能を担わせている。非標準的手段はあくまでその「補完」的な手段、金融

11　マイナス金利を実際に導入するためには、ユーロシステムとしてのTARGET 2等の決済システム上の対応や、場合によっては取引約定や規定等の法務面での対応が必要であったものと推察される。

危機以降、主要国中央銀行によって実行もしくは検討されたものを

アセット・スワップ	貸出オペレーション				
証券対非流動資産	**担保／カウンターパーティの適格性**	**LTRO**	**外為スワップライン**	ノンリコース・ローン	**貸出のための資金調達（TLTRO）**
テイル・リスク	カウンターパーティ・リスク				

その他の介入								
非金融セクター向け							国債市場	
貸出	アウトライト買入れ				アセット・スワップ		アウトライト買入れ	
ターゲット先のセクターに対する貸出	コマーシャル・ペーパー、貿易信用	**ABS**	ABCP	社債 ETFs J-REITs	社債	その他	発行市場における大規模買入れ	**流通市場における不胎化買入れ**
カウンターパーティ・リスク	フル・リスク				テイル・リスク		フル・リスク	

太字部分は欧州中央銀行によって実際に採用された手段。
段（銀行の資金調達への支援）に含めたが、下段のその他の介入（非金融

ECB's Non-standard Monetary Policy Measures The Role of Institutional
European Central Bank, April 2013をもとに、筆者が一部加筆・アップ

政策のトランスミッション・メカニズムを強化するための手段と位置づけて運営されている。ちなみに、欧州中央銀行がLSAPにはシグナリング機能は担うことはできないと考えているということは、中央銀行の資産規模の拡大が市場の期待形成に対して有意な影響を及ぼすとは考えていない、と受け取るこ

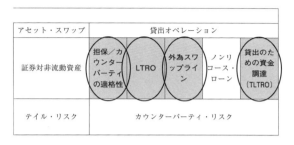

図表６－８　主要国中央銀行のバランス・シートの規模と構成の比較（2014年時点）

（単位：％）

中央銀行		総資産（名目GDP比）	マネタリー・ベース（名目GDP比）	アウトライト買入れ（名目GDP比）	アウトライト買入れ（総資産比）
欧州中央銀行（ユーロシステム）	直近（2014年５月）	18.7	12.8	2.2	11.9
	ピーク（2012年６月）	32.5	18.8		
	危機前（2007年）	14.4	9.1		
連邦準備制度（FRS）	直近（2014年５月）	25.7	23.4	24.2	99.0
	危機前（2007年）	6.2	5.8		
日本銀行	直近（2014年５月）	51.5	46.4	44.8	87.6
	危機前（2007年）	21.7	17.7		
イングランド銀行	直近（2014年５月）	25.0	22.9	26.5	99.6
	危機前（2007年）	7.2	5.3		

（原資料）　ECB, Federal Reserve, Bank of Japan, Bank of England.
（資料）　Vitor Constâncio, "Recent challenges to monetary policy in the euro area", speech at the Athens Symposium on Banking Union, *Monetary Policy and Economic Growth*, June 19, 2014、European Central Bankをもとに筆者作成。

ともできよう。

第二に、欧州の金融システムや金融市場のそもそもの特性の問題がある。欧州の場合、金融仲介機能は直接金融中心のアメリカとは異なり、間接金融が主に担っている。家計の金融資産のポートフォリオをみても、欧州の場合は銀行預金と保険商品が中心であるのに対し、アメリカの場合は民間の年金スキームが広く利用されているため、家計による市場性金融商品の選好度が高い。LSAPは、アメリカのように家計が資産価格に対してセンシティブであり、経済全体としての「資産効果」が相当な度合いで存在し、エクイティファイナンスが企業にとって重要である経済において効果を発揮しやすい。逆に、欧州中央銀行がLSAPに踏み切ったとしても、長期金利を押し下げるルートを通じてのポートフォリオ・リバランス効果や、市場の期待形成への働きかけを通じての効果などが、自らのマザーマーケットの実情にかんがみればはたしてアメリカほどに得られるものか、には疑問符がつくのも事実であろう[12]。

第三に、買入れ資産の問題がある。買い入れる資産が民間債であれ、国債等の公共債であれ、当該債券の全体としての市場規模に対する買入れ規模の設定によっては、当該債券市場の流動性が低下し、市場による適切な価格発見機能や当該債券の発行主体に関するリスクのシグナリング機能が失われてしまうことが懸念される[13]。

そして間接金融が主体の欧州の場合、資本市場における民間

12　このような分析は、現段階で欧州中央銀行の公式見解として示されているわけではないが、同行が公表するWorking Paper Seriesのなか（Philippine Cour-Thimann and Bernard Winker〔2013〕）に、こうした分析や指摘がみられる。

図表6－9　日米欧中央銀行の資産規模の推移（名目GDP比）

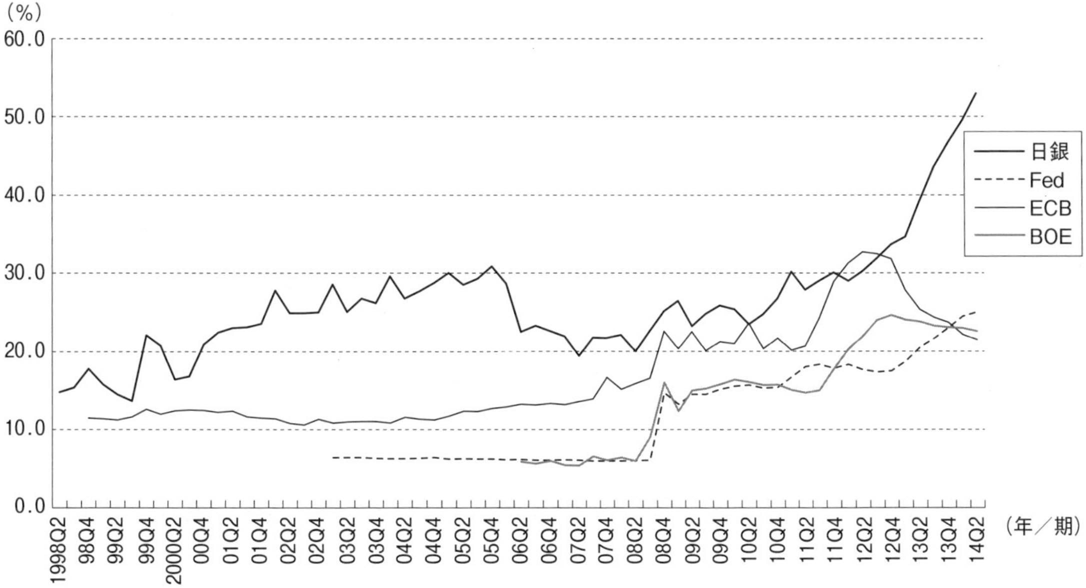

（原資料）　日本銀行、内閣府、FRB、U.S.BEA、ECB、Eurostat、BOE、ONS。
（資料）　Datastreamをもとに筆者作成。

債の規模は相対的に小さい。米英日の中央銀行並みの「大規模な」資産買入れを行うとすれば、買入れ資産は加盟各国の国債とならざるをえない。すでに述べたように、基本法である欧州連合の機能に関する条約上も、「中央銀行による財政ファイナンスの禁止」は厳格に定められている。

ただし、ドラギ総裁も明らかにしているように、「中長期的な物価の安定の確保」という欧州中央銀行が与えられたマンデート上、金融政策運営に必要であると政策委員会が決定し、かつその実際のオペレーションの手法が、条約や規程が定める制約を逸脱しないものとなっていれば、国債買入れオペも現行制度上、決して不可能ではない（詳細はコラム⑪「ユーロシステムの国債買入れは制度上可能か？——ドラギ総裁が示した見解」参照）。

他方、欧州債務危機でユーロ崩壊の懸念が高まり、緊張がピークに達した局面において、欧州中央銀行が短・中期国債の無制限買入れプログラム（OMT）を打ち出した際のスキームからも明らかなように、中央銀行が加盟各国の国債を大規模に買い入れることになれば、その目的が何であれ、実際には各国政府の財政再建に対する意欲やインセンティブにマイナスに作用しかねないことを、欧州中央銀行が懸念していることは間違いないものと考えられる。

そして第四に、さらに深刻な問題として、ひとたびLSAPに

13　現にわが国の場合は、2013年４月以降の「量的・質的金融緩和」によって、このように国債の流通市場がゆがめられる事態が実際に引き起こされているものと考えられる。

踏み切ってしまうと、出口（phasing-out）政策を講ずるうえで、現実問題として大きな困難が伴うであろうという点がある。買い入れるのが短期の金融資産であれば、満期到来の段階でロールオーバーさえしなければバランス・シートから容易に落とせる[14]のに対して、とりわけ長期の金融資産をひとたびLSAPで買い入れてしまうと、満期到来前にその残高をバランス・シートから落とすことは、中央銀行側になんらかの政策アクションが必要となるため、実際には相当な困難が伴う。2013年来のアメリカの連邦準備制度による「出口」をめぐる政策運営の経験からも明らかなように、LSAPからの脱却を目指した中央銀行のアクションが、市場になんらかのボラティリティを生じさせる事態も十分に考えられる[15]。そして何よりも、LSAPで買い入れた多額の資産の見返りとして、長期間にわたり、多額のベースマネーが放置された状態ともなりかねず、先行きの副作用として、意図せざる高インフレや資産バブルをも引き起こす結果となりかねない。

第五に、中央銀行のバランス・シートへの影響の問題がある。有担保方式の資金供給を行うのであれば、中央銀行が負うリスクはカウンターパーティ・リスクにとどまる[16]が、資産をアウトライトのかたちで買い入れる（＝買い切る）となれば、中央銀行は当該資産を発行している主体の信用リスクのみならず、当該資産の価格変動リスクまでも含めた、フル・リスクを

14　欧州中央銀行が2012年９月に打ち出したOMTが、短・中期ゾーンの１〜３年満期の国債に限って無制限で買い入れるという制度設計であったのは、この理由によるものと考えられる。

負わざるをえない。これは中央銀行の立場からすれば、大きなリスクであるといえよう。

なお、国際金融界には現状、LSAPに対して積極派と消極派の二通りの考え方がある（コラム⑫「LSAPに対する二通りの考え方――IMFの対ユーロ圏4条審査報告書とBISの第84次年次報告」参照）。これはかつて、資産価格バブルに対して金融政策当局はいかに対応すべきか、という点に関して、バブル生成を未然に防ぐための対応は困難かつ不要で、バブル崩壊後に対応すれば足りると考える「Fedビュー」と、未然に防ぐための対応が必要と考える「BISビュー」とに分かれていたことを髣《ほう》

15　ドラギ総裁は、2013年6月6日の政策委員会後の記者会見の質疑応答において、この点を次のように明確に述べている（注：訳は筆者）。

「率直に申し上げて、ECBは市場のボラティリティを増すようなことは何もしていない。もし貴殿（訳者注：質問者である記者）が、他の中央銀行において起こっているようなことに比肩する何かをやってしまったと考えるのであれば、われわれはそのような見方には同意しない。われわれの金融政策スタンスは緩和的であり、すでに申し上げたように必要である限り、緩和的であり続けるとしているが、結局のところ現在、われわれはもっと保守的なスタンスをとっていると私は考えている。しかしながらたしかに、グローバルなボラティリティは増加していることが認められ、それは来る数カ月のうちにとられるであろう、主たる金融政策運営の決定やその公表が源となっている。しかしながら、ECBがそうした源になっているとは私は考えない。実際、そうした点を支持するデータは見当たらない」「ECBは結局のところ、マネー創出の流動性の要素が縮小している唯一の中央銀行である。われわれは、他の中央銀行とは異なり、ボラティリティを生み出す、もしくは生み出しかねない決定をなんら行うことなく、バランスシートの規模を徐々に縮小していくことができるのであるゆえ、これはよいことでもある。これは、デフレ的ではない、自動的な（automatic）プロセスなのである」。

16　有担保オペで資金供給を行った相手方の銀行が倒産することはないか、ということ。

髴《ふつ》させる。

ただし今回の場合は、実際にLSAPに踏み切った中央銀行のうち、連邦準備制度に関しては、消極派（国際決済銀行や欧州中央銀行）が指摘するような先行きのリスクや副作用がありうることを当初から認め、それをふまえた政策運営が行われてきている側面もある。

たとえば、FRBのバーナンキ議長（当時）は「QE3」導入直前の2012年８月の時点で、LSAPの潜在的なコストとして、①証券市場の機能を損なう、②Fedが緩和的な政策からスムーズに脱出できることに関する大衆の信認を減殺する、③金融の安定性に対するリスクとなる、④連邦準備が財務面での損失を被る可能性がある、という４点を指摘していた。そのうえで、「出口」局面での資産売却が容易ではないことにかんがみ、政策金利の引上げを先行させて金融市場に緊張感を保ちつつ、資産規模の正常化には相当な年月をかけて取り組む、というシナリオが当初から考えられていた。そして足許の政策運営をみても、そのようなシナリオに基づく「出口」に向けた取組みが、着々と進められているとみることができる。

そして、LSAPに対しては「消極派」を貫いてきた欧州中央銀行も、ここへきてデフレ懸念が深刻化するのにあわせ、政策運営スタンスを微妙に修正し始めているようにも見受けられる。本稿執筆時点（2014年11月）では、資産買入れの対象としては優良な民間債（一定の基準を充足するか、もしくは政府保証のものなど良質なABSとカバード・ボンド）があげられるにとどまっており、その買入れ規模がはたしてどの程度のものになるのかはABSのメザニン・トランシェの部分にどの程度政府保証が付されることになるのかにも依存するため、定かではないが、今後のユーロ圏全体および圏内各国の経済・物価情勢の進展をにらみつつ、欧州中央銀行がいかなる政策運営の舵《かじ》取りをしていくのかが注目されるといえよう。

コラム⑪　ユーロシステムの国債買入れは制度上可能か？——ドラギ総裁が示した見解

欧州議会のZijlstra議員からの2014年4月15日付の照会[17]に対して、ドラギ総裁が同年5月26日付で示した書簡（回答。同時に対外公表）には、欧州中央銀行によるLSAP、なかんずく国債買入れに関する制度的な制約にはどのようなものがあり、同行としてどのように考えているのかが端的に示されている。以下は筆者による抄訳である。

（冒頭部分略）

欧州中央銀行制度および欧州中央銀行規程18条1項には、ユーロシステムは金融市場において、適格資産を売買することができる、と定められている。そのような取引は、ユーロシステムの発足当初からの手段の一部であった。……それゆえ資産買入れは、しばしば量的緩和（QE）として引合いに出される、潜在的な大規模資産買入れの文脈を含めて、ECBにとって利用可能な金融政策のツールの一部である。これらのツールをいかに用

17　Zijlstra議員からの照会の書簡は、欧州議会の経済・金融問題委員会のBowles委員長経由でドラギ総裁に回付されたことが、ドラギ総裁側からの回答の書簡の冒頭に明記されている。

いるかは、ユーロ圏における中期的な物価安定の維持という基本目標を追求するなかでの政策委員会の裁量に完全に委ねられている。

もし、政策委員会が資産買入れプログラムを実行することを決定するようなことがあれば、条約で定められたマネタリー・ファイナンシングの禁止に合致するようにオペレーション上の様式を定めるべく、特別の注意が払われることになろう。条約は、ECBおよび各国中央銀行が、発行市場において政府負債商品を買い入れることを禁じている。加えて、そうした負債商品の流通市場での買入れも条約で認められてはいるものの、マネタリー・ファイナンシング禁止の迂回として用いられてはならない。

証券市場プログラム（SMP）の一部として実行された不胎化オペレーションの問題に関しても、まず、これらのオペレーションは、証券買入れによって供給された中央銀行の流動性を、金融政策のスタンス上中立化するために実施されたものである、ということを指摘したい。貴殿の書簡で言及された不胎化オペレーションの終了ないし一時停止の可能性は、実のところ政策委員会の裁量で決定される。しかしながら、SMPのポートフォリオの残存年限が限られていることをふまえれば、そのようなんらかの決定をするとしても、単に短期金融市場の流動性の状態にインパクトを与えるものにすぎない。

このようにそれは、資産買入れプログラムとは性質上、きわめて異なるものである。資産買入れプログラムとは、物価安定に対するダウンサイド・リスクに対処するため、金融政策スタンスの一般的な緩和を示すことをねらうもので、それゆえにECBが基本的な目標を達成することをサポートするものである。

最後に、中期的な物価安定を維持するというECBの基本的な目標が、通貨同盟の当初からECBが講じてきたすべての手段の究極的な指針であった、ということを強調したい。金融政策のトランスミッション・メカニズムを修復し、それゆえ究極的にはECBのマンデートを達成するために、政策委員会はさまざまな局面で非標準的な手段を講じてきた。非標準的な手段はこれまでも、そして必要であれば今後も引き続き、信用市場における重要なセグメントにわたる金融政策の不均一なトランスミッションに対処するものである。この不均一なトランスミッションは、さもなくば、金融政策の企図したスタンスを妨げることになってしまう。

そうした政策運営の２つの例としては、標準的な金融政策オペレーションにおいて銀行に流動性を割り当てる際の固定金利・全額割当方式へのシフトや、危機前に通常であったよりもより長い期間、流動性を供給する決定をしたことがあげられる。これらの方策は、2008〜09年、インターバンク・マネー・マーケットが断片化したことに対処するために実施された。それらによって、銀行システムにおける流動性リスクが軽減され、それゆえに経済へのファイナンスの供給が継続されるうえでの下支えとなったのである。

コラム⑫　LSAPに対する二通りの考え方――IMFの対ユーロ圏４条審査報告書とBISの第84次年次報告

目下のところ、欧州中央銀行は米英日の中央銀行のような規模でのLSAPとは一線を画した政策運営を続けているが、同行のこのような政策運営に対しては、国際金融界から異論もある。

IMFは、2014年７月14日に公表したユーロ圏に対する４条協議の報告書において、ユーロ圏における低インフレ状態がさらに長期化する場合、欧州中央銀行は量的緩和（QE）によるバランス・シートの拡大に踏み切るべきだ、と提言している。その際の買入れ資産としては、欧州の場合、民間債ではそもそもの市場規模が限られるため、ユーロ圏の各国債を欧州中央銀行への出資比率（前掲・図表２－２参照）に比例するかたちで買い入れることが望ましい、としている。

報告書には、こうした指摘に対して消極的なスタンスを貫いている欧州中央銀行側の反論の内容も掲載されている。そこではとりわけ、ユーロ圏にとって今後、外生的なショックが発生したり（ウクライナ危機等を念頭に置いているものとみられる）、インフレ見通しが悪化したケースにおいて、QEも１つの選択肢たりうることは同行も認める一方で、QEは万能薬（panacea）ではなく、他の政策手段同様、一定の制約がある、とされている。国債金利がすでに相当に低い環境下において、金融政策のトランスミッション・メカニズムがどう機能するかには、不確実な側面もある。同行がバランス・シートを拡大すれば、それが伝播していく経路で、期待が重大な役割を果たし、高インフレにつながりかねない、というのが欧州中央銀行側が示した反論の理由である。

これに先立つ2014年６月29日、国際決済銀行（BIS）は第84次年次報告（13年４月１日～14年３月31日）を公表した。そのなかでBISは、近年、主要国の中央銀行がこぞって展開してきた非伝統的な手段による金融政策運営が直面する課題として、①効果の低さ、②周辺国・市場への影響、③予想外のディスインフレーション、④出口の局面で後手に回るリスク、の4点をあげている。そしてBISは、主要国中央銀行の近年の金融政策運営によって、多くの新興国やスイスで負債レベルが危険水域に入ったとみられるなど、国際金融市場を通じて不均衡は拡大し、足許の金融資本市場の状況は実体経済とかけ離れて過熱しており、このような政策運営からの出口に向けての舵取りは、経済的・金融的・政治的な意味できわめて困難なものとなりうる、と強い調子で警告している。

このように、LSAPをめぐるスタンスは、実は国際金融の当局者の間でも賛成一色というわけでは決してない。積極派と消極派とに分かれているのが実態といえる。これはかつて、資産価格バブルに対して金融政策当局はいかに対応すべきか、という点に関して、バブル生成を未然に防ぐための対応は困難かつ不要でバブル崩壊後に対応すれば足りると考える「Fedビュー」と、未然に防ぐための対応が必要と考える「BISビュー」とに分かれていたことが想起される。

そして経済の低成長化、低インフレ化への対応のあり方として、LSAPに対する積極派はアメリカ中心、消極派は欧州大陸が中心[18]という構図は、かつて資産価格バブルへの対処の考え方が分かれたときの構図と同様のものとなっている。今回は、両者がそれぞれの政策運営上、お互いに相手が指摘するリスク等を認めて実際の政策運営に反映させるなど、歩み寄っているような側面も存在するが、今後の各国の経済・物価情勢の展開と相まって、こうしたそれぞれの政策運営が今後どのようなものとなっていくのか、引き続き注意深くみていく必要があろう。

18　たとえば、フィリップ・ヒルデブラント前スイス国立銀行総裁は2014年8月19日付のFinancial Timesへの寄稿（“The Fed's regimen will not remedy Europe's ills”、「Fedの処方箋は欧州の病を治せない」）のなかで、「QEは単に政府に対して、もっと安く資金調達をすることを可能にし、やんちゃな政治家たちに安易な抜け道を与えるだけである」「ECBはFedがたどった道を追うべきではない。それは、欧州の中央銀行家達が無力だということを意味しない。鍵は、欧州の病んでいる銀行システムを修復することだ」「Fedの債券買入れプログラムはアメリカ経済の回復に貢献したように見受けられるが、欧州の成長の問題はそれとは異なる。その所在は、フランス経済やイタリア経済の構造的な病や、ユーロ圏の銀行が引き続き不健康な状態にあることにある。どれほどの額のQEをもってしても、この病を治すことはできない。欧州は独自のアイデアを必要としている。それは、Fedを単純に模倣することではありえない」などと述べている。

参考文献

【第Ⅰ部】欧州中央銀行の歴史と金融政策運営
――「危機」前はいかなる状況にあったのか

第１章　歴史と欧州共同体における位置づけ

・河村小百合「21世紀へ向けてのEU統合の展望」『Japan Research Review』日本総合研究所、1996年２月

・Rolf Hasse〔1990〕, *The European Central Bank : Perspectives for a further development of the European Monetary System (Strategies and options for the future of Europe)*, Bertelsmann Foundation, 1990.（田中素香・相沢幸悦監訳『EMSからEC中央銀行へ』同文館、1992年７月。藤川和隆訳「西欧各国中央銀行の組織―通貨政策権限および政府からの影響―」『ヨーロッパ金融・経済シリーズ　5　ECUとEC諸国の中央銀行』財団法人日本証券経済研究所、証券資料No.116、1992年４月）

・Hanspeter K. Scheller〔2006〕, *The European Central Bank History, Role and Functions Edition 2006,* European Central Bank, 2006.

第２章　欧州中央銀行の組織

・European Central Bank〔2003〕, "The adjustment of voting modalities in the Governing Council", *Monthly Bulletin*, May 2003.

・European Central Bank〔2009〕, "Rotation of Voting Rights in the Governing Council of the ECB", *Monthly Bulletin*, July 2009.

・European Central Bank〔2011〕, *The Monetary Policy of the ECB*, 2011.

・Hanspeter K. Scheller〔2006〕, *The European Central Bank History, Role and Functions Edition 2006*, European Central Bank, 2006.

・Patricia S. Pollard〔2003〕, "A Look Inside Two Central Banks: The European Central Bank and the Federal Reserve", *Review*,

Federal Reserve Bank of St. Louis, January/February 2003, volume 85, number 1.
・Phillip Moutot, Alexander Jung, and Francesco Paolo Mongelli〔2008〕, "The Workings of the Eurosystem Monetary Policy Preparations and Decision-Making――Selected Issues", *Occasional Paper Series* No.79, European Central Bank, January 2008.
・Herman Van Rompuy〔2012〕, "Towards a Genuine Economic and Monetary Union", Report by President of the European Council, June 26, 2012.
・井上武「欧州における銀行監督を巡る最近の動向」『FSA Institute Discussion Paper Series』DP 2013-4 、金融庁金融研究センター、2013年6月
・井上武「欧州における銀行同盟の進展――ユーロ圏の銀行監督と破たん処理制度の統一へ向けた議論・論点」『FSA Institute Discussion Paper Series』DP 2014-1、金融庁金融研究センター、2014年4月

第3章　金融政策運営の目標

・European Central Bank〔2001〕, *The Monetary Policy of the ECB 2001.*
・European Central Bank〔2004〕, *The Monetary Policy of the ECB 2004.*
・European Central Bank〔2011〕, *The Monetary Policy of the ECB 2011.*
・Phillip Moutot, Alexander Jung, and Francesco Paolo Mongelli〔2008〕, "The Workings of the Eurosystem Monetary Policy Preparations and Decision-Making—Selected Issues", *Occasional Paper Series* No.79, European Central Bank, January 2008.
・白川方明『現代の金融政策――理論と実際』日本経済新聞社、2008年3月
・山村延郎・三田村智「欧州中央銀行制度の金融監督行政上の役割」『FSAリサーチ・レビュー2006（第3号）』金融庁金融研究セ

ンター、2007年２月

第４章　金融政策運営の実際

・European Central Bank〔2011①〕, *The Monetary Policy of the ECB 2011.*
・European Central Bank〔2011②〕, *The Implementation of Monetary Policy in the Euro Area General Documentation on Eurosystem Monetary Policy Instruments and Procedures,* February 2011.
・European Union〔2011〕, *GUIDELINE OF THE EUROPEAN CENTRAL BANK of 20 September 2011 on monetary policy instruments and procedures of the Eurosystem,* Official Journal L 331, December 14, 2011.
・Fabian Eser, Marta Carmona Amaro, Stefano Iacobelli and Marc Rubens〔2012〕, "The Use of the Eurosystem's Monetary Policy Instruments and Operational Framework since 2009", *Occasional Paper Series* No.135, European Central Bank, August 2012.
・白川方明『現代の金融政策――理論と実際』日本経済新聞社、2008年３月

【第Ⅱ部】「危機」と欧州中央銀行
――欧州債務危機にいかに対処し、いかなる金融政策運営を講じているのか

第５章　世界的な金融危機・欧州債務危機と欧州中央銀行

・河村小百合「欧州ソブリン危機の展開と金融システムの動向」『Business & Economic Review』日本総合研究所、2011年12月
・河村小百合「欧州債務問題長期化のからくり」『Business & Economic Review』日本総合研究所、2012年11月
・Deutsche Bundesbank〔2011①〕, *Bundesbank TARGET2 balances,* press notice, February 22, 2011.
・Deutsche Bundesbank〔2011②〕, "The Dynamics of the Bundesbank's TARGET2 balance", *Monthly Report,* March 2011.
・Deutsche Bundesbank〔2012〕, "Current account, financial

account and TARGET2", *Monthly Report*, March 2012.
・European Central Bank〔2011①〕, "The ECB's Non-standard Measures—Impact and Phasing-out", *Monthly Bulletin*, July 2011.
・European Central Bank〔2011②〕, "TARGET2 Balances of National Central Banks in the Euro Area", *Monthly Bulletin*, October 2011.
・European Central Bank〔2013〕, "The Eurosystem Collateral Framework throughout the Crisis", *Monthly Bulletin*, July 2013.
・European Central Bank〔2014〕, "Experience with Foreign Currency Liquidity-providing Central Bank Swaps", *Monthly Bulletin*, August 2014.
・Fabian Eser, Marta Carmona Amaro, Stefano Iacobelli and Marc Rubens〔2012〕, "The Use of the Eurosystem's Monetary Policy Instruments and Operational Framework since 2009", *Occasional Paper Series* No.135, European Central Bank, August 2012.
・Hans-Werner Sinn, Timo Wollmershaeuser〔2011〕, "Target Loans, current account balances and capital flows: the ECB's rescue facility", *CESifo Working Paper* No.3500, June 24, 2011.
・Hans-Werner Sinn, Timo Wollmershaeuser〔2012〕, *Target Loans, current account balances and capital flows: the ECB's rescue facility*, Springerlink. com, May 30, 2012.
・Philippine Cour-Thimann and Bernard Winker〔2013〕, "The ECB's Non-standard Monetary Policy Measures The Role of Institutional Factors and Financial Structure", *Working Paper Series* No. 1528, European Central Bank, April 2013.

第６章　非標準的手段による金融政策運営の内容

・BIS〔2014〕, *84th Annual Report 1 April 2013—31 March 2014*, June 29, 2014.
・European Central Bank〔2011〕, "The ECB's Non-standard Measures——Impact and Phasing-out", *Monthly Bulletin*, July 2011.
・European Central Bank〔2013〕, "Box 1 The Governing Council's

Forward Guidance on the Key ECB Interest Rates", *Monthly Bulletin*, July 2013.
・European Central Bank〔2014①〕, "Box 5 Risk of Deflation?", *Monthly Bulletin*, June 2014.
・European Central Bank〔2014②〕, "The ECB's Forward Guidance", *Monthly Bulletin*, April 2014.
・IMF〔2014〕, "Euro Area Policies 2014 Article Ⅳ Consultation ――Staff Report; Press Release; and Statement by the Executive Director", *IMF Country Report* No. 14/198, July 2014.
・Peter Praet〔2013〕, "Forward guidance and the ECB", Vox. eu, August 6, 2013.
・Philippine Cour-Thimann and Bernard Winker〔2013〕, "The ECB's Non-standard Monetary Policy Measures The Role of Institutional Factors and Financial Structure", *Working Paper Series* No. 1528, European Central Bank, April 2013.

世界の中央銀行

欧州中央銀行の金融政策

平成27年1月15日　第1刷発行

著　者　河　村　小百合
発行者　小　田　　　徹
印刷所　株式会社日本制作センター

〒160-8520　東京都新宿区南元町19
発　行　所　一般社団法人 金融財政事情研究会
編 集 部　TEL 03(3355)2251　FAX 03(3357)7416
販　　売　株式会社 き ん ざ い
販売受付　TEL 03(3358)2891　FAX 03(3358)0037
URL http://www.kinzai.jp/

ISBN978-4-322-12594-8